大聖寺藩制史の研究

山口隆治

桂書房

はじめに

　加賀藩主三代前田利常は、寛永一六年（一六三九）六月二〇日に自らの隠居および富山・大聖寺両支藩の創設を幕府に願い出て許可された。利常は四七歳で小松に隠居し、加賀藩八〇万石を長子光高に、富山藩一〇万石を二子利次に、大聖寺藩七万石を三子利治にそれぞれ分封した。加賀藩は、光高の八〇万石と利常の養老領二二万石とを合わせて一〇二万石となった。藩祖利治が得た七万石とは、江沼郡一三三か村分六万五七三一石五斗九升と越中国新川郡七か村分四三二二石余の合計であった。江沼郡那谷村は利常の養老領として除外された。二代利明は、万治三年（一六六〇）八月に新川郡七か村（目川《めがわ》・上野《うわの》・入膳・八幡・道市《どいち》・青木・君島）を能美郡六か村（馬場・島・串・日末・松崎・佐美＝四三〇二石一斗四升）と交換した。つまり、大聖寺藩は江沼郡全域の外に能美郡六か村（のち一一か村）を加えたものとなった。

　大聖寺藩政の基礎は、藩祖利治と二代利明の治世に完成した。とくに、二代利明は寛文二年（一六六二）に加賀藩主五代綱紀の指導により改作法を実施し、殖産興業を推進するとともに領民の生活を安定させた。ところが、三代利直以降には優れた藩主が少なく、そのうえ治世の短い藩主や若い藩主が多かった。二代利明は元禄五年（一六九二）五月一三日に江戸で死去し、その跡目を三男の利直が継いだ。三代利直は江戸城の奥詰を長く務め、藩政を顧みなかったため藩創設以来の名門である神谷内膳と、新鋭の村井主殿《とのも》との政治抗争（政争）が起こった。三代利直は本人だけでなく、家老らを何度も加賀藩に遣わし、加賀藩主五代綱紀の意向を受けて政争を処理した。この政争は単に二家の争いに止まらず、多くの藩士が加わるグループの対立「党争」となり、長く藩政を停滞させる原因ともなった。

四代利章は鷹狩りや遊芸を好み、三代利直以来の財政逼迫にも配慮せず、正徳一揆が起こった。五代利道は元文二年（一七三七）に五歳で襲封し四二年間も統治したものの、度重なる在府・国元の大火や二度の三州吉田橋の修築などにより財政をさらに逼迫させた。六代利精《としあき》は父の喪中も遊楽にふけり政治を顧みず、加賀藩主一一代治脩《はるなが》の戒告にも耳を傾けなかったため、加賀藩主一〇代重教《しげみち》と一一代治脩によって廃位された。八代利考《としやす》は学問を好み、詩文や書画に優れ、自ら藩士を輔導した。九代利之《としこれ》は読書を好み、「加賀江沼志稿」の編纂に努めたものの、一〇万石の高直しを行い、財政を逼迫させた。一一代利平は軍制を中心とした藩政改革（天保改革）に際し、一〇万石高の格式を辞退しようとしたものの成功しなかった。一二代利義《としのり》は嘉永五年（一八五二）九月に金沢で大砲を鋳造し、領内の塩屋・橋立・日末御台場に配置した。一四代利鬯は文久二年（一八六二）に藩士から藩政改革（文久改革）の意見を求めたものの、明治維新の混乱の中で消滅した。

　藩主の在位期間は藩祖利治が二二年、二代利明が三三年、三代利直が一九年、四代利章が二七年、五代利道が四二年、六代利精が五年、七代利物が七年、八代利考が一八年、九代利之が三一年、一〇代利極《としなか》が二年、一一代利平が一二年、一二代利義が七年、一三代利行《としみち》が五か月、一四代利鬯が一五年であり、在位期間の短い藩主が多かった。また、襲封時の年齢は五代利道が五歳、八代利考が一〇歳、一一代利平が一六歳、一二代利義が一七歳、一四代利鬯が一五歳であり、一〇代の若い藩主が多かった。注目したいことは、二代利明・四代利章・一二代利義・一三代利行・一四代利鬯などが加賀藩から養子として迎えられたことだろう。加賀藩からの養子が多かったことは、何事につけても本藩にたよる気風を生じやすかった。重大な意志決定をするときは、必ず加賀藩の意向を受けてから決定したことは言うまでもない。つまり、大聖寺藩主の地位は親子継承が少なく、兄弟や養子が多かったため、藩政に一貫性を欠くという懸念があった。

藩の職制には御用所（寄合所）や御算用場をはじめ、町役所・御郡所・寺社所・吟味所・作事所・割場などがあった。御用所は藩政一般を司る役所で、家老と御用人から組織された。家老には藩祖利治の入部時に玉井・織田・神谷・才・山崎氏など七人がおり、五代利道の治世からは佐分利・生駒・山崎・一色・野口・前田氏などが世襲した。御用人は藩士の中から優れた者が選ばれ、藩政全般について進言した。御算用場は藩の出納や禄米などを司る役所で、御算用場奉行と勘定頭が管轄し、元締役が輔佐した。金銀小払役・御貸物奉行・三十人講奉行・銭手形奉行・松奉行・大入土蔵奉行・表土蔵奉行・御収納奉行・給知蔵奉行・塩蔵奉行・籾蔵奉行などもこれに附属した。このほか、藩主の近辺には、御近習・御典医・御納戸奉行・御腰物奉行・御露地奉行・御台所奉行・御道具奉行・御茶道などがいた。また御広式には、引受頭御用達・御目付・女子年寄・若年寄・老女・御近習女中・御中居女中・半下女《はしため》などがいた。藩士の階層には家老・人持・諸頭・平士・徒士などがあった。家老は武士の中で最高位にあり、数十人の給人を抱える者もいた。人持は家老に次ぐ位置にあり、多くの家来を抱えていた。組頭・物頭・番頭など諸役所の

第１表　大聖寺藩の歴代藩主

藩主名	在任期間　西暦	在任期間	国守号	院号	
初代利治《としはる》	寛永16年～万治３年	1639～1660	22年	飛騨守	実性院
２代利明《としあき》	万治３年～元禄５年	1660～1692	33年	飛騨守	大機院
３代利直《としなお》	元禄５年～宝永７年	1692～1710	19年	飛騨守	円通院
４代利章《としあきら》	正徳元年～元文２年	1710～1737	27年	備後守	正智院
５代利道《としみち》	元文２年～安永７年	1737～1778	42年	備後守	顕照院
６代利精《としあき》	安永７年～天明２年	1778～1782	5年	備後守	高源院
７代利物《としたね》	天明２年～天明８年	1782～1788	7年	美濃守	覚成院
８代利考《としやす》	天明８年～文化２年	1788～1805	18年	飛騨守	峻徳院
９代利之《としこれ》	文化３年～天保７年	1805～1836	31年	備後守	篤含院
10代利極《としなか》	天保８年～天保９年	1837～1838	2年	駿河守	恭正院
11代利平《としひら》	天保９年～嘉永２年	1838～1849	12年	備後守	見龍院
12代利義《としのり》	嘉永２年～安政２年	1849～1855	7年	備後守	諦岳院
13代利行《としみち》	安政２年	1855	5月		懿香院
14代利鬯《としか》	安政２年～明治２年	1855～1869	15年	飛騨守	法徳院

※『大聖寺藩史』『加賀市史料八』「御系譜」（加越能文庫）などにより作成。

奉行は諸頭に含まれた。藩士の大部分は平士で、数組に分けられ、それぞれ組頭を置いて統制された。組には定番馬廻組・馬廻組・小姓組・組外組などがあり、時に他組に編入された。徒士は侍と足軽の中間で、員数は極めて少なかった。このほか、藩士以外に足軽・小人・坊主・千人夫などがいた。

本書はこれまで『江淳の久爾』『石川郷土史学会々誌』をはじめ、研究誌に発表した大聖寺藩制史に関する論文を纏めたものである。すなわち、第一章では十村制度、第二章では村御印、第三章では年貢皆済状、第四章では新田開発、第五章では大聖寺新田藩、第六章では政治抗争、第七章では百姓一揆、第八章では参勤交代、第九章では財政策、第一〇章では軍事策を考察したが、論文発表後に新史料が発見されたこともあって、修正を加えた箇所がある。

二〇一五年五月二七日

著　者

目次

図表一覧

はじめに

第一章

第二章

第八章

第九章

第一〇章

第一章　十村制度について

一　改作法の実施

加賀藩主四代前田光高は正保二年（一六四五）に三一歳で急死したのち、光高の嫡子綱紀が五代藩主となった。ただ、綱紀は三歳の幼児であったため三代利常が後見役となり、再び万治元年（一六五八）まで一三年間藩政を担当することになった。利常は寛永一三年（一六三六）頃から危機にあった農村、とくに同一八年・同一九年の全国的凶作により荒廃した農民の窮乏、給人（家臣）の困窮という事態を解決しなければならなかった。すなわち、利常はその根本的な解決策として、慶安四年（一六五一）より着手し明暦二年（一六五六）に成就した改作法（改作仕法）という農政大改革（財政改革）を行った。改作法は給人の知行地直接支配の禁止、手上高による草高（収穫高）の決定、田地割の制度化、定免法の制定および夫銀・口米の決定、税率を明記した「村御印」の交付、農民に対する貸米や貸銀の制度化、十村の制度化などを要点としていた。(1)

大聖寺藩の改作法については、これまで『加賀市史』の記述以外にはみられない。『加賀市史』では『加賀藩御定書』収載の年代不詳史料を根拠に、加賀藩の改作法後の間もない頃に大聖寺藩でもそれが実施されたことを記す。(2)まず、加賀藩の江戸詰の年寄三人から国元の年寄三人・用人四人に宛てた年代不詳の連署状を示す。(3)

去月廿二日御紙面到来令拝見候

一、大正持御領改作被仰付、百姓共忝がり御収納滞無之候得共、此以前御借物、かじけ百姓程多借り罷在候之故、成立不申候条、如当御領之御借物御用捨、上免被仰付可然旨、御郡裁許四人之者共書付、則入御披見申候

一、御領分最前上免被仰付、当御家中江者増免被下候得共、飛騨守殿御勝手茂難続、格別之儀に候条、御家頼へ

増免不被下候而茂不苦間敷儀に候、各被存通、是又相立御耳申候
一、去年従加賀守様大正持御領江御取替被成候米銀、当年被取立候得ば、上免茂不罷成由立御耳申候
右御紙面之通、委細加賀守様江申上候所、何茂尤に被思召候、併飛騨守殿御思案被聞召届、其上に而可被仰出旨に而、則生駒源五兵衛并御用人松原頼母・猪俣助左衛門召寄申渡、飛騨守殿江三人之者共伺申候所、大正持御領分加賀守様加御意、百姓も成立、別て忝被思召候、殊更上免永代之儀に候得者、如何様共可然様仰付被下候様にと、御請被仰上候、然共四人書付之ごとく、此跡に御借物御赦免、并去年加賀守様より御借被成候米銀取立被指延、上免之儀見積候而可相極旨、加賀守様御意候、此通可被仰渡候、為其以継飛脚申入候、以上

九月五日

奥村因幡
脇田九兵衛
横山外記

前田対馬様
奥村河内様
今枝民部様
（外四人略）
人々御中

大聖寺藩では郡方裁許人が加賀藩に三条項の伺いを提出し、本藩で審議して五代綱紀の許可を得、さらに大聖寺藩二代利明の了解を得て改作法を実施した。すなわち、加賀藩の江戸詰年寄三人は、大聖寺藩の郡方裁許人からの三条の報告を審議し、その結果を大聖寺藩家老の生駒源五兵衛と御用人の松原頼母・猪俣助左衛門を呼び、二代利明（在

府）に確認したうえで、在府の五代綱紀の「御意」として国元の年寄三人・用人四人に伝達した。一条は加賀藩と同様に農民の借物を用捨したうえで免（免相）を上げること、二条は加賀藩では家中の俸禄について増免したが、大聖寺藩でも増免をしなければ改作法が実施できないこと、三条は加賀藩への返済米・返済銀を延期しないと改作法を実現できないことを記す。二条については、大聖寺藩では財政難を理由に給人の「高免」を認め、一村平均免による俸禄制が実施されていなかったことを示す。つまり、改作法実施に抵抗する大聖寺藩の給人を納得させるには、村免と給人免を同時に増免する必要があった。ともあれ、二代利明は五代綱紀の「御意」を受け、加賀藩からの「御貸物」（敷借物）の免除、五代綱紀からの御借米・御借銀の返済延期を得て改作法を実施していた。この連署状の年代については、木越隆三氏も指摘するように[4]、寛文三年（一六六三）であろう。

ところで、万治三年（一六六〇）に能美郡瀬領村の十村文兵衛が改作奉行に提出した「御尋ニ付申上候」には、大聖寺藩の改作法について次のように記す[5]。

御尋ニ付申上候

私儀越中砺波郡埴生村清左衛門嫡子ニ御座候処、承応元年正月八日小松江御召、御改作初ニ付御領国之内所々為見分度々被遣、諸事御用被為仰付相勤小松ニ罷在申候

一、承応二年正月十八日金子五両・白布弐端・紬弐疋被為下候

一、明暦元年正月廿日金子五両・絹弐疋・御城米十弐石六斗被為下候

一、明暦元年之春御公領御境筋支配之十村大杦村四郎左衛門役儀御取揚ニ付、同二月廿八日右四郎左衛門裁許之所私十村役被為仰付候、同日猟師鉄砲ニ取持可仕旨被為仰出、玉目三匁五分筒長三尺之鉄砲弐挺御拝領被為仰付候、且又御椽廻御材木被為下家作仕候様ニ被為仰出候ニ付、同年四月二日瀬領村江引越家作仕居住罷在申候

一、明暦二年之春ヨリ江沼郡組付六人之十村共御用方相談取次之儀被為仰付、右御郡百姓中御改作御法之儀得与合点仕候様可申談旨被為仰出候ニ付、御郡中村々相廻百姓・頭振末々迄夫々申渡、人々得心之趣為惣代肝煎・組合頭共御請紙面取指上申候、大聖持表江茂月々罷越相詰諸事御用相勤申候、同年十二月十日金子五両被為下御代官米千貳百石被為仰付候

一、明暦元年三月廿三日江戸御下向之砌津幡ニ而御肴上申候

一、明暦二年従江戸御帰城之砌、境ニ而御肴上申候

一、明暦三年正月二日小松御台所ニ而椢三袋上申候

（中略）

中納言様御在世之内被為下候品々、并上申品々両様之趣書上可申旨被仰渡候ニ付、右一々書記上申通相違無御座候、以上

万治三年子六月八日　瀬領村文兵衛

武部四郎兵衛様

千秋彦兵衛様

能美郡瀬領村の十村文兵衛は越中国砺波郡埴生村清左衛門の嫡子であったが、承応元年（一六五二）正月八日に利常から小松に呼び出され、加賀藩の改作法において初期御用を努めた。瀬領村文兵衛は同二年（一六五三）正月一八日に金子五両と白布二反と紬二疋を、明暦元年（一六五五）正月二二日に金子五両と絹二疋と御城米一二石六斗を受け、同年の春に能美郡大杉村の十村四郎左衛門が十村を罷免されたのち、その跡を継ぎ同年二月二八日に越前御境筋の一一か村（能美郡最小の十村組）を支配する十村となった。同年四月二日には拝領した材木で瀬領村に家を建て移

住したものの、寛文一一年（一六七一）二月二日に自宅が類焼したため、翌年に波佐谷村に引っ越した。注目したいことは、瀬領村の十村文兵衛が明暦二年（一六五六）の春から月々大聖寺藩領に出向き、大聖寺藩の組付十村六人の「御用方相談取次」を務めて改作法を推進したことだろう。すなわち、十村文兵衛は役目を受け大聖寺藩領の村々を廻り、改作法の心得を各村の百姓・頭振にまで諭して、惣代肝煎・組頭から納得した旨の請書を提出させた。また、その褒美として同年一二月一〇日に利常から金子五両を得たほか、十村代官として代官米一二〇〇石を扱う蔵入地支配を任された。

右のように、大聖寺藩では加賀藩の改作法が仕上げ段階（明暦二年八月朔日に村御印を交付）に入ろうとする同二年春に至って、改作法実施の動きがあった。この結果、大聖寺藩でも加賀藩の改作法に倣って、村御印が交付されたかは定かではない。なぜ利常は大聖寺藩の改作法を加賀藩の十村文兵衛に指導させたのだろうか。後述するように、大聖寺藩の農民は改作法の実施に理解をしめしたものの、給人はその実施に消極的であり、なかなか理解を示さなかった。そのため、十村の中で利常の信任厚い瀬領村の十村文兵衛を江沼郡に送り込み、改作法を指導させたものだろう。つまり、利常は、組付十村六人では給人の知行地直接支配を禁止できないと考え、加賀藩の十村文兵衛を彼らの「御用方相談取次」に任命したものだろう。ともあれ、利常は藩祖利治の了解を得て、加賀藩の改作法の一環として大聖寺藩でもそれを実施しようとした。

その後、十村文兵衛は、寛文二年（一六六二）八月から同年一二月まで大聖寺藩の改作法の実施状況を加賀藩の改作奉行に報告していた。その「御注進之写」報告書六通を次に示す(6)。

①一、今度江沼郡之内山寄貳拾ケ村程村廻仕候処作毛宜御座候、百姓中心得茂宜敷罷成申候、御郡中茂同様ニ可有御座与奉存候御事

一、御改作ニ被仰付重々忝事共被仰聞、弥成立可申与奉存候旨一統百姓中申聞候、心底偽り茂無御座様ニ相見江申候、御給人方ハ今以御改作ニ御同心茂不被成様子ニ御座候得共、当暮御年貢御取立被成候ハ、別儀茂有御座間敷与奉存候御事

一、此以前走り百姓有之儀ハ、御給人方被成様悪敷者ハ身之置所無御座故、無是非走り申由ニ而御座候、今程ハ御改作ニ付向後走り申者壱人茂有御座間敷旨申聞候御事

一、是跡共御未進ニ罷成候ニ付、一年ニ貳度充之御納所之様ニ奉存候処、当年ヨリ年切ニ罷成候得共、跡江引申儀無御座候間、早速皆済茂可仕旨申候御事

一、毛合村・中嶋村・高塚村水込地ニ御座候由当夏申聞候ニ付、罷越見分仕候処段々なおり申様子ニ而、今程ハ事之外立毛宜敷出来仕候ニ付、中分有御座間敷与奉存候御事

一、江沼郡百姓中小松ヨリ米買申間敷旨度々御触ニ御座候御事

一、当時御知行割最中ニ御座候、就夫十村共茂打続大聖持ニ罷在候御事

右見届之通申上候何品ニ而茂百姓中手抜申儀有之候ハバ、御断可申上旨申渡候処、手抜申儀無御座候由申候、以上

寛文二年八月八日　　瀬領村文兵衛

御改作御奉行様

一条は江沼郡山方二〇か村を廻り、作柄が良好で農民中の心得もよかったこと、二条は改作法の趣旨に農民中が理解を示したものの、給人方はいまだ「御改作」に同心していないこと、三条はこれまで給人が非分を働いたため、配下の農民がやむを得ず走百姓となったこと、四条は年二回の皆済期限を今年から年内皆済の一回に改定すること、五

条は毛合村・中島村・高塚村など動橋川筋で冠水被害に遭った村々が徐々に回復していること、六条は江沼郡の農民中に小松から米購入を禁止する触書が度々出されたこと、七条は「御知行割」の最中であり、十村六人は引き続き大聖寺城下に滞在することを記す。二条について、加賀藩では改作法の施行前に給人と農民が直接年貢米の収受を行っていたところ、次第に農民の不満がつのり、年貢米の納入に手間どることが多くなり、このため給人の難渋が甚だしくなった。そのため、利常は給人知農民の難渋による年貢未進と、その結果起こった給人の経済的困窮を救済することを主目的に、慶安四年(一六五一)から明暦二年(一六五六)にかけて改作法を実施した。四条の皆済期限については、年内を期限とする米納年貢と翌年六月を期限とする銀成年貢があり、寛文二年の処置は一時的なものであろう。

②一、江沼郡御納所月々之歩入無油断様ニ十村共江相談可仕旨、在々田刈麦抔蒔申様子見届可申旨奉承知候、則今日罷越申候御折紙之通十村共江相談仕可申候、不限何事相替儀茂御座候ハバ、早速御注進可申上候、以上

寛文二年九月廿三日　　瀬領村文兵衛

御改作御奉行様

この条は改作奉行からの月々歩入の点検および田刈り跡の麦蒔き見分けについて了承したこと、今日届いた折紙の通り、江沼郡の十村中とよく相談して、何か変わったことがあればすぐ注進することを記す。歩入とは年貢を数回に分けて分納することをいうが、大聖寺藩の給人は、この歩入を含む給人知からの収納権の排除に強く抵抗していた。寛永一八年(一六四一)の加賀藩の歩入規定は、八月・九月中に一〇石、一〇月・一一月中に六〇石、一二月中に三〇石の割合、承応三年(一六五四)の改訂規則は、八月中に五石、九月中に七石、一〇月中に四〇石、一一月中に三〇石、一二月中に一八石の割合であった(7)。

③一、江沼郡御収納方月々歩入之儀十村共江相談仕、百姓之勝手を見合十一月廿日迄之内皆済仕候様ニ相極申候、

一ケ月ニ二度歩入目録上申筈ニ御座候、百姓之手前吟味之様子百姓きつ免不申忝被成様合点仕、御収納為仕様手立等委細十村共江申談候御事

一、大聖持廻ヨリ浜方田刈仕廻申候、庄・動橋近辺拾ケ村程未刈仕廻不申候、早速精を出シ刈仕廻申様ニ申渡候御事

一、麦能蒔付申候村ニヨリ今以蒔申所茂御座候、例年ヨリ多こゑ等宜可仕旨申渡候御事

一、御収納蔵出来不仕候ニ付御蔵入之在々御年貢米入不申、其上新御蔵共之戸前玄関セまく御座候故、御蔵納之時分百姓手支可申与相見江申候ニ付、十村共江相談仕かり小屋為懇斗蔵又ハ米入所ニ仕候、廿八日・九日ヨリ御米納可申与奉存候御事

一、山方銀納所年内・翌年之仕分無御座候ニ付、百姓共同たいを見合御納所斗不申様ニ相見江申候ニ付、其段林九郎兵衛殿江申上候得ハ尤ニ候間、御極可被成旨被仰候得共、いかが可被仰哉御様子相知レ不申候御事

一、御給人三須安右衛門殿御知行高塚村・冨塚村ニ而御座候、百姓共御年貢米持参仕候得者、様々御いとり被成候而御請取不被成、三日・五日充茂大聖持ニつかへ罷在迷惑仕申候由申聞候御事

一、御給人・町人跡未進貸物以下ニ当米御引取被成候哉与随分かけ聞仕候得共、左様之事今日迄者承不申候御事

右御尋之内今日迄半分程廻り申候、百姓共心内能罷成申候、四五日中ニ一統相廻り済可申与奉存候、以上

寛文二年九月廿九日　　　　　　瀬領村文兵衛

御改作御奉行様

一条は江沼郡の十村六人と相談したうえで今年の歩入期限（皆済期限）を一一月二〇日と決め、毎月二度「歩入目録」を上申させて年貢分納を励行したこと、二条は大聖寺城下周辺から浜方にかけては田の収穫が終わったことや、

庄・動橋近辺ではまだ田刈りが終わっていないので、早速精を出して刈取りを終了するように申渡したこと、三条は麦蒔きを行っている村に例年より多く肥料を入れるように申渡したこと、四条は年貢収納蔵がまだ出来ていないので、蔵入地の村々では年貢納入が行われていないことや、新しく出来た御蔵の玄関前が狭く農民が困っているので、十村中と相談し仮小屋を建てさせ、それを「斗り蔵」「米入所」として九月二八日・二九日頃から米納を始めること、五条は山方銀納所の年内分と翌年分の仕分けが明確でなく、村方が御納所に戸惑い郡奉行の林九郎兵衛に申し上げたこと、六条は給人三須安右衛門の知行地がある高塚村と富塚村の農民が同家に年貢米を持参したとき「御いとり」（身柄の拘留）に及び、年貢を受け取らなかったので、農民らが三日も五日も大聖寺城下に足留めされ困っていること、七条は給人・町人が古い未進年貢や貸付銀の返済を村方に迫り、今年の年貢米を引き取るか陰聞きしたが、そうしたことは今日までなかったことを記す。六条の給人知年貢を武家屋敷に直接納入したことについては、大聖寺藩ではまだ蔵宿が設置されていないためであり、寛文期（一六六一～七二）には大聖寺城下に蔵宿が置かれた。なお、大聖寺城下の蔵宿は天明六年（一七八六）に給知蔵と改称され、その管理が足軽に移行された。

④一、大聖持御給人米御買被成候値段一石ニ付三拾八匁ニ而御座候、米高員数共究り無御座候、十月廿八日ニ銀子七拾貫目御出シ被成町人若杉屋喜左衛門才許ニ而被召上候、右七拾貫目分買仕廻申候、此外ニ茂御買上可被成旨取沙汰仕申候、御給人方売米ハ多御座候様ニ承り申候、大聖持町之売買五斗ニ付拾八匁程ニ而御座候御事
一、江沼郡中御納所当十五日切ニ皆済仕申候、山中村次右衛門組下之内稼所之村々ハ、廿日頃迄茂参可申候御事
右内聞仕申上候、此外相替儀無御座候、以上

寛文二年十一月十五日　　　　　　　瀬領村文兵衛

園田左七様

河北弥左衛門様

一条は大聖寺藩の給人米買取値段が一石に付き三八匁であること、一〇月二〇日に若杉屋喜左衛門が銀子七〇貫目をもって給人米を買い取ったこと、大聖寺町での売買が五斗に付き一八匁ほどであったこと、二条は年貢の納入期限は今月一五日であるが、山中村次右衛門組下のうち銀納所する村々は二〇日頃までに皆済することを記す。なお、給人の収納米を藩が直接的に買い上げることを「御調米」「御召米」と称した。

⑤一、大聖持御領分在々村廻り仕来年開作用意無油断仕候様ニ申渡処、何茂百姓共心得宜御座候、種物こゑ灰等精を出シ村々田地作り障り申様ニ申村茂御座候処、只今者左様之儀無御座候

一、御改作ニ被仰付御代官・御給人・下代極、其外入用人手間何ニ而茂費之儀無御座、早速皆済仕候ニ付今程ハ山方・里方末々之稼を仕忝く申上候

一、当年可上年季御貸銀可被召上旨頃日被仰渡候由ニ御座候処、村ヨリ難出来様ニ申百姓御座候故、百姓之手前ヨリ七年程銀米□□申間敷、其上諸事費之儀無御座候得ハ、少茂申立ハ有御座間敷旨委細申渡候処、心得仕指上可申旨申候、併村数百五拾ケ村之内十五ケ村ハ少ハ滞可申与奉存候村方茂御座候、則才許之十村も随分取立可申候得共、皆々迄者出来仕間敷様ニ申聞候

右之通ニ御座候ニ付、村々百姓共当春夏相廻候砌とハ事外勢能罷成申候、御城銀被召上候而茂喰物ハ有御座間敷と奉存候、以上

寛文二年十二月六日

瀬領村文兵衛

御改作御奉行様

一条は来年の開作準備を進めるよう申渡したことや、種物・肥・灰などや田作りに支障があるという村もあったが、

今はそのようなことはないこと、二条は改作法の実施に伴う代官・給人・給人下代などの設置により、入用・手間の節約となって皆済が早くできたので、今一二月に山方・里方の村々で諸稼を行っていること、三条は年季御貸銀の返納について難渋する農民もいるが、何らかの手当てをすることで得心することや、領内一五〇か村のうち一五か村でその返納が少し滞ると思われることを記す。三条の年季御貸銀は、五代綱紀の配慮で二代利明に貸与された改作法実施に伴う仕入銀を指す。なお、この年季御貸銀の返済は寛文二年中に決着せず、翌三年に持ち越されていた。

⑥一、大聖持御領敷借利足米・小物成銀、并草高百石ニ付七匁充緝出銀百姓ヨリ取立相済申候

一、五ケ年□□銀嶋村五郎右衛門組ハ相済申候、其外茂不残調申候組ニヨリ五ケ村・七ケ村充滞村茂御座候、此儀百姓手前嶋村五郎右衛門・七日市村五郎兵衛ニ仕、追而書付上可申旨九郎兵衛殿・次郎兵衛殿ヨリ被仰渡候

一、大聖持ニ而十村共拝領仕申覚

米貳石　嶋村五郎右衛門

米壱石五斗　七日市村五郎兵衛

米壱石五斗　山代村忠左衛門

米壱石五斗　片山津村七左衛門

米壱石五斗　千福屋三郎兵衛

米壱石　山中村次右衛門

右之通拝領仕難有忝奉存候旨申上候、以上

寛文二年十二月廿二日　瀬領村文兵衛

御改作御奉行様

一条は大聖寺藩の敷借利足米・小物成銀や、一〇〇石に付き七匁の緝出銀などを農民中から取立たこと、二条は五ケ年□□銀を嶋村五郎右衛門組が皆済し、他組も上納が進展しているが、それぞれ五か村から七か村ほど滞納があること、この未納分を嶋村五郎右衛門と七日市村五郎兵衛の二人に任せたので、郡奉行の林九郎兵衛と市橋次兵衛が後に上申すること、三条は十村六人に大聖寺藩から褒美米がそれぞれ下付されたことを記す。一条の敷借利足米は、寛永一二年(一六三五)以来の藩に対する村の負債額およびその利息であり、これは加賀藩の治世にまで遡るものであった。もちろん、この敷借米は一村草高と関係がないので、それが皆無の村もあった。加賀藩では万治三年(一六六〇)までに大部分の村について敷借米および元利を免除したものの、大聖寺藩では寛文三年（一六六三）まで一切免除されず、十村代官によって徴収されていた。

このほか、「寛文二年寅ノ年御知行割之高」には、同二年（一六六二）に大聖寺藩の給人が二一五人（ほか七人与力）おり、知行高(給人知)が草高四万七一三八石七斗(免平均三ツ三歩)、江戸聞番衆高が一五石、御郡預高が一〇〇石、増免高が三〇石であったと記す。この給人知四万七一三八石余は、正保三年（一六四六）の草高が七万一四三六石余であったので、その約六六％を占めていた。ちなみに、知行高は寛永一六年（一六三九）が四万五〇八四石余（給人一〇六人）、同一九年が六万六六〇石余（同一九六人）、正保三年（一六四六）が五万八七〇石（同二〇七人）、承応元年（一六五二）が六万一二一三石（同二二三人）、延宝二年（一六七四）が四万四四六一石（同二一九人）、天明二年(一七八二)頃が三万五四三四石(同一七二人)、天保一五年(一八四四)が二万九九七石(同一七八人)であった。また、「江沼郡村々高免之覚」には、改作法を実施した寛文二年に村数が一四八か村あり、本草高が七万四四六四石、古開高が二八五一石、新開高が四一六六石、惣石高が八万四八一石であったことを記す。[8]

すでに述べたように、十村文兵衛は明暦二年（一六五六）の春から月々大聖寺藩邸に出向き、大聖寺藩の組付十村六人の「御用方相談取次」を務めて改作法を推進したものの、給人の理解を得られず、中断せねばならなかった。その中断の理由は、給人が給人知増免を保証されないことに強い異議を唱えたためであり、それを解決するためには、村免と給人免を同時に増免する必要があった。その後、大聖寺藩では寛文二年に新たに五代綱紀の意向を踏まえ、二代利明の了解を得て改作法を実施した。つまり、利明は利常の改作法を継承し、同二年春に五代綱紀から「年季御貸銀」(仕入銀)などを得たうえで、翌年九月に加賀藩からの「御借物」(敷借米)および元利の免除、御借米・御借銀の返済延期を得て改作法を実施した。ただ、利明をはじめ、大聖寺藩の重臣らは、五代綱紀や加賀藩の重臣に比べて改作法に対する意識が低かった。改作法の成就年については、前記「江沼郡村々高免之覚」の末尾に「右先祖瀬領村文兵衛、明暦貳年之春ヨリ寛文四年迄、江沼郡六人之十村中御用方相談取次等之儀被為仰付、春秋三度充右御郡村々相廻大聖持表江茂月々相詰」とあって、寛文四年(一六六四)に至った可能性もある。この寛文二年の改作法に伴い「御知行割」が実施されたので、寛文期(一六六一~七二)には御算用場から村々に村御印が交付されたものだろう。いま、寛文期の村御印はみられないが、寛文一一年(一六七一)の「真砂村御年貢之事」が現存することや、寛文期に御蔵が設置されたことからも、同時期の村御印交付が理解できるだろう。

二　十村役の設置

加賀藩では改作法の施行中に十村の地方官僚化を図り、有能な十村を改作法の推進役として他郡に移動させた。これを引越十村と称した。また、承応二年(一六五三)には御扶持人十村を、明暦二年には加越能十村頭(新川郡島尻村刑部)を、寛文元年(一六六一)には無組御扶持人十村を、同三年には十村分役の山廻役をそれぞれ任命し、十村階級化・役務分業化を図った。この間にも、元和二年（一六一六）の鍬役米制、寛永一二年（一六三五）の十村組の大組化や、承応二年の十村代官の併設（万治元年まで侍代官も置く）などによって、十村の藩農政機構への位置づけが進んだ。十村の世襲・門閥化は年々進み、文政二年（一八一九）の十村断獄や同四年の十村廃止などを経て、天保一〇年（一八三九）に復元されたときも、従来の十村家から登用し、新十村の採用は極めて少なかった。その後も、門伐中心の十村が幕末まで農村支配を継続した。[9]

大聖寺藩では改作法の動きがみられた明暦二年（一六五六）から寛文二年（一六六二）まで、嶋村五郎右衛門・七日市村五郎兵衛・山代村忠左衛門・片山津村七左衛門・大聖寺町の千福屋三郎兵衛・山中村次右衛門の組付十村六人が置かれていた。十村は寛永一六年（一六三九）以前の加賀藩治世に遡って設置されていたものの、その名前は定かではない。次に、大聖寺藩の十村名を第1表に示す。

十村には村組を担当した組付十村（定員四～六人）と、組をもたず組付十村を監督した目付十村（手振十村、定員二人）との二種があった。目付十村は寛文二年の改作法の実施後に、瀬領村文兵衛が務めた「御用方相談取次」を継承する形で設置されたようだ。また、十村には、頭十村（目付十村）・十村見習・十村加人・十村格・十村代番・十村手代などの名称もあった。十村格は献金・藩益を尽くした者に与えた名誉職で、実務に就くことはなかった。前記のように、明暦二年から寛文二年までは、千福屋三郎兵組・七日市村五郎兵衛組・片山津村七左衛門組・山代村忠左衛門組・嶋村五郎右衛門組・山中村次右衛門組の十村六組があった。その後、十村組は一向一揆の遺制を継ぐ行政区画（村組）八組、すなわち西ノ庄一六か村、北浜一九か村、山中谷一七か村、潟回二一か村、能美境一九か村、那谷谷二二か村、四十九院谷一九か村、奥山方二一か村を基本としたものの、時代によって区々であり、二～三組を担当する十村もいた。[10]十村組の村数は二〇か村ほどであり、加賀藩の四〇～五〇ケ村に比べて半数以下であった。十村組

第１表　大聖寺藩の十村名

年　代	種類	十　　　村　　　名
明暦２年(1656)	目付	な　し
	組付	五郎右衛門（嶋）、五郎兵衛（七日市）、忠左衛門（山代）、七左衛門（片山津）、三郎兵衛（大聖寺）、次右衛門（山中）
寛文２年(1662)	目付	な　し
	組付	五郎右衛門（嶋）、五郎兵衛（七日市）、忠左衛門（山代）、七左衛門（片山津）、三郎兵衛（大聖寺）、次右衛門（山中）
寛文10年(1670)	目付	五郎右衛門（嶋）
	組付	六兵衛（中島）、重蔵（山中）、武兵衛（山中）、平兵衛（庄）、庄次郎（不詳）
元禄11年(1698)	目付	半兵衛（別所）、半右衛門（不詳）
	組付	長右衛門（荒谷）、八郎右衛門（月津）、宗左衛門（保賀）、彦左衛門（不詳）、小四郎（小塩辻）
宝永元年(1704)	目付	安右衛門（山代）、新四郎（右）
	組付	伊右衛門（山中）、八郎右衛門（月津）、宗左衛門（保賀）、五兵衛（大聖寺）、小四郎（小塩辻）
正徳２年(1712)	目付	文兵衛（小塩辻）、新四郎（右）
	組付	五郎右衛門(嶋)、次郎兵衛(片山津)、宗左衛門(保賀)、清兵衛(山中)、五兵衛(大聖寺)、半助（分校）
享保元年(1716)	目付	文兵衛（小塩辻）、半兵衛（別所）
	組付	五郎右衛門(嶋)、次郎兵衛(片山津)、宗左衛門(保賀)、清兵衛(山中)、五兵衛(大聖寺)、半助（分校）
享保18年(1733)	目付	五郎右衛門（嶋）、長太夫（片野）
	組付	半四郎（片山津）、文兵衛（小塩辻）、伝兵衛（不詳）、与四郎（吉崎）、久五郎（不詳）、半助（分校）
安永６年(1777)	目付	源兵衛（山中）、半次郎（不詳）
	組付	間兵衛（日末）、平兵衛（山代新）、宗左衛門（保賀）、小四郎（小塩辻）
天明４年(1784)	目付	源兵衛（山中）、半助（分校）
	組付	間兵衛（日末）、平兵衛（山代新）、宗左衛門（保賀）、小四郎（小塩辻）
文化５年(1808)	目付	新四郎（右）
	組付	甚四郎（不詳）、平兵衛（山代新）、宗左衛門（保賀）、小四郎（小塩辻）
文政13年(1830)	目付	宗左衛門（保賀）
	組付	間兵衛（日末）、平兵衛（山代新）、新四郎（右）、小四郎（小塩辻）
安政６年(1859)	目付	宇兵衛（中島）
	組付	平兵衛（山代新）、源太郎（小塩辻）、善助（小菅波）、重作（動橋）

※『加賀市史料五』『大聖寺藩史』『山中町史』などにより作成。三郎兵衛（大聖寺）、五兵衛（大聖寺）は町人で、前者は千福屋、後者は平野屋と称した。上記のほか、目付十村には延宝３年（1675）に次郎右衛門、享保12年（1727）に柳屋喜兵衛、明和５年（1768）に源兵衛と半次郎、宝暦11年（1761）と安永９年（1780）に源兵衛、天保９年（1838）に平兵衛が任役された。文政13年（1830）には、惣石高８万853石余（郡方家数4159戸）の年貢を組付十村４人で徴収した。組付十村４人の内訳は、新四郎組が２万455石余（1011戸）、小四郎組が２万708石余（1136戸）、間兵衛組が１万9886石余（836戸）、平兵衛組が１万9804石余（1176戸）であった。なお、能美郡11か村は江戸中期まで大聖寺町支配であった。

第２表　大聖寺藩の十村組（寛文２年）

組　名	村　名　と　草　高
千福屋三郎兵衛組	永井681石、瀬越三ケ598石、熊坂1849石、細坪449石、山田町170石、大聖寺町205石、荻生355石、右1630石、橘55石、奥谷711石、三ツ366石、上木451石、下福田1300石、極楽寺352石、上福田929石、岡91石、高尾712石、小塩277石、菅生371石、百々209石、曽宇665石、直下894石＝24か村1万3320石
七日市村五郎兵衛組	大菅波903石、小菅波632石、作見1037石、山田807石、尾中124石、小塩辻325石、塩浜695石、八日市272石、中嶋1254石、大分校799石、小分校809石、箱宮862石、梶井476石、松山239石、山本71石、栄谷385石、宇谷771石、瀧ケ原848石、清水228石、桑原862石、津波倉129石、二子塚465石、西島1010石、七日市640石、庄1301石＝25か村1万5944石
片山津村七左衛門組	冨塚村918石、弓波1819石、動橋1676石、毛谷・川尻1104石、片山津1333石、潮津1169石、柴山1126石、新保785石、篠原466石、野田509石、宮地522石、千崎・大畠625石、田尻598石、橋立331石、深田346石、黒崎・片野950石＝19か村1万4277石
山代村忠左衛門組	横北616石、二ツ屋252石、下川崎348石、中代1523石、加茂1687石、森317石、上野463石、小坂614石、別所309石、中津原285石、塔尾544石、瀧337石、菅生谷102石、荒谷395石、須谷171石、保賀583石、南郷1159石、敷地826石、勅使611石、柏野501石、尾俣337石、河原355石、四十九院477石、水田丸635石、葛谷295石、上川崎1223石、山代2696石＝27か村1万7661石
嶋村五郎右衛門組	下粟津1216石、林630石、戸津429石、湯上177石、荒屋375石、馬場441石、那谷1284石、菩提454石、二ツ梨577石、高塚568石、矢田617石、矢田新197石、月津1122石、打越850石、串1072石、串新357石、串茶屋54石、額見994石、嶋540石、佐見923石、松崎100石、村松12石、日末410石、猿ケ馬場152石、箕輪19石＝25か村1万3570石
山中村次右衛門組	黒瀬1421石、火ノ谷688石、荒木116石、川南457石、中田158石、長谷田552石、上原438石、塚谷293石、山中548石、下谷137石、菅谷500石、栢野165石、風谷92石、大内48石、我谷117石、枯淵76石、片谷70石、坂下140石、小杉92石、生水115石、九谷253石、真砂30石、一ノ谷26石、西住19石、杉水79石、上新保12石、大土96石、今立356石＝28か村7094石
合　計	148か村＝8万1481石（本草高7万4464石、開高2851石、新開高4166石）

※寛文２年(1662)の「江沼郡村々高免之覚」(「太田家文書」小松市波佐谷町)により作成。同覚には無高村々として伊切村・天日村・吸坂村・塩屋村・吉崎村など14か村、矢田野新開九ケ村として西泉村・豊野村・稲手村・宮田村など9か村、西島村垣内として星戸村を記す。直下894石については、貞享元年(1684)の「郷村高辻帳」に高659石余を記すので、誤記であろう。正徳２年(1712)の十村組は、宗左衛門組(22か村)、五兵衛組(24か村)、五郎右衛門組(21か村)、次郎兵衛組(21か村)、半助組(18か村)、清兵衛組(18か村)の６組であった(『加賀市史料一』)。

名は江戸前期に組才許の十村名（小四郎組・間兵衛組・宗左衛門組・平兵衛組など）や村名（片山津組・山代組・山中組・嶋村組など）で示したが、江戸後期からは十村名が固定的な組名となった。参考までに、寛文二年の十村組を第2表に示す。

第1表に記載した十村のほか、享保八年（一七二三）には目付十村二人・組付十村六人が、明和元年（一七六四）には目付十村二人・組付十村五人が、同三年（一七六六）には目付十村二人・組付十村五人が置かれていた。宝永二年（一七〇五）には目付十村二人・組付十村五人のほかに、大聖寺新田藩の十村二人（富塚村治兵衛・小分校村半助）が置かれていた[11]。大聖寺新田藩は、元禄五年（一六九二）に大聖寺藩主三代利直の弟利昌（采女）が利直から新田一万石を分与されて成立した。宝永六年（一七〇九）に利昌が大和柳本藩主の織田秀親（監物）を寛永寺の塔頭顕性院で殺害したため廃藩となった。月津村彦四郎は、延宝七年（一六七九）に矢田野新開計画に反対したため藩主の怒りをかい、家族とともに業の浜で処刑された。片野村長太夫は、享保一八年（一七三三）に目付十村の急死に伴い一時的に目付十村に任役された。荒谷村長右衛門は、寛政一〇年（一七九八）に山中村を除く奥山方二〇か村の目付十村となった。安政六年（一八五九）には、組付十村四人のほかに山代新村の木崎平右衛門と中島村の中谷宇兵衛が「改作十村」に任役されていた[12]。加賀藩では十村が文政四年（一八二一）から天保一〇年（一八三九）まで一時的に廃止されたが、大聖寺藩では明治まで継続された。明治政府は明治三年（一八七〇）九月に十村を廃止し、目付十村・組付十村を郷長（のち里長）と改称させた。

次に、大聖寺藩の十村を代々努めた右村の堀野新四郎、嶋村の和田五郎右衛門、保賀村の荒森宗左衛門、小塩辻村の鹿野小四郎について略記したい。

堀野新四郎の先祖の能似弥四郎高成は、新田義貞の家臣の小山田太郎高家の三男で江沼郡熊坂村に居住していた。

その末裔の弥四郎景高は文明期（一四六九～八六）に朝倉敏景により滅ぼされたものの、その幼児高千代は乳母とともに三木村に逃れた。その後、高千代は初代新四郎と称し、堀野家を中興したという。八代新四郎は藩祖利治の治世に地頭（武士）から「御直百姓」に転じ、西ノ庄（右庄）の農民を召集して国境警備の任に当たった。一一代新四郎は正徳一揆に際し、農民への処置が大変よく、御切米五石が加増された。これ以降、堀野家は御切米一五石を受け、代々十村を努めた(13)。

和田五郎右衛門の先祖は越中国にいた和田主水という浪人で、天正一〇年（一五八二）の柳ケ瀬の役（近江国）に参戦し、加賀藩主二代利長から能美郡粟津村に土地を与えられて農民となった。その子孫は粟津村から同郡嶋村に移って五郎右衛門と名乗り、代々十村を努めた。分校村半助は藩祖利治の大聖寺入封のとき、嶋村五郎右衛門の推薦で加賀藩から分校村に移って十村となった。そのため、半助は「御打入の十村」と呼ばれた。半助家も和田姓を名乗り、代々十村を努めた(14)。

荒森宗左衛門の先祖は不明であるが、初代宗左衛門は天正二年（一五七四）に保賀村で死去したという。その後、宗左衛門（代不詳）は元禄一〇年（一六九七）に片山津村の十村次郎兵衛が「年内収納取立方不才許ニ付、役儀取上申渡」となったため、その跡役を継ぎ初めて組付十村となった(15)。宗左衛門は正徳一揆のとき、組下の農民から打壊しを受けそうになったものの、未遂に終わり難を逃れた。宗左衛門家は初め森姓、のち荒森姓を名乗り、屋号を荒屋と呼び、明治まで一三代に亘って十村を努めたという。江戸後期には苗字帯刀を許可されたというが、年代は定かではない。なお、本善寺の過去帳では宗左衛門を惣左衛門とも記したという(16)。

鹿野小四郎の先祖は蓮如上人の北国布教頃から越前吉崎に住し、坊士として和田本覚寺（堂司）の院務を輔けていたという。鹿野姓は蓮如院の地を鹿之山といい、北潟湖中に浮かぶ島を鹿嶋と称したことに因んだものという。初代小四郎は天和元年（一六八一）に渡海船の船乗りから加賀吉崎の村肝煎に選ばれ、元禄四年（一六九一）に目付十村となり、同六年（一六九三）に地の利がよい小塩辻村に引越した。すなわち、小四郎は小塩辻村の市川五兵衛の跡屋敷および下人、田畑・山林などを代銀一貫匁で購入して移り住んだ。これも引越十村と称した。市川五兵衛（旧今川家の家臣）は加賀藩治世に十村を努めていたとき、橋立村の村肝煎と謀り年貢を横領し、切腹して相果て、遺族が所払いとなったという。鹿野家からは「農事遺書」（五巻）を著した初代小四郎のほか、江戸後期の殖産興業に尽力した八代小四郎・九代小四郎・一一代源太郎・一二代虎作などの有能な十村が次々とでた。とくに、九代小四郎はその事績が顕著であり、天保一四年（一八四三）に苗字御免となり、嘉永六年（一八五三）に三人扶持、安政七年（一八六〇）に頭十村兼新田裁許となった。彼は藩領内全域に亘り新堤・溜井（溜池）などを設けて水利を図り、山地を開墾して畑地となし、砂丘地に黒松苗を植栽して砂防林となし、那谷山林（約二里）に杉苗を植栽した。また、彼は畑地に茶・桑を植えて製茶・養蚕を盛んにし、養魚を奨め、副産業の奨励を行った。[17]

右のほか、動橋村の橋本源左衛門、分校村の和田半助、大聖寺町の平野屋五兵衛、山代村の河原屋安右衛門、山代新村の木崎平兵衛、山中村の塚谷源兵衛、同村の堀口伊右衛門、同村の柳屋喜兵衛なども代々十村を努めた家柄であった。このように、大聖寺藩では農民以外の町人・北前船主なども十村に任役された。なお、十村格には江戸後期に山中村の二代能登屋源兵衛が、宝暦九年（一七五九）に橋立村の初代梶谷与兵衛が、同一一年（一七六一）に同村の初代角谷与市が、安永二年（一七七三）に同村の二代梶谷与兵衛が、文政一二年（一八二九）に同村の五代久保彦兵衛が、天保八年（一八三七）に同村の一一代西出孫左衛門が、弘化二年（一八四五）に同村の初代増田又右衛門・動橋村の橋本重右衛門が、安政六年（一八五九）に山中村の俵屋重兵衛・同村の柿屋文右衛門・同村治郎右衛門・同村重蔵・同村源兵衛が任命された。[18]

三　十村役の業務

十村は身分が百姓で軽かったものの、その業務は重く収納方・田地方（改作方）などを司った。十村は農事に優れた才能を有し、組内の村々を廻って人々の督励に当たり、業務に忠誠を尽くすため誓詞を御郡所に提出した。彼らは改作法の施行中に、組付十村や十村代官の制度化および引越十村の制を通して、郷村共同体の中核たることを止めて藩の末端官僚となった。すなわち、彼らは郡奉行（人支配）と改作奉行（高支配）の監督のもとに、村肝煎・組合頭などの助力を得て業務を執行した。次に、大聖寺藩の十村業務を第３表に示す(19)。

十村の業務は、勧農、租税の徴収、組内の治安維持、農民の生活指導など行政事務全般に亘っていた。その業務は司法業務・徴税業務に比べて、一般業務が圧倒的に多かった。一般業務では改作業務（改作奉行支配）に比べ、民政業務（郡奉行支配）が多かった。このことは、大聖寺藩の改作方すなわち改作奉行の権限が郡奉行に比べて弱かったことを示す。十村の一人は寛文期（一六六一～七二）から藩邸内の十村詰所（御郡所内）に月一〇日ずつ務め、主に組々から届けられる書類の取次や各組への指令伝達に当たった。十村業務が繁多になる場合は、十村詰番に

第３表　大聖寺藩の十村業務

種　類	業　務　内　容
一般業務	養子縁組、家督相続、遺産相続、土地売買、相互扶助、人命救助、災害救助、宗門改め、改宗寺替、同心托鉢、道路修理、橋梁修理、渡船修理、堤防工事、倉庫修理、農業監督、漁業監督、林業監督、鉱業監督、農事調査、戸籍調査、表彰請渡、郡内巡視、交通航海、領境交渉、役人任用、書類送達、藩邸出勤
司法業務	風俗取締、新築取締、火災防止、捨得物取締、捨子取締、逃亡者取締、障害者取締、乞食取締、掃除坊主取締、動物取締、盗難取締、犯罪者捜索、入出獄管理、流刑者取締、没収物処分
徴税業務	台帳調整、隠田見分、田地増減、税額決定、給人蔵宿取締、春秋夫銀徴収、定小物成銀徴収、郡打銀徴収、宿方課役徴収、関税徴収、藩債募集、製塩管理

※『加賀市史料五』『大聖寺藩史』『山中町史』などにより作成。

代わって番代が務めた。このほか、十村業務を補助する役として所付手代・内手代・納手代などの手代が置かれた。所付手代は十村詰所の番代の補助に使役する者、内手代は十村の自宅（御用所・御役所と呼ぶ）で使役する者、納手代は十村の代官業務に使役する者であり、それぞれ十村一人に二～三人を使用した。彼らは十村同様に御郡所に誓紙（誓詞）を提出した。たとえば、組付十村の保賀村宗左衛門は、宝暦一一年（一七六一）に内手代として富屋茂右衛門と仲屋甚右衛門を雇っていた。

次に、十村の役料・苗字帯刀・御目見など待遇についてみよう。組付十村には、役料として鍬役米（男子一五～六〇歳から米二升を徴収）が支給された。鍬役米（鍬米）は、加賀藩治世の十村創設期に遡って実施されていたものだろう。これは男子がいない家からも徴収したが、村肝煎・懸作百姓からは徴収しなかった。宝暦七年（一七五七）の調査では、領内の戸数が四一三四戸、人数が二万一二六〇人、鍬数が八七五一挺、鍬役米が高一七七石八斗二合五勺であった。[20]明和四年（一七六七）には鍬米高一七七石七斗二合四勺九才を組付十村六人分に割り、一人分を藩（御郡除物方）に上納し、その残り分を五人で受けた。また、同五年には鍬米高を十村七人分に割り（組付十村五人）、二人分を藩に上納し、その残り分を五人で受けた。すなわち、十村二人の上納分は御収納米百分一が五〇石七斗余、鍬役米が五〇石八斗余、年内銀成百分一が二六一匁七分余、翌年越銀成百分一が四八〇匁二分余であった。このとき、数年前から組付十村が三人になったため、目付十村二人がその業務を兼務し、奥山方二一か村と西ノ庄七か村およびび矢田野九か村を裁許した。さらに、文化元年（一八〇四）には鍬米高一七七石七斗二合四勺九才を十村七人分に割り（組付十村五人）、二人分を藩に上納し、その残りを五人で受けた。すなわち、十村二人の上納分は御収納米百分一が一〇二石三斗余、鍬役米が五〇石七斗余、年内銀成百分一が七六六匁九分余、翌年越銀成百分一が四七九匁八分余であった。[21]

このように、明和四年までは鍬役高一七七石七斗二合四勺九才を十村七人分に割り、その人数分以外を藩に上納し、その残り分を当時の十村で受けていた。この鍬役米は月割をもって支給されたものの、九月・一〇月・一一月・一二月の四か月は御用繁であったため、一か月を二か月扱いの年一六か月（閏年は年一七か月）として支給された。月半ばの任役については日割支給となった[22]。目付十村は鍬役米や代官口米のほか、享保元年（一七一六）頃には算用場から年に御切米一〇石が支給されていた[23]。なお、組付十村の手代は元禄五年（一六九二）に組打銀の内から日用銀として年に八〇匁が、江戸後期には役米二〇俵（一〇石）が支給されていた。組打銀は組内の村々から高割三分の二、戸数割三分の一の割合で徴収された。ちなみに、江戸後期には番代の役米が二〇俵、内手代の役米が一〇俵、納手代の役米が五俵であったという[24]。

加賀藩では承応二年（一六五三）から侍代官とともに十村代官（二〇人）を、万治二年（一六五九）からは十村代官（新田裁許・山廻役も任命）だけを加越能三か国に設置した。これ以前には、村肝煎（のち十村）が侍代官とともに徴税業務を行っていた。十村代官は改作奉行の下に直属し、租米・春秋夫銀の徴収業務を行い、その手数料として代官口米（被下口米）が与えられた。代官口米は定納米一石に口米二升を徴収した代官役料で、江戸中期には無組御扶持人十村が二五〇〇石（代官帳五冊分）、御扶持人十村が二〇〇〇石（同四冊分）、平十村が一五〇〇石（同三冊）、十村分役の新田裁許・山廻役が一〇〇〇石（同二冊）の収納米を扱った。代官帳は一冊分五〇〇石であったが、正米（御蔵米＝定納口米）は三三〇石であり、代官口米は六石四斗ほどになった[25]。前述のように、能美郡瀬領村の十村文兵衛は、大聖寺藩の組付十村六人を指導して改作法を推進した功績によって、十村代官米が一二〇〇石から四〇〇〇石余の扱いに増額された。十村代官一人の口米は新開地の免一歩の要件もあって、必ずしも図式通りではなかった。十村代官は文政四年（一八二一）の十村廃止に伴い、天保一〇年（一八三九）まで廃止されて侍代官（郡奉行代官制）が再び置かれた。この間、鍬役米や代官口米も廃止されたので、惣年寄（御扶持人）には八〇石、年寄並（御扶持人並・平十村）には三〇石の役料が支給された。

大聖寺藩でも改作法の施行中に十村代官が置かれていたが、その関係史料は極めて少ない。元禄一一年（一六九八）には目付十村が三二〇〇石ほど、組付十村が二五〇〇石ほどの収納米（切免・上知を除く）を扱い、代官口米一二九石二斗余と鍬役米一四八石八斗の合計二七八石五斗を組付五人に分け、一人が五五石六斗余を受けた。(26) 御収納百分一は「百分一米」「郡百分一米」と、年内銀成百分一や翌年越百分一は「百分一銀」「郡百分一銀」と呼ばれた。明和四年（一七六七）には代官口米を十村八人分に割り、一人分を藩に上納し、その残り分を七人で受けた。また、文化元年（一八〇四）には代官口米を十村七人分に割り、二人分を藩に上納し、その残り分を五人で受けた。(27) 天保年間（一八三〇～四四）には十村が四人であり、十村一人の代官口米が一〇〇石となったため、これを一〇〇俵（五〇石）に減じたというが、定かなことは分からない。(28) この代官口米は年内に三分の二、翌年春に三分の一を支給されていたが、享保一一年（一七二六）からは年内一括支給となった。(29) このほか、同一八年（一七三三）には惣年貢皆済に際し組付十村与四郎が銀二〇目、同十村半助・文兵衛・伝兵衛・久五郎・半四郎が銀一匁、目付十村五郎右衛門・長兵衛が銀一〇匁を受けた。なお、同一二年には収納米の蔵納に際し納手代三人が百疋（金一歩）を、村肝煎五人および小百姓一人が鳥目一貫文を与えられた。これに対し、滝村善四郎・坂下村長三郎は年貢未納を十村彦左衛門に糾弾され、御用所から御領追放（所払い）を命じられた。(30)

組付十村は小物成取立役（定小物成取立役・散役裁許）を兼役し、その役料として口米（百分一銀）が支給された。明和四年（一七六七）までは目付十村二人を除く六人分に割り、一人分を藩に上納し、その残り分を五人で受けた。(31) また、彼らは御郡打銀主付を兼役し、その役料として口米が支給された。御郡打銀とは草高一〇〇石に一二匁の割合で各村に課された雑税であり、川修理・道修理・橋梁普請・蔵修理・船渡し・航路燈明など御郡方の費用に充てられた。このほか、十村は廻国上使巡見御用主付・用水開鑿主付などをはじめ、臨時的な諸事主付を兼帯し、それぞれ役料を得た。

大聖寺藩でも、加賀藩と同様に天保五年（一八三四）頃から日常の苗字帯刀を十村に許可したようだ。小塩辻村の十村であった九代鹿野小四郎は同六年（一八三五）に組付十村となり、同一四年（一八四三）に苗字御免となったという。[32] 前記のように、保賀村の十村であった荒森宗左衛門は江戸後期に帯刀が許可されたという。十村格となった北前船主のなかには、苗字帯刀を許可される者がいた。橋立村の二代梶谷与兵衛は安永七年（一七七八）に帯刀を、同村の六代久保彦兵衛は天保九年（一八三八）に苗字を、同村の一一代西出孫左衛門は嘉永七年（一八五四）に苗字帯刀を、同村の初代増田又右衛門は安政元年（一八五四）に苗字帯刀を、瀬越村の初代大家七兵衛は元治元年（一八六四）に苗字を許可された。[33] 十村格の苗字帯刀は藩への献金に対し与えられたもので、北前船主のなかには士分となる者もいた。

加賀藩では改作法施行中に御扶持人が小松城で三代利常に御目見を許可されたが、その後は年頭御礼だけとなった。大聖寺藩でも、寛文期（一六六一～七二）から年頭御礼が御式台で行われた。十村は天明五年（一七八五）正月二日に町医・町年寄などとともに御中式台で年頭御礼を受けたが、彼らは奏者から町医・町年寄の先に呼ばれたという。[34] なお、嶋村五郎右衛門（目付十村）は、寛文六年（一六六六）に二代利明の婚礼祝儀（江戸）に十村を代表して参列した。[35]

最後に十村分役をみておこう。加賀藩の十村分役には新田裁許と山廻役があったが、大聖寺藩には山廻役が置かれなかった。加賀藩の新田裁許は元禄三年（一六九〇）に創設されたが、大聖寺藩のそれは大変遅く、江戸後期に至っ

第4表　大聖寺藩の新田裁許

順番	村　名	新田裁許名
1	山　代	荒屋源右衛門
2	小菅波	開田九平
3	動　橋	橋本平四郎
4	小塩辻	鹿野小四郎
5	小菅波	開田九平次
6	小塩辻	鹿野源太郎
7	中　島	中谷宇兵衛
8	小塩辻	鹿野庄次郎
9	右	堀野栄太郎
10	小塩辻	鹿野虎作

※『宗山遺稿』（ホクト印刷）により作成。

て置かれた。山代村の荒屋源右衛門は、天保年間（一八三〇～四四）に九代鹿野小四郎の推薦により初めて新田裁許になり、敷地村領の平床に溜池を築き、田地一〇町歩を開墾、塔尾村などの農民七人を移住させたという。これ以降、小菅波村の開田九平、動橋村の橋本平四郎、小塩辻村の鹿野小四郎、中島村の中谷宇兵衛など九人が新田裁許を努めた。次に、大聖寺藩の新田裁許を第4表に示す。(36)

第4表中の堀野栄太郎（右村）が新田裁許となったとき、動橋村の平岡重五郎（重作の長男）・小塩辻村の一二代鹿野虎作は新田裁許見習を、小菅波村の開田善助と庄村の桂田庄作は同勢子役を任命された。藩は江戸後期に領地普請の制を定め、新田裁許に組付十村を添えて毎春一回村々の修繕か所を巡り設計させ、藩の改作費をもって諸費材料を給した。新田裁許の主な業務は新田開発の督励、新開村の掌握、柴山潟端の浮草刈り（夏土用後）、串川の掃除（河掘り）などであった。

村肝煎・組合頭・百姓代は村方三役（地方三役）と呼ばれた。このほか、算者（算用者）・小走り・山番人などを置く村もあった。村肝煎は一村一人を原則として旧家から選ばれたものの、二～三人を有する村（大村・分散村）もあった。彼らは頭振《あたまふり》（水呑百姓）を除いた村人から入札（選挙）で選ばれ、一定の役料が支給された。村肝煎には見付肝煎（十村が人選）・兼帯肝煎・引越肝煎などがあり、その業務は租税収納、治安維持、村民扶助、他村との交渉など多岐にわたっていた。組合頭は村肝煎の補佐役であり、村の大小により二～五人ほど置かれ、村万雑《むらまんぞう》から若干の役料が支給された。彼らは組中の売買・貸借・奉公など多くの請人となった。なお、組合頭は改作法の施行中に郷村支配機構（十村―村肝煎―組合頭）に組み込まれたようだ。百姓代は臨時の連名者（農民の代表者）であり、役所への報告に形式的に名前を連ねた程度であったようだ。大聖寺藩では十人組制度が五人組制度（隣保組織）の変容となっていた可能性が強く、各村に十人頭が置かれていた。下福田村では江戸末期に村肝煎が役米六石五斗、組合頭が役料八〇匁、山番人が役米二石、算者が役料三〇〇匁、小走りが役米一石、十人頭が役料一〇匁をそれぞれ支給されていた。[37]

第１図　大聖寺藩の農政機構

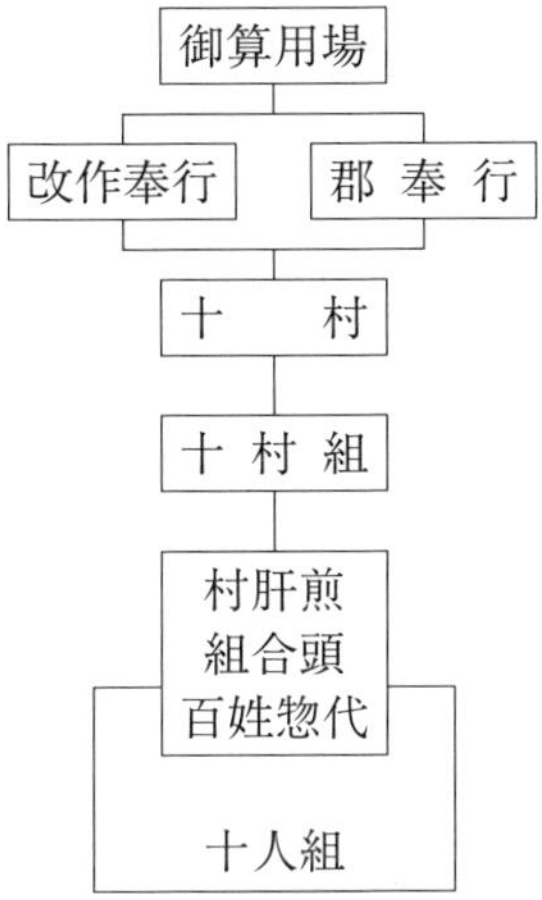

註

（1）改作法の施行年代は、石川・加賀・砺波・射水・新川の五郡が慶安四年（一六五一）、能美・鳳至・珠洲の三郡が承応元年（一六五二）、羽咋・能登の二郡が同二年（一六五三）、能登郡の旧長氏領が寛文一一年（一六七一）であった。一方、その終了年代は、鳳至・珠洲の二郡が承応二年（一六五三）、石川・加賀・砺波・射水・羽咋・能登の六郡が明暦元年（一六五五）、能美郡が同二年（一六五六）、新川郡が同三年（一六五七）であった。改作法が慶安四年に石川郡の白山麓山内三一か村で試行された理由は、同地に「かじけ百姓」が多かったためだという。藩はこの試行のために入用銀九〇貫目を御蔵から支出したという。その後、藩は順次この試行を村々に拡大するとともに、越中国砺波郡の「九反田試作」や「御高五千石御開作」にみられるような、耕作と営農の試行も行った。なお、改作法の成就年代については、手上高・手上免までを改作法の内容に入れるとすれば、寛文一〇年（一六七〇）の村御印改訂まで下げねばならないだろう。改作法の内容は多岐にわたるが、その主なものを左に示す。

①　俸禄制度　給人の知行地直接支配の禁止。
②　土地制度　手上高による草高（収穫高）の決定。田地割（田地割替）の制度化。
③　租税制度　一村平均免による定免法の制定。夫銀（労役の代銀）と口米（収納米の付加税）の決定。村御印の交付。
④　救民制度　農民に対する貸米や貸銀の制度化。
⑤　郷村制度　十村の制度化。改作奉行の設置。

三代利常は、改作法の目的を窮乏化した給人（家臣）と農民の救済だと考えていた。そのため、彼は給人に貸銀して生活を立て直させ、農民に米や入用銀を貸与して、藩が農民の債務を肩代りし、給人と農民間の直接交渉を遮断した。また、農民が脇から米や銀を借りることを禁止し、その代りに春貸秋納を原則とする作食米《さくじきまい》制、その他の助成制度を確立した。このとき、米に換算して一一万四九二石余の敷借米と給人未進高を免除した。敷借米は寛永一二年（一六三五）以来の藩に対する村の負債であり、皆無の村もあった。給人知の耕作農民は改作法施行前、給人が川崩などによる検地引高や「かじけ百姓」による用捨免に容易に応じなかったので、公領のそれ以上に「かじけ百姓」から「走り百姓」が多く発生した。藩は「かじけ百姓」の立直しを図る一方、立ち直りの見込のない者、改作法に違反する惰農民を追放し、有能な農民に入替えする政策をとった。

定免制は寛永一六年の富山・大聖寺支藩の創設に伴う給人知変動を経て、同一八年頃には全領域に亘って確立していたようだ。明暦二年には給人知の平均免が、越中・能登知四ツ一歩、加州知三ツ六歩と定まった。このとき、平均免の手上げは加州知が三歩、越中・能登知が着米免も含め四歩五厘であった。この給人知平均免は給人知行高に対する知行米の計算基礎であって、実際に異なる免の村々では分給された知行高が組み合わされるので、村免とは直接の関係がなかった。しかし、知行高に対する平均免が上げられると、一村平均免がほとんど確立していた当時において、公領を含む村免を手上げしないと、給人知平均免に相当する知行米を確保することはできない。つまり、給人知平均免が増免になったことは、当然村免の一斉手上げを前提としていた。

藩の年貢米は、改作法による手上高・手上免の実績によって公領・給人知を含み二〇％ほど増加した。藩は改作法の実施に当たって、従来から藩農政の末端を担った十村肝煎の一部有力者に扶持や鑓・馬を与え、御扶持人十村として改作法の実務に当てた。同時に、領内の有能な十村を能登国奥郡・口郡や新川・能美郡に多く引越させた。寛文元年（一六六一）五月に任命された改作奉行四人は、改作法施行時の二人と異なって、家格が低く、実務家型で御算用場に直属した。ともあれ、藩は改作法実施のために銀六九五貫目余、米七万三〇〇〇石を消費したという。改作法施行後の農村は「藁の出目もない」といわれるほど、租税が高くなった。つまり、農民は改作法によって給人の搾取から解放されたものの、より強大な領主の権力によって収奪されるようになった。藩は農民に再生産能力を与えると同時に、徹底的にその生産物を取上げ、農民が困れば、積極的に彼らを救済する仕組みに代えた（『富山県史・通史編Ⅲ』富山県、二四三〜三二一頁）。

（2）『加賀市史・通史上巻』（加賀市史編纂委員会）六〇四〜六〇五頁

（3）『加賀藩御定書・後編』（金沢文化協会）四一三頁。在江戸の奥村因幡は寛文三年（一六六三）九月二日に五代綱紀および夫人の節倹を崇ぶ状を、金沢の老臣前田対馬・奥村河内・今枝民部に告げており、年代不詳の連署状は寛文三年と特定できる（『加賀藩史料・第四編』清文堂、三一〜三二頁）。ちなみに、藩政の重要事項（「国之仕置」）は、寛文元年から本多安房・長九郎左衛門・横山左衛門・小幡宮内の四重臣の協議により決定し、前田対馬・奥村因幡・津田玄蕃の三重臣が月番交替して、これに伊藤内膳・菊池大学および江戸御用を担当する今枝民部が加わって執行する体制ができた（前掲『加賀藩史料・第参編』七六五〜七六九頁）。なお、加賀藩の改作奉行四人は、寛文三年九月二九日から数日をかけて大聖寺領内の村々を巡回し、改作法施行後の農業情況を視察した（『加賀市史料五』加賀市立図書館、八四頁）。

（4）木越隆三「大聖寺藩における改作法の実施」（『北陸史学・第六十二号』四〇〜四一頁

（5）「太田家文書」（小松市波佐谷町）。引越十村は元和三年（一六一七）からみられ、とくに改作法の施行中に激増した。これは改作法の功労と業務上の実績により有能な十村を引越させたもので、承応三年（一六五四）に領内で一六件あった。なお、三代利常は承応元年（一六五二）に加越能三か国より十村一四人を選出して御扶持人十村に任役した。利常は同二年正月八日に五人、同二年正月一五日に九人に小松で御印物および鑓一本を与えた（拙著『加賀藩山廻役の研究』桂書房、九四〜一〇二頁）。

（6）「右同」

（7）前掲『加賀藩史料・第参編』七頁、『藩法集6・続金沢藩』（創文社）九六二頁、小田吉之丈『加賀藩農政史考』（国書刊行会）四二七頁。寛

文二年（一六六二）の歩入規定は、九月晦日までに二〇石、一〇月一五日までに二〇石、一〇月晦日までに三〇石、一一月一五日までに二〇石、一一月晦日までに一〇石と定めた（前掲『加賀市史料一』一一一頁）。

（8）この末尾には「矢田野開九ケ村」を記すので、寛文二年以降に書かれた可能性が高い。

（9）加賀藩の十村は慶長九年（一六〇四）に能登国奥郡に初めて置かれ、その後加越両国にも設置された。十村は他藩の大庄屋・大名主などに相当する役職で、近郷一〇か村ほどを支配し十村肝煎または十村と呼ばれた。ほかに、十村頭・十村組頭・十村組肝煎・十村組頭肝煎・十村之肝煎などとも称した。十村は改作法の施行中に、その精農機能を最大限に活用され、改作奉行の手先として駆使された。すなわち、彼らは御扶持人十村の任命、引越十村の派遣、十村代官の制度化などを通して、郷村の共同体的結合の中核たることをやめて藩の末端官僚となった。十村は無組扶持人十村・御扶持人十村・平十村の三種に分けられ、また三種には本役の退老者「列」と本役の見習役「並」があった。寛政九年（一七九七）の十村役列は、①無組御扶持人、②無組御扶持人列、③組持御扶持人、④無組御扶持人並、⑤組持御扶持人列、⑥組持御扶持人並、⑦平十村、⑧平十村列、⑨平十村並の九階層であった。十村組は当初、一組が十数か村であったが、寛永一二年（一六三五）には大組化がすすめられ、四〇～五〇か村ほどの組となった。享保一六年（一七三一）には七八組（加賀国二六組・越中国三〇組・能登国二二組）、寛政九年には七九組（加賀国二六組・越中国三一組・能登国二二組）、天保一〇年（一八三九）には八六組（加賀国二一組・越中国四一組・能登国二四組）と改編された。ちなみに、享保一六年には最少組が七か村、最大組が八七か村であった。なお、富山藩では万治二年（一六五九）に十村制度を創設し、延宝二年（一六七四）には十村六人と長百姓一六人が置かれていた。

ところで、一二代斉広は文政二年（一八一九）に収納減少による藩財政困窮の打開策として綱紀粛正を意図し、加越能三か国の十村三一人を捕らえ投獄したほか、三人を罷免し、投獄者のうち一八人を能登島に流罪した。十村断獄による組裁許十村の欠員は、新田裁許・山廻役・御旅屋《おたや》守の昇格によって補ったが、彼らの能力では複雑化・多様化した農村問題に対応しきれず、むしろ農政の混乱を大きくし、短期間のうちに再び十村の更迭を余儀なくされた。このため、処分を受けていた十村は復活し、従来の体制に戻った。しかし、斉広は同四年に農政機構改革を実施し、改作奉行とともに十村を廃止した。すなわち、改作奉行は郡奉行が兼帯し、御扶持人十村・無組御扶持人十村は惣年寄、平十村は年寄並と改称され、その農民支配・収納方はすべて郡奉行の直支配に改められた。各郡には出役所が設けられ、一か所に奉行二人、主付一人が詰め、従来の十村はその手先役人となった。その後、十村は天保一〇年（一八三九）の改作方復元潤色によって復活し、その体制も従来通りとなった。

十村は十村代官をはじめ、定散小物成取立役・春秋夫銀取立主付・御郡打銀主付などを兼帯した。十村代官は改作奉行の下に直属し、改作奉行―十村代官という系列で租米・春秋夫銀を徴収した。改作奉行は改作法の施行中に臨時に設置されたのち、寛文二年（一六六二）からは山本清三郎ら農政のベテラン四人が常設され、元禄期には一〇人となった。定散小物成銀取立役は一般的に御扶持人十村が兼帯し、定散小物成銀・関税・礼銀・運上銀などを徴収した。これは寛文一〇年（一六七〇）から定小物成銀を徴収する定小物成銀取立と、散小物成銀を徴収する散役才許に分離された。定小物は御印税とも称し、寛文一〇年から村御印に税名・税額が記載されたもの、散小物成は散役・浮役とも称し臨時に創業・廃業するものに課せられたものである。散小物成は定小物成が定まったのちに追加されたため、定小物成の税名と同一のものが多かった。御郡打銀主付も御扶持人十村が兼帯し、川修理・道修理・橋梁普請・蔵修理・船渡し・航路燈明などの費用に当てられた御郡銀を徴収した。このほか、十村は浦口銭取立方主付・検地打役・諸郡御用頭取・廻国上使巡見御用主付などをはじめ、臨時的な諸事主付を兼帯した（前掲『加賀藩農政史考』九一～一〇一頁、前掲『富山県史・史料編Ⅲ』二七〇頁）。

(10) 前掲『加賀藩農政史考』一〇〇頁

(11) 前掲『加賀市史料五』一九頁、三二五頁および『山中町史』（山中町史編纂委員会）一一三～一一四頁

(12)『江沼郡誌』（石川県江沼郡役所）六八六～六八七頁および拙編『宗山遺稿』（ホクト印刷）

(13) 前掲『江沼郡誌』五一二～五一四頁

(14)『秘要雑集』（石川県図書館協会）二八頁

(15) 前掲『加賀市史料五』三四八頁

(16) 荒森兄弟『津軽海峡』（自費出版）一六～二二頁

(17) 前掲『宗山遺稿』。六代小四郎は宝暦六年（一七五六）に目付十村に、八代小四郎は天保六年（一八三五）に頭十村（目付十村）に、一二代虎作は慶応四年（一八六八）に十村兼新田裁許にそれぞれ任命された（『同書』）。

(18) 前掲『加賀市史料三』一頁、一一五頁、前掲『加賀市史料四』五〇頁、一九一頁、前掲『山中町史』一一三～一一四頁。このほか、寛文一一年（一六七一）には山中村次郎右衛門が、天和元年（一六八一）には山中村清兵衛が、元禄八年（一六九五）には彦左衛門（不詳）が、元禄一三年（一七〇〇）頃には山代村伊兵衛と庄村太郎右衛門が、寛延二年（一七四九）には喜右衛門（不詳）が、宝暦七年（一七五七）には伝兵衛（不詳）が、文化五年（一八〇八）には山代新村平兵衛が、同一三年年（一八一六）には中島村宇兵衛が、弘化二年（一八四五）には重助（不詳）が、嘉永元年（一八四八）には平助（不詳）が、同七年（一八五四）には瀬越村彦次郎と小塩辻村庄次郎が、明治二年（一八六九）には中島村宇兵衛が目付十村や組付十村を努めていた（前掲『山中町史』七三二頁、『大聖寺藩の町有文書』北野印刷）。山中村の初代能登屋源兵衛は、江戸後期に鹿野与四郎（初代鹿野小四郎の二男）の子孫が十村を辞任した跡組を継いだという（前掲『宗山遺稿』）。目付十村の山中村源兵衛と半次郎（不詳）は、明和三年（一七六六）に「当分奥山方廿一ケ村、并矢田野・三ケ浦・小塩・橋立・山田町・大聖寺町此分預ケ置才許」を命じられた（前掲『加賀市史料五』三六〇頁）。なお、動橋村の橋本重右衛門は、慶応元年（一八六五）に十村加人を努めていた（前掲『大聖寺藩の町有文書』一六頁）。

(19) 前掲『加賀市史料』、前掲『加賀藩農政史考』、前掲『山中町史』などを参照。司法業務の牢獄については、加賀藩のそれとほぼ同様なものであった。すなわち、大聖寺藩でも吟味奉行が管轄した牢獄と、十村が管轄した郡牢（監倉）があった。後者は初め庄村近くに居住した非人頭の新平が所管していたという（前掲『宗山遺稿』）。
(20) 前掲『加賀市史料二』一一九頁
(21) 前掲『加賀市史料五』一六七～一六八頁、一七一～一七二頁、三六〇～三六一頁
(22)『右同』一六八頁。右村の十村五兵衛（新四郎の父）は、享保元年（一七一六）に閏月共一七ケ月分（五〇二日分）として鍬役米三三石一斗六升を受けた（『同書』三五七頁）。
(23)『右同』三五七頁
(24)『右同』二五〇頁および前掲『宗山遺稿』
(25) 前掲『藩法集6・続金沢藩』七九〇頁
(26) 前掲『加賀市史料五』三五六頁
(27)『右同』一六七～一七二頁
(28) 前掲『宗山遺稿』
(29) 前掲『加賀市史料五』三五九頁
(30)『右同』七五頁、六二頁、三四八頁
(31)『右同』一七二頁。小物成百分一銀については、三人分の上納はみられなかった。
(32) 前掲『宗山遺稿』
(33) 前掲『加賀市史料三』一一五頁、前掲『加賀市史料四』四九～五〇頁、一九一頁
(34) 前掲『加賀市史料五』三六三頁
(35) 前掲『加賀市史料六』五八頁
(36) 前掲『宗山遺稿』
(37) 前掲『加賀市史料二』一九一頁

第二章　村御印について

一　加賀藩の村御印

加賀藩では、三代利常が慶安四年（一六五一）から明暦二年（一六五六）にかけて改作法（改作仕法）という農政大改革（財政改革）を行った。この改作法の主目的は収穫の豊凶に関係なく、毎年一定額の年貢を徴収することによって、藩の財政確保と藩主が直接領民を掌握することにあった。つまり、加賀藩は改作法の内容を明確にするため、慶安三年（一六五〇）、承応三年（一六五四）、明暦二年（一六五六）に村々（領民）に対し、年貢令達状の「村御印《むらごいん》」を交付した。承応三年の村御印は、明暦二年に手上高・手上免や新開高などの増加分を含めて書き換えられた(1)。その後、明暦二年の村御印は、寛文一〇年（一六七〇）の新京枡採用に伴い、すべて書き換えられ、新たに交付された。この村御印には年月の下に五代綱紀を示す満の黒印が捺され、改作体制を築くための敷借米の免除や手上高・手上免などの主要な変更部分が訂正・加筆されていた。これは通常「御印箱」と呼ばれる専用の木箱に入れられ、村肝煎により大切に保管されていたが、雨漏や火災などで損失や焼失した場合には、御算用場から再交付された(2)。

近年、各地域に保存されてきた寛文一〇年の村御印も散逸が甚だしい。幸い、金沢市立玉川図書館近世史料館の加越能文庫「加越能三箇国高物成帳」（全三五冊）には、寛文一〇年の村御印が領内全域に亘って書写されており、これは平成一三年（二〇〇一）に同館近世史料館によって同書名で刊行された。ともあれ、加賀藩の村々（領民）は改作法によって制定された村御印に基づき、米収穫の豊作や凶作にかかわらず、毎年一定の年貢を納入しなければならなくなった。まず、明暦二年（一六五六）の村御印の一例を示す(3)。

能州羽咋郡粟山村物成之事［A］

壱ケ村草高　内拾石明暦弐年百姓方ゟ上ルニ付無検地ニ極ル
一、百三拾八石
　免四ツ五歩　内四歩五厘明暦弐年ゟ上ル
右免付之通可納所、夫銀・口米如定可出者也
　同村小物成之事
一、百拾五匁　　山　役
一、壱　匁　　苦竹役
一、弐拾八匁　　紙　役
本米弐拾八石
一、五石六斗　　敷借利足
右小物成之分者十村見図之上ニ而指引於有之者、其通可出者也
　明暦弐年
　八月朔日（御印）
　栗山村
　百姓中

羽咋郡栗山村では草高一三八石、免四ツ五歩（四五％）で、これを草高に掛けた六〇石一斗が定納（本税）となった。このほか、付加税として夫銀《ぶぎん》・口米を上納した。夫銀は農民が労働力を奉仕する代わりに銀で上納する税で、上納一〇〇石に付き一四〇匁として一九一匁二分を納めた。口米は収納に当たる代官らの手数料で、上納一石に付き八

升として一一石四升を納めた。いま一つ、付加税として秋春夫銀と小物成銀を上納した。要するに、明暦二年の村御印は草高・免とともに、手上高・手上免や小物成・敷借利足などを明記したので、一村の全負担が明瞭に掌握できるものになった。手上高・手上免は村方から申告した草高と免の増加を、敷借利足は藩からの借入米である敷借米の利息を示す。手上高については、明暦二年の村御印に「百姓方ゟ上ルニ付無検地ニ極ル」とあって、農民（村）側からの自発的申告によって行われた。

改作法は手上高・手上免による年貢増徴、とくに手上免を主目的にしていたが、それはどの程度増徴されたのだろうか。明暦二年（一六五六）の「村御印之留」には、手上免に対応する年貢米高が能美郡八組一七〇か村で四二六〇石七斗七升七合、羽咋郡四組二一一か村で五七八三石五斗七升五合、砺波郡八組五一二か村で二万一八九七石九斗一升五合、射水郡四組一六七か村で一万一二九八石九斗九升五合、氷見庄三組一一四か村で五七二〇石八斗四升八合、新川郡九組七八四か村で一万四一九四石八斗九升二合、合計一九五七か村で六万三一五七石二合であったと記す。[4]国別の平均手上免は加賀国が低く、越中国が高く、能登国が両者の中間で、郡別のそれは能美郡がもっとも低く、氷見庄がもっと高かった。これは加賀国が三〇〇歩一反に一石七斗の斗代、能登国が同じく三〇〇歩一反に一石五斗の斗代、越中国が三六〇歩一反に一石五斗の斗代であったためだろう。つまり、越中国は加賀国に比して一反に六〇歩の出目と、斗代が二斗軽くなったことによって、三割六分ほど負担が軽減されたことが、手上免に組み込まれたものだろう。能美郡はとくに負担過重で難渋したので、他郡より手上免が低く抑えられたものだろう。新川郡は土地に不相応な高免を付けられたが、それでも他郡に比して手上免が低く抑えられた。能美・石川両郡では敷借米高が手上免年貢米高を上回ったが、羽咋・新川両郡ではほぼ同額、砺波・射水両郡では手上免年貢米が二倍を越えた。要するに、越中・能登両国の諸郡では、敷借米免除高を一年分の手上免年貢米で完全に回収し、加賀国の二郡でも二年分に満たなかった。それは各郡の総額においても、手上免年貢米一年分が免除された敷借米高を上回っていた。かくて、公領・給人知を含む藩の収納年貢米は、手上高・手上免の実績によって約二〇％の増額があった。[5] 次に、寛文一〇年（一六七〇）の村御印の一例を示す。[6]

加州加賀郡弥勒縄手村物成之事［B］

壱ケ村草高　内九石明暦弐年百姓方ゟ上ルニ付無検地極

一、三百六拾壱石

免六ツ四歩　内四歩四厘明暦弐年ゟ上ル

右免付之通新京升を以可納所、夫銀上納百石ニ付百四拾目充、口米壱斗壱升弐合充可出也

同村小物成之事

一、九拾七匁　山役

一、壱　匁　蠟役

本米五拾五石

一、拾壱石　敷借利足

明暦弐年ニ令免除

右小物成之分者十村見図之上ニ而指引於有之者、其通可出者也

寛文十年

九月七日（御印）

弥勒縄手村

加賀郡弥勒縄手村では草高三六一石、免六ツ四歩（六四％）で、これを草高に掛けた二三一石四升が定納（本税）となった。このほか、付加税として夫銀五〇五匁四分と口米二五石八斗七升六合を上納した。いま一つ、付加税として春秋夫銀と小物成銀を納めた。［A］と［B］には草高・免相・小物成や、敷借利足などを記し、その形式には大きな差異がみられない。ただ、［A］には［B］に記載する夫銀の定納規定（定納一〇〇石に付き一四〇匁）や、口米の定納規定（定納一石に付き一斗一升二合）がみられない。次いで、寛文一〇年の村御印から加越能三か国の物成構成を第1表に、同草高構成を第2表に、同免構成を第3表に示す。

第1表　加賀藩の物成構成（寛文10年）

国名	郡名	草　高	村　数	一村平均免	物　成
加賀	能美	121,268	241	4.30ツ	53,018
	石川	176,066	317	5.30ツ	93,740
	加賀	82,700	265	5.50ツ	47,380
越中	砺波	237,008	513	4.82ツ	111,736
	射水	159,241	277	4.72ツ	75,042
	新川	214,843	815	4.02ツ	92,466
能登	羽咋	80,066	200	4.92ツ	39,859
	能登	86,684	165	4.52ツ	39,729
	鳳至	57,388	296	5.26ツ	30,826
	珠洲	31,588	112	4.76ツ	15,820
合　計		1,246,853	3201	4.78ツ	599,619

※『加越能三箇国高物成帳』により作成。草高・物成は石以下を切り捨て。明治2年（1869）には三か国の草高が1,312,265石、村数が3573か村に増加した。

加賀国は村御印数が八二三か村、総草高が三八万〇〇三四石余、一村平均免が五ツ、物成（上納高）が一九万四一三八石余で、越中国は村御印数が一六〇五か村、総草高が六一万一〇九三石余、一村平均免が四ツ四分、物成が二七万九二四六石余で、能登国は村御印数が七七三か村、総草高が二五万五七二六石余、一村平均免が四ツ九分、物成が一二万六二三五石余であった。郡別の草高では砺波・新川・石川郡などが高く、珠洲・鳳至・羽咋郡などが低かった。三か国の草高構成では一〇〇～一九九石が四六七か村でもっとも多く、これに二〇〇～二九九石が四五三か村、五〇～

第２表　加賀藩の草高構成（寛文10年）

草　高	能美	石川	加賀	砺波	射水	新川	羽咋	能登	鳳至	珠洲	合計
0（無高所）石	2	2	14	1	1	3	3	0	0	1	27
1〜49	12	19	23	38	13	186	12	8	51	5	367
50〜99	14	27	41	54	16	137	17	12	60	15	393
100〜199	36	32	54	80	35	122	40	28	71	27	525
200〜299	48	34	39	71	28	112	29	18	51	23	453
300〜399	22	37	28	57	37	72	30	18	32	15	348
400〜499	6	26	17	38	22	54	13	18	16	9	219
500〜599	18	24	6	34	26	40	12	6	8	8	182
600〜699	21	17	12	24	19	23	13	9	1	5	144
700〜799	13	19	5	30	18	17	6	6	2	1	117
800〜899	4	16	2	22	7	16	7	13	1	1	89
900〜999	10	20	5	12	6	6	6	6	2	1	74
1000〜1099	9	11	4	10	12	6	3	6	0	0	61
1100〜1199	8	4	7	14	10	5	1	2	0	1	52
1200〜1299	4	7	2	4	6	5	2	1	1	0	32
1300〜1399	3	4	2	5	4	2	1	4	0	0	25
1400〜1499	2	3	1	3	1	1	1	4	0	0	16
1500〜1599	4	1	2	2	2	1	2	1	0	0	15
1600〜1699	1	3	1	4	3	2	0	0	0	0	14
1700〜1799	0	2	0	2	2	0	0	0	0	0	6
1800〜1899	1	3	0	1	1	1	1	1	0	0	9
1900〜1999	1	2	0	1	1	1	0	2	0	0	8
2000〜2499	2	2	0	2	5	3	1	2	0	0	17
2500〜2999	0	0	0	1	1	0	0	0	0	0	2
3000以上	0	2	0	3	1	0	0	0	0	0	6
合　　計	241	317	265	513	277	815	200	165	296	112	3201

※『加越能三箇国高物成帳』により作成。単位は匁。匁以下は切り捨て。

第３表　加賀藩の免構成（寛文10年）

免	能美	石川	加賀	砺波	射水	新川	羽咋	能登	鳳至	珠洲	合計
0（無高所）	2	2	14	1	1	3	3	0	0	1	27
0.1～0.9	0	0	0	0	0	1	0	0	0	0	1
1.0～1.9	0	0	2	2	1	16	0	0	0	0	21
2.0～2.9	10	4	2	8	12	60	0	5	0	0	101
3.0～3.9	80	13	5	88	32	274	13	19	22	23	569
4.0～4.9	94	97	40	175	117	335	90	93	65	36	1142
5.0～5.9	48	134	135	159	83	118	81	47	146	40	991
6.0～6.9	6	56	59	70	30	7	9	1	52	10	300
7.0～7.9	1	11	8	10	1	0	2	0	6	2	41
8.0～8.9	0	0	0	0	0	1	1	0	5	0	7
9.0～9.9	0	0	0	0	0	0	1	0	0	0	1
合　計	241	317	265	513	277	815	200	165	296	112	3201

※『加越能三箇国高物成帳』により作成。

九九石が三九五か村、三〇〇～三九九石が三四九か村と続いた。草高が高い村は砺波・射水・石川郡などに多く、それが低い村は加賀・新川・鳳至・珠洲郡などに多かった。草高が高い村には砺波郡五箇山村（五八六四石余）、同郡鷹栖村（三五三三石余）、同郡北野三ケ村（三四〇九石余）、石川郡宮之保村（三三八六石余）、同郡野々市村（三三三四石余）、射水郡下村（三〇七九石余）、同郡戸破《へわり》村（二八七九石余）などがあった。なお、無高村は加賀郡に一四か村、新川・羽咋郡に各三か村、能美・石川郡に各二か村、砺波・射水・珠洲郡に各一か村があった。

郡別の免相では加賀・石川・鳳至郡などが高く、新川・能美・能登郡などが低かった。三か国の免相構成では五ツ～五ツ九分が一一四二か村で約三六％を占め、これに六ツ～六ツ九分が九九四か村（約三一％）、四ツ～四ツ九分が五六九か村（約一八％）、七ツ～七ツ九分が三〇〇か村（約九％）と続いた。免相が高い村は羽咋・鳳至・新川郡などに多く、それが低い村は加賀・新川・鳳至・加賀郡などに多かった。免相が高い村には羽咋郡一宮寺家村（九ツ六分余）、同郡地頭町村（九ツ）、鳳至郡輪嶋村（八ツ八分）、同郡輪嶋崎村（八ツ五分）、羽咋郡町本江村（八ツ五分）、新川郡小津町（八ツ四分）、鳳至郡宇出津村（八ツ三分）、同郡皆月村（八ツ一分）、同郡剱地村（八ツ）などがあった。羽咋郡一宮寺家村の免相が高いのは、気多大神宮の本社や末社が存したためであろう。なお、無免相村も無草高村と同様に、加賀郡に一四か村、新川・羽咋郡に各三か村、能美・石川郡に各二か村、砺波・射水・珠洲郡に各一か村があった。

最後に、加越能三か国の小物成についてみよう。小物成は山野河海の用益や農民の営業に対して課せられた雑税で、村御印に記載される定小物成と、それ以外の散小物成（浮小物成）とがあった。これは改作法の施行中に多くが銀納化された。その出来・退転については、村御印に「小物成之分者、十村見図之上ニ而指引於有之者、其通可出者也」とあって、十村の判断によって増減された。次に、寛文一〇年の村御印から加越能三か国の小物成を第4表に示す。

小物成の種類は、国郡など地域によってかなり異なった。山役は加越能三か国三二〇〇か村余中の一七〇五か村（約五三％）に課せられ、小物成総額四四七貫七七九匁余中の二五三貫一八四匁（約五七％）を占め、一か村平均額が約一四八匁であった。国別では加賀国が一〇三貫九四三匁（約六一％）、能登国が九〇貫四二五匁（約五五％）、越中国が約五八貫八一六匁（約五一％）で、郡別では加賀国能美郡が三三貫七〇五匁（約五八％）、同石川郡が二七貫六四二匁（約五七％）、同加賀郡が四二貫五九六匁（約六八％）、越中国砺波郡が二七貫九四九匁（約六六％）、同射水郡が一五貫六〇七匁（約四三％）、同新川郡が一五貫二六〇匁（約四二％）、能登国羽咋郡が二九貫七〇九匁（約五六％）、同能登郡が一九貫四八四匁（約七五％）、同鳳至郡が二六貫九七五匁（約四六％）、同珠洲郡が一四貫二五七匁（約五三％）であった。これは改作法の施行以前に山銭と呼ばれ、野銭とともに漸次増額された。山役が多い村には射水郡青井谷村（一貫五〇七匁）、石川郡高尾村（一貫一一四匁）、羽咋郡子浦《しお》町（一貫八八匁）、射水郡浄土寺村（一貫七九匁）、石川郡月橋村（一貫七四匁）、能美郡金平村（九八九匁）、石川郡小原村（九七六匁）、能登郡

第4表　加賀藩の小物成（寛文10年）

番号	小物成名	能美	石川	加賀	砺波	射水	新川	羽咋	能登	鳳至	珠洲	合計
1	山　役	33705	27642	42596	27949	15607	15260	29709	19484	26975	14257	253184
2	野　役	57	182	833	2580	1607	4413	57				9729
3	草　役			224				12				236
4	青塚草役			100								100
5	末森山下刈役							39				39
6	草野役	33		501	31			182				747
7	茅野役	75										75
8	牛　役				134		271					405
9	馬　役	46										46
10	桑　役						330					330
11	畳之表役	373										373
12	葭　役	7758	219	5								7982
13	蒲　役		130									130
14	川原役	872					53					925
15	炭　役	460	397	175	1122		281					2435
16	鍛冶炭役				90		200			120	12	422
17	炭窯役						598			141	13	752
18	炭窯一枚役									292	25	317
19	炭窯二枚役				26					436		462
20	炭窯三枚役									309		309
21	炭窯四枚役									152		152
22	炭窯五枚役									130		130
23	炭窯六枚役									78		78
24	漆　役	995	293	335	97		311		5	452	65	2553
25	栗　役				17							17
26	蠟　役		250	351	257	376	678			143	7	2062
27	漆蠟役									5		5
28	蝋燭役		981				80					1061
29	蠟漆簀紙役				金子7枚							金子7枚
30	木地役						67					67
31	ころ木役						141					141
32	薪ころ役						1176					1176
33	臼ころ役						208					208

番号	小物成名	能美	石川	加賀	砺波	射水	新川	羽咋	能登	鳳至	珠洲	合計
34	才川流ころ役		7859									7859
35	苫竹役							2202	1279	208	25	3714
36	椿実役	6										6
37	たものみ役	86										86
38	山奥四ケ村		980									980
39	紙役							138	8			146
40	中折紙役		150束									150束
41	熊皮役						36					36
42	猟船櫂役		1500	2577	400	2469	1062	4793	1665	8047	4287	26800
43	外海船櫂役	2667	1215	7739		4179	1264	2297	672	3976	1141	25150
44	渡海船櫂役	162						798				960
45	外海船櫂猟船櫂役									2157		2157
46	猟舟役							42			20	62
47	釣舟役			36								36
48	旅船役							93				93
49	外海舟拾八艘猟舟拾役							846				846
50	他国並他国入猟船役										114	114
51	他国並他国入猟役									318		318
52	網役	166				5806	517	1593	1221	2791	2229	14323
53	外海網役	283	141									424
54	外海引網役	26	1455	1515								2996
55	尻巻網役		90									90
56	ふこ網役		7									7
57	引網役							69	46			115
58	投網役					14		154				168
59	釣役					554		84	8	363	375	1384
60	旅船釣役							93				
61	鱈役									37	13	50
62	鰤役					82						
63	烏賊役									22	86	108
64	鱈烏賊役									245		245
65	刺鯖役									156		156
67	海鼠腸役								12	6		18
68	生海鼠役								20			20

番号	小物成名	能美	石川	加賀	砺波	射水	新川	羽咋	能登	鳳至	珠洲	合計
69	串海鼠役								264	82		346
70	六歩口銭		32	29								61
71	三分半口銭役					461		1723				2184
72	塩　役	107		87		693						887
73	塩釜役	523		259		766	260					1808
74	塩運上役	788										788
75	潤　役	74	32		79		8	5652		6007	2990	14842
76	浦　役						1093					1093
77	七嶋舳倉嶋海士運上役									557		557
78	島　役									60		60
79	川　役	2294	1619	11		351		353		348	5	4981
80	川船櫂役				37							37
81	板船櫂役	1300										1300
82	小舟役					213	394					607
83	鮭（川）役	563	31		1984	847	2083					5508
84	鱒（川）役				280	213						493
85	鮎（川）役				852	84	1056					1992
86	もち川役	94										94
87	安宅古川役	70										70
88	湖　役	687										687
89	鯉鮒役			791								791
90	鮒　役			15		24						39
91	鳥　役	1585	1146	401				981	599	187	130	5029
92	湖網役		70	640								710
93	潟廻網役					120						120
94	湖通船役			158								158
95	豆腐役				30		120					150
96	素麺役									279		279
97	針金役									258		258
98	酒　役	12			59	10	57	30	8			176
99	室（屋）役	70	10	50	40	20	300	120	40	330	140	1120
100	絹　役				151							151
101	絹機役						5					5
102	絹判賃役		1296									1296

番号	小物成名	能美	石川	加賀	砺波	射水	新川	羽咋	能登	鳳至	珠洲	合計
103	布　　役				690							690
104	紺屋役	30	15	15	140	135	240	135	60	360	45	1175
105	室紺屋役									75		75
106	綿　　役		41	142								183
107	油（屋）役	99	176	65	183	42	37	65				667
108	魚之油役	8										8
109	油并油車 所々方入			92								92
110	鍛冶役			11	33		178	78	12	378	48	738
112	煙硝役				金子8枚							金子8枚
113	瀬戸役						49					49
114	瀬戸物役						47					47
115	四十物役						193					193
116	湯　　役	129	572									701
117	湯運上役				金子21枚							金子21枚
118	伝馬役	288			150	56	1228		250			1972
119	地子銀役	1364	137	3012	4111	1497	1597	406		1676	601	14401
120	地子米役							1斗8升				1斗8升
121	町　　役				430		129					559
122	新町役				86	215						215
123	町役銀役				215							215
124	金屋町役						86					86
125	小物成銀役							18				18
	合　　計	57,858	48,579	62,768	42,255	36,441	36,140	52,765	26,040	58,208	26,665	447,719

※『加越能三箇国高物成帳』により作成。単位は匁。匁以下は切り捨て。小物成合計は中折紙150束、金子16枚5両、米1斗8升を除く。

鵜浦村（八八八匁）、能美郡木場村（八四二匁）、砺波郡庄金剛寺村（七九六匁）などがあった。その後、天明六年（一七八六）にも、加越能三か国の小物成総額四二三貫七二四匁余中の二四八貫六九〇匁余（約五八％）を占めていた。とくに、これは定小物成総額三〇九貫八八七匁中についてみれば、実に八〇％を越えていた。郡別では加賀国能美郡が三九貫三六四匁（約一三％）、同石川郡が三〇貫八七七匁（約一〇％）、同加賀郡が五〇貫一〇三匁（約一六％）、越中国砺波郡が三六貫八三八匁（約一二％）、同射水郡が二一貫〇三九匁（約七％）、同新川郡が二九貫六四二匁（約一〇％）、能登国口郡が五三貫八八六匁（約一七％）、同口郡が四八貫〇八四匁(約一五％)であった。参考までに、天明六年(一七八六)の加賀藩の小物成を第5表に示す。

第５表　加賀藩の小物成（天明６年）

郡名	定小物成	散小物成	定散合計	山　役	山役割合
能　美	39,364	12,002	51,366	29,297	57%
石　川	30,877	12,348	43,225	28,622	66
加　北	50,103	6,914	57,017	43,559	76
砺　波	36,838	7,889	44,727	27,776	62
射　水	21,093	30,116	51,488	15,780	31
新　川	29,642	14,807	44,449	14,348	32
口　郡	53,886	13,555	67,441	48,051	71
奥　郡	48,084	16,206	64,290	41,257	64
合　計	309,887	113,837	423,724	248,690	59

※天明６年（1786）の「高並小物成手鑑」（金沢市立玉川図書館近世史料館蔵）により作成。単位は匁、匁以下は切り捨て。口郡は羽咋・鹿島両郡、奥郡は鳳至・珠洲両郡を指す。

山役のほか、猟船櫂役（二六貫八〇〇匁）、外海船櫂役（二五貫一五〇匁）、潤役（一四貫八四二匁）、地子銀役（一四貫四〇一匁）、網役（一四貫三二三匁）、野役（九貫七二九一匁）、葭役（七貫九八二匁）なども、比較的に小物成銀額が高かった。猟船櫂役の郡別額では鳳至郡（八貫四七匁）、珠洲郡（四貫二八七匁）、羽咋郡（四貫七九三匁）などが、外海船櫂役では加賀郡（七貫七三九匁）、射水郡（四貫一七九匁）、鳳至郡（三貫九七六匁）などが、潤役では鳳至郡(六貫七匁)、射水郡(五貫六五二匁)、珠洲郡(一貫九九〇匁)などが、網役では射水郡(五貫八〇六匁)、鳳至郡（一貫七九一匁）、珠洲郡（二貫二二九）などが高かった。能登国の猟船櫂役は総額一八貫七九三匁（一六七か村）で、小物成中七〇％を占めていた。猟船櫂役が多い村には鳳至郡皆月村（二貫一六〇匁）、羽咋郡風無村（一貫二六五匁）、珠洲郡小木村（九九〇匁）、鳳至郡鹿磯村（九四二匁）、珠洲郡蛸嶋村（六〇〇匁）、羽咋郡千浦村（五二七匁）、鳳至郡波並村（五一七匁）などがあった。また、外海船櫂役が多い村には射水郡放生津町（二貫九八二匁）、加賀郡白尾村（二貫四〇四匁）、鳳至郡宇出津町（二貫一五七匁）、鳳至郡輪嶋町（一貫四七三匁）、加賀郡本根布村（一貫三〇二匁）、加賀郡大崎村（一貫二七七匁）などが、潤役が多い村には羽咋郡福浦村（四貫三四九匁）、鳳至郡輪嶋崎村（三貫九二二匁）、鳳至郡五十洲《いぎす》村（一貫五一九匁）、鳳至郡皆月村（一貫六六匁）、珠洲郡折戸村（一貫一匁）などがあった。なお、潤役は入港する船の積荷に課せられた小物成のことをいう。このほか、地域的な特徴がある小物成には、能美郡の畳之表役（三七三匁）、石川郡の才川流ころ役（七貫八五九匁）、砺波郡の絹役（一五一匁）や煙硝役（金子八枚）や蠟漆簑紙役（金子七枚）、能登郡の串海鼠役（二六四匁）、鳳至郡の素麺役（二七九匁）や針金役（二五八匁）や七嶋舳倉嶋海士運上役（五五七匁）などがあった。

二　大聖寺藩の村御印

大聖寺藩では明暦二年（一六五六）に三代利常が指導した改作法を一時的に中断し、寛文二年（一六六二）に新たに五代綱紀の意向を踏まえ、二代利明の了解を得て改作法を実施した。この改作法実施に伴い、手上高・手上免や新開高などを明記した村御印が御算用場から村々に交付されたものだろう。第一章で述べたように、能美郡瀬領村の十村文兵衛は越中国砺波郡埴生村清左衛門の嫡子であったが、承応元年（一六五二）正月八日に三代利常から小松に呼び出され、加賀藩の改作法において初期御用を努めた。すなわち、十村文兵衛は明暦元年の春に同郡大杉村の十村四郎左衛門が十村を罷免されたのち、その跡を継ぎ越前御境筋の一一か村(能美郡最小の十村組)を支配する十村となった。彼は明暦二年の春から毎月大聖寺藩邸に出向き、同藩の組付十村六人の「御用方相談取次」を務めて改作法を推進したものの、給人の理解を得られず、中断を余儀無くされていた。

いま、万治三年(一六六〇)八月に大聖寺藩領に編入された旧加賀藩領の能美郡六か村には、明暦二年(一六五六)の村御印が現存するが、大聖寺藩創設期の村々には明暦二年のそれも、寛文一〇年のそれもみられない。二代利明は、万治三年八月に越中国新川郡七か村(目川・上野・入善・八幡・道市・青木・君島)と加賀国能美郡六か村(馬場・島・串・日末・松崎・佐美)とを交換した。(7)能美郡六か村は、改作法施行当時は加賀藩領であったので、明暦二年の村御印が交付された。加賀藩では寛文一〇年(一六七〇)に新京枡を採用する当たって、明暦二年の村御印を全部回収し、新しい村御印を交付した。これを「村御印御調替」という。このため、加賀藩領には明暦二年の村御印が全く残存しないが、大聖寺藩領になった村々ではこの「御調替」を行わなかったので、明暦二年の村御印がその後も残ったものだろう。(8)後述するように、現存する大聖寺藩の村御印では、正徳二年(一七一二)の高塚村御印などが最も古いものである。ただ、元禄一五年(一七〇二)の覚には「村御印拝見仕候処、南江村与御座候、然共元禄九年之村御印ニ而御座候ニ付」や、「村御拝見仕候処桂谷村与御座候、然共元禄三年之村御印ニ而御座候故」とあって、(9)桂谷村には同三年(一六九〇)の村御印が、南江村には同九年(一六九六)の村御印が存在していた。

ところで、富山藩でも改作法の実施に伴い村御印が村々に交付されたのだろうか。同藩では、承応四年(一六五五)と明暦二年(一六五六)に村御印が村々に交付されたようだ。文久二年(一八六二)の「承応四年・明暦二年村々御印物等」には、富山藩領の村々に承応四年四月二一日付と明暦二年八月一日付の村御印を交付したと記す。前者は草高・定免と夫銀・口米の割合を明記し、以後の村御印にも共通するが、草高の内容を給人知と蔵入に分け、給人知についてはそれぞれ知行高と給人名を記す。すなわち、給人知行は形骸化したとはいえ、なお知行高・給人名を村御印に残すことによって、改作法以前の姿を留めていた。また、小物成銀を一括して別紙の御印状にしたことも、後者と異なった。この形式は、おそらく加賀藩の承応三年（一六五四）の村御印に倣ったものだろう。つまり、承応三年の村御印は、その形式が富山藩の同四年（一六五五）のそれと全く同一であった。なお、富山藩でも万治三年（一六六〇）に新川郡および能美郡の所領と、加賀藩領の新川郡富山近郷を交換した関係から、新川郡富山近郷の村々には明暦二年の村御印が残存したようだ[10]。

寛保三年（一七四三）の「小物成出来・退転之事」には「一、村御印改ル事ハ、増地・減地等有之時相改、小物成銀者其時、前年ニ勘定帳ヲ見テ改書ス」とあるように[11]、大聖寺藩の村御印は御算用場の印物であって、雨漏や火災などで損失や焼失した場合だけでなく、新田高や川欠高・山欠高など高に増減があるとき、書き換えられて再交付された。このとき、小物成も前年の勘定帳を見て書き直された。この村御印には加賀藩のそれと同様に、本高・新田高および免・定納口米が明記され、夫銀と小物成が付記されていた。定納（本年貢）は高に免（四ツ二分などと記す）を乗じたもの、口米は定納一石に付き一斗一升二合と定められた付加税（手数料）を指す。定納口米は本高の約二分の一になり、これを年内米納、翌年銀納で上納した。米納分と銀納分の比率は村々によって異なっていたが、大部分の村では九割程度が米納分であった。銀納換算額については、享保一〇年（一七二五）の定書に「奥山ハ壱石ニ付三拾八匁、中山ハ四拾目、口山ハ四拾弐匁ニ而可取立事」とあって、地域によって異なっていた。翌年銀納分（六月中）については、上納困難なときに一か月の猶予が認められていた。夫銀は春秋二回の人夫代を銀納化したもので、その率は高一〇〇石に付き銀一四〇匁の割合であった。秋夫銀（一二月中）と春夫銀（三月中）を遅滞した場合、一か月までは二割の利足を課し、それ以上はさらに一歩七朱を加算した。この点は加賀藩の方法とは異なっていた。この夫

第６表　大聖寺藩の村御印

年号	村名	年号	村名
正徳２年（1712）	高塚、打越、大分校、冨塚、百々、我谷、猿ヶ馬場	文政６年（1823）	中島、毛谷
		文政７年（1824）	片野
享保８年（1723）	小分校	天保元年（1830）	新保
享保10年（1725）	箱宮、下粟津、矢田新	天保２年（1831）	伊切、栄谷、中田、浜佐美、矢田野、林、那谷、馬場、菩提、滝ヶ原
寛延２年（1749）	今立		
明和５年（1768）	真砂		
明和６年（1769）	曽宇	天保３年（1832）	動橋、二子塚
明和９年（1772）	二ツ梨	天保５年（1834）	額見
安永３年（1774）	四丁町	天保６年（1835）	横北、月津、矢田
安永５年（1776）	吉崎	天保７年（1836）	永井
安永10年（1781）	菅谷	天保９年（1838）	山代、串
天明４年（1784）	西住、荒谷	天保12年（1841）	小塩辻
寛政元年（1789）	日谷	天保14年（1843）	柴山
寛政２年（1790）	枯淵	嘉永６年（1853）	上木
寛政８年（1796）	串茶屋	安政３年（1856）	橋立
文化５年（1808）	細坪	安政７年（1860）	荻生
文化12年（1815）	直下	年代不詳	柏野、大内

※拙著『大聖寺藩の村御印』（ホクト印刷）により作成。

役は「夫銭」と称し、小物成とともにすでに加賀藩の治世から銀納化されていた[12]。

村御印が交付された村々では、本年貢の上納に際し米納所のうち、給知米・寺社料・一作引免などを差し引いて残分を収納した。このとき、十村代官はこの収納米から百分一米（手数料の口米）を差し引き、残分を正米（御蔵米）として一二月二六日までに御収納奉行に渡した。また、十村代官は年内銀納所（年内銀成）を一〇月二日から一二月中旬までに七、八回に分けて大入土蔵に仮上納して、同月二四日に本切手を受けた。さらに、彼らは翌年銀納所（夏成銀）を翌年五月中旬から八月上旬までに一〇回ほどに分けて大入土蔵に収納した。この翌年銀納所は五月三分、六月二分、七月二分、八月三分の割合で分割皆納された。彼らは年内銀納所および翌年銀納所においても百分一米が支給された。なお、秋夫銀は一〇月二日までに、春夫銀は翌年四月二日までに大入土蔵に上納された。ちなみに、大聖寺藩の年貢総額は文政九年（一八二六）に定納口米が三万八一九〇石、年内銀納所が一〇〇貫目、翌年越銀納所が一六七貫目、小物成銀が二〇貫目、両度夫銀が二九貫目余であった。[13]次に、大聖寺藩の村御印を第6表に示す。

大聖寺藩の村御印は、年代不詳のものを含み正徳二年（一七一二）のものから安政七年（一八六〇）のものまで五五か村分が確認されるが、うち現存するのは三六か村分である。交付年代別の村御印は、天保二年（一八三一）のものが一〇か村ともっとも多く、これに正徳二年（一七一二）のものが七か村、享保一〇年（一七二五）と天保六年（一八三五）のものが各三か村、天明四年（一七八四）、文政六年（一八二三）、天保三年（一八三二）、同九年（一八三八）、年代不詳のものが各二か村と続いた。なお、当時の村御印箱（御印箱）はほとんど残存せず、別の木箱や紙箱を使用したものが多い。次に、正徳二年（一七一二）の百々村御印と安政七年（一八八〇）の荻生村御印を示す。[14]

江沼郡百々村［A］

一、弐百九石　　本　高
　　免四ツ六歩
百六石九斗八合　　定納口米
百三拾四匁六分　　秋春夫銀定納
　　百石ニ百四拾目宛
一、壱石壱斗四升七合　　新　開　高
　　免壱ツ弐歩
壱斗五升三合　　定納口米

壱分九厘　秋春夫銀右同断
定納口米
合百七石六斗壱升壱合　京　升
但定納壱石ニ付口米壱斗壱升弐合宛
内
百石八斗八升壱合　米納所
六拾壱石八斗　翌年六月中ニ
銀子ニ而可納所
代銀弐百五拾九匁五分六厘　石四拾弐匁宛
小物成
一、壱匁四分　茶代役
一、弐拾五匁弐分　郡打銀
右之通可納所、但六月中ニ納所之銀子相延、若百姓之勝手能事候者、七月中ニ茂可上之、奉行人并十村肝煎村肝煎不依誰々何角与申事候共、此印面之外一圓承引仕間敷候、小物成之分十村見図指引在之者、其時々算用場江可相断者也
正徳二年五月　算用場（印）
百々村百姓中

百々村では本高二〇〇石、免四ツ六歩（四六％）で、これを本高に掛けたものに一・一二％（口米）を加えると、

定納口米一〇六石九斗八合（京升）の上納となった。また、新開高は一石一斗四升七合、免一ツ二歩で、これを本高に掛けたものに一・一二％（口米）を加えると、定納口米一石五升三合（京升）の上納となった。これを米納分一〇〇石八升一合と、年内銀納分六一石八斗分を銀二五九匁五分六厘（一石に四二匁）として上納した。いま一つ、付加税として秋春夫銀と郡打銀《こおりうちぎん》（郡の諸経費）が加算された。なお、郡打銀は草高一〇〇石に銀一二匁宛とし、村肝煎を経て組付十村が徴収し、打銀奉行に渡した。これは往還道や在郷道橋の修理など郡入用に支出されたが、大普請のときは、勘定頭に相談して御納戸銀から下付された。

江沼郡荻生村［B］

一、三百六拾壱石三斗五升弐合　本　高
　免四ツ三歩
百七拾弐石七斗八升四合　定納口米
弐百拾七匁五分三厘　秋春夫銀定納
　　百石ニ百四拾目宛
一、弐拾八石弐升六合　新　開　高
　免三ツ五歩
拾石九斗八合　定納口米
拾三匁七分三厘　秋春夫銀右同断
一、弐拾四石三斗壱升　新　開　高
　免弐ツ八歩

七石五斗六升九合　定納口米
九匁五分三厘　秋春夫銀右同断
一、弐拾弐石五升九合　新　開　高
　免弐ツ五歩
六石壱斗三升弐合　定納口米
七匁七分弐厘　秋春夫銀右同断
一、五斗壱升　新　開　高
　免壱ツ弐歩
六升八合　定納口米
九　厘　秋春夫銀右同断
一、三拾五石　新　開　高
　免五歩
壱石九斗四升　定納口米
弐匁四分五厘　秋春夫銀右同断
定納口米
合百九拾九石四斗七合　京　升
但定納壱石ニ付口米壱斗壱升弐合宛
内

百七拾八石八斗七合　　　米納所

弐拾石六斗　　　翌年六月中ニ

銀子ニ而可納所

代銀八百六拾五匁弐分　　　石四拾弐匁宛

小物成

一、五匁三分　　　山役

外ニ郡打銀有之

右之通可納所、但六月中ニ納所之銀子相延、若百姓之勝手能事候者、七月中ニ茂可上之、奉行人并十村肝煎村肝煎不依誰々何廉申事候共、此印面之外一圓承引仕間敷候、小物成之分十村見図指引在之者、其時々算用場江可相断者也

安政七年二月　　　算用場（印）

荻生村百姓中

荻生村では本高三六一石三斗五升二合、免四ツ三歩（四三％）で、これを本高に掛けたものに一・一二％（口米）を加えると、定納口米一七二石七斗八升四合（京升）の上納となった。また、新開高は二八石二升六合、免三ツ五歩、二四石三斗一升、免二ツ八歩、一三石五升九合、免二ツ五歩、五斗一升、免一ツ二歩、三五石、免五歩で、これを本高に掛けたものに一・一二％（口米）を加えると、定納口米二六石六斗二升三合（京升）の上納となった。これを米納分一七八石七合と、年内銀納分二〇石六斗を銀八六五匁二分（一石に四二匁）として上納した。いま一つ、付加税として秋春夫銀と郡打銀が加算された。［A］と［B］の村御印には一四八年の年代差があるものの、その形式には

ほとんど差異がみられない。次に、大聖寺藩の物成構成を第7表に、同草高・免構成を第8表に示す。

天保一五年（一八四四）の「加賀江沼志稿」には、村御印数が一四〇か村、総草高が八万四三六三石、一村平均免が四ツ五分、物成（上納高）が三万八二八三石であったと記す。村御印数は変動しなかったものの、総草高・一村平均免・物成はいずれも漸次増加した。草高では里方の村々が高く、山方の村々が中位で、浜方や奥山方の村々は低かった。草高構成では一〇〇～一九九石が二二か村でもっとも多く、これに五〇〇～五九九石が一七か村、四〇〇～四九九石が一三か村、二〇〇～二九九石と三〇〇～三九九石が各一三か村と続いた。また、免相でも里方の村々が高く、山方の村々が中位で、浜方や奥山方の村々が低かった。免相構成では四ツ～四ツ九分が七一か村で約七八％を占

第7表　大聖寺藩の物成構成

年　代	草　高	村　数	一村平均免	物　成
正保３年（1646）	75,654	140	3.98ツ	28,403
寛文４年（1664）	81,900	140	—	—
貞享元年（1684）	81,900	140	—	—
元禄14年（1701）	81,900	140	—	—
正徳元年（1711）	82,458	140	4.64ツ	38,321
享保９年（1724）	85,413	140	4.54ツ	38,764
延享３年（1746）	83,772	140	—	—
宝暦８年（1758）	84,592	140	4.63ツ	39,214
天保15年（1844）	84,363	140	4.54ツ	38,283
安政３年（1856）	85,277	140	4.75ツ	38,642
明治２年（1869）	83,772	140	—	—

※『加賀市史料一』により作成。草高・物成は石以下を切り捨て。正保３年の一村平均免・上納免は越中国新川郡９か村分を除く。明治２年の草高は拝領高として幕府に提出したもの。

第８表　大聖寺藩の草高・免相構成（天保15年）

草　高	村数	草　高	村数	免　相	村数
0～49	7	1100～1199	5	0.1～0.9	0
50～99	9	1200～1299	3	1.0～1.9	4
100～199	22	1300～1399	3	2.0～2.9	10
200～299	13	1400～1499	0	3.0～3.9	38
300～399	13	1500～1599	2	4.0～4.9	71
400～499	15	1600～1699	2	5.0～5.9	26
500～599	17	1700～1799	2	6.0～6.9	0
600～699	10	1800～1899	1	合　計	149
700～799	10	1900～1999	0		
800～899	6	2000～2999	0		
900～999	4	2000以上	1		
1000～1099	4	合　計	149		

※「加賀江沼志稿」により作成。草高は石以下を切り捨て。出村・新村分を含む。

め、これに三ツ～三ツ九分が三八か村（約二六％）、五ツ～五ツ九分が二六か村（約一七％）、二ツ～二ツ九分が一〇か村（約七％）と続いた。大聖寺藩の物成構成は正保三年（一六四六）に草高が七万五六五四石、一村平均免が三ツ九分、物成が二万八四〇三石で、加賀藩のそれは寛文一〇年（一六七〇）に草高郡別平均が一二万四六八五石余、一村平均免郡別平均が四ツ八分、物成郡別平均が五万九九六一石余であったので、加賀藩の郡別に比べてやや低かった。なお、大聖寺藩には無草高村も無免相村も存在しなかった。参考までに、草高と免相の大きい村と小さい村を第9表と第10表に示す。

大聖寺藩には、正保三年（一六四六）以降に村御印を受けて行政上の独立村になった村が数か村あった。すなわち、猿ケ馬場村（串出村）は正徳二年（一七一二）に、矢田新村（矢田出村）は享保一〇年（一七二五）に、四丁町村（月津出村）は安永三年（一七七四）に、串茶屋村（串出村）は寛政八年（一七九六）に、伊切村（新保出村）は天保二

第９表　大聖寺藩の村高大小
（天保15年）

大きい村高		小さい村高	
村　名	村　高	村　名	村　高
山　代	2,828.205	西　住	10.515
熊　坂	1,855.343	上新保	12.000
片山津	1,722.339	村　松	17.796
加　茂	1,716.603	市　谷	21.220
動　橋	1,623.694	真　砂	30.000
右	1,600.221	大　内	47.761
中　代	1,531.170	枯　淵	57.665
串	1,528.465	小　杉	64.610
庄	1,327.790	片　谷	70.000
中　嶋	1,324.782	山　本	73.108

※「加賀江沼志稿」により作成。村高は本高と新高の合計。

第10表　大聖寺藩の免相大小
（天保15年）

大きい免相		小さい免相	
村　名	免　相	村　名	免　相
下河崎	５ツ７分	真　砂	１ツ２分
横　北	５ツ７分	九　谷	１ツ５分
曽　宇	５ツ７分	矢田新	２ツ２分
河　原	５ツ６分	大　土	２ツ３分
熊　坂	５ツ５分	上新保	２ツ５分
奥　谷	５ツ５分	大　内	２ツ５分
上福田	５ツ５分	尾　中	２ツ６分
下福田	５ツ５分	松　崎	２ツ６分
日　谷	５ツ５分	我　谷	２ツ９分
細　坪	５ツ５分	杉　水	２ツ９分

※「加賀江沼志稿」により作成。村松・蓑輪・月津新村など出村・新村を除く。

年（一八三一）に、浜佐美村（佐美出村）は同二年に村御印が交付され、行政上の独立村となった。猿ケ馬場・矢田新・四丁町村は江戸前期の新田開発に伴う新田村、また伊切・浜佐美村は藩専売の製塩業を支える製塩村として成立した。藩は江戸後期に製塩業が衰退するなかで、伊切・浜佐美村にそれを継続することを条件に村御印を交付したようだ。浜佐美村については、寛政五年（一七九三）の「取遣一札之事」に「私共領内ニ而其村持高之分、是迄私共方御印之内ニ有之候得共、寛政四子年別御印ニ被仰付相分り申候」とあって、[15]すでに同四年に村御村を受けて独立村となっていたという。ただ、同じ製塩村の篠原新村は村御印が交付されなかった。ところで、「加賀江沼志稿」には「平床、敷地ノ出村、文政□年村御印渡」とあって、[16]平床村（敷地出村）は文政期（一八一八〜二九）に村御印が交付されて独立村になったという。小塩辻村の九代鹿野小四郎は、江戸後期に敷地村の平床に溜池を築き、田畑地一〇町を開墾して塔尾村の農民七人を移住させたので、この新田畑開発に伴い村御印が交付されたものだろう。[17]いま、この村御印はみられない。なお、同村は明治初期に再び敷地村の村内に含まれていた。

最後に、大聖寺藩の小物成についてみよう。小物成は山野・河海の用益および製造・商売の収入に課せられた雑税で、定小物成と散小物成とに区別された。ただ、大聖寺藩では、加賀藩ほど定小物成と散小物成が明確に区別されていなかった。山役・野役・茶役などは定小物成で、塩釜役・絹役・渡海船役などは散小物成であったようだ。ちなみに、散小物成の単価は江戸後期に絹一疋が銀三匁、塩一石が銀六分、渡海船役が一人銀七匁であった。その出来・退転（増減）は加賀藩と同様に、村御印の末尾に「小物成之分者、十村見図指引有之ハ、其時々算用場へ可相断者也」とあって、十村がそれを調べて算用場に報告することになっていた。その銀納換算額は、江戸後期の定書に「年内、翌年共ニ石直段上中下有、上ハ四拾弐匁、中ハ四拾目、下ハ三拾八匁」とあって、収納米と同様に口山・中山・奥山三段階の地域差があった。[18]その取立期間は毎年一二月であり、滞納すれば二か月に一歩七朱の利足が課せられた。小

第11表　大聖寺藩の小物成銀（天保15年）

小物成名	小物成銀	村数	一村平均役	小物成名	小物成銀	村数	一村平均役
山　役	7,893.8	107	73.8	茶屋役	693.7	5	138.7
野　役	420.9	33	12.8	問屋役	258.0	3	86.0
茶　役	456.4	82	5.6	伝馬役	224.8	3	74.9
松　役	10.0	1	10.0	市　役	86.4	2	43.2
栗　役	2.0	1	2.0	酒屋役	258.0	3	86.0
漆　役	6.0	1	10.0	請酒役	30.0	2	15.0
炭　役	309.0	9	34.3	油臼役	90.0	6	15.0
紙　役	224.6	5	44.9	油棒役	16.0	2	8.0
長峰役	100.0	1	100.0	室　役	30.0	2	15.0
松葉役	67.9	1	67.9	味噌酢醤油役	115.0	1	115.0
ビビラ役	23.7	1	23.7	米御座売役	175.2	1	175.2
茅場役	23.0	3	7.7	豆腐役	45.0	2	22.5
川　役	747.4	9	83.0	肴売役	155.5	1	155.5
潟　役	160.6	3	53.5	蝋燭役	43.0	1	43.0
潟端役	18.0	1	18.0	博労役	25.0	3	8.3
葭　役	100.0	4	25.0	見セ役	25.0	1	25.0
船　役	2,606.2	18	144.8	綿打役	6.0	1	6.0
引網役	230.0	3	76.7	木綿繰綿役	10.0	1	10.0
瀬引役	138.0	1	138.0	紺屋役	6.75	2	3.38
地子銀	1,201.9	11	127.4	湯　役	2,739.4	2	1,369.7

※「加賀江沼志稿」により作成。このほか、庄村絹役、塩師三ケ村塩役、橋立吉崎塩屋三ケ村渡海船役などがあったが、これらは年々増減し銀額が不定期であった。茶屋役は日天茶役米４斗を除く。紙役には川南村の100匁（誤記か）を含む。

物成取立役の十村は小物成銀の百分の一を給付された。このとき、村肝煎は小物成銀を高割・家割・人別割などの方法で徴収し、それを十村に渡した。次に、大聖寺藩の小物成銀を第11表に示す。

山役は天保一五年（一八四四）に領内一四〇か村中の一〇七か村（約七六％）に課せられ、小物成総額一九貫七四九匁二分中の七貫八九三匁余八分一厘（約四〇％）を占め、一か村平均額が五八匁九分であった。この山役は寛文一〇年（一六七〇）に加越能三か国の郡別中、もっとも少ない越中国新川郡の約四三％（のち三〇％）に比べても少ないものであった。その課税額は、熊坂・曽宇・直下・日谷・荒屋・馬場・滝ケ原村など山中谷や能美境の村々が高かった。このうち、熊坂・曽宇・直下・日谷村などは、薪・杪などを大聖寺城下の町人や藩に販売していた。山役は改作法の施行中に銀納化されたが、正保三年（一六四六）の「郷村高辻帳」には松山・はへ山・杪山・柴山・草山などの名称がみえるものの、山役のそれはまだみられない。ただ、これらは山林の種類を指し、村高の内にあったものの、事実上の山役を意味するものであった。松山は領内一三四か村（能美郡六か村を除く）中の六五か村（約四九％）に、はへ山は一〇か村（約七％）に、杪山は二二か村（約一六％）に、柴山は二二か村（約一六％）に、草山は四一か村（約三一％）にあった。[19]松山は松高山を指すが、これは後に多くが準藩有林の松山に指定された。はへ山・杪山・柴山は薪を採取する山、草山は肥料用の草を採取する山を指す。

茶役は奥山方の村々を除き、領内の八二か村に課せられた。茶役の高い村では、串村（四三匁）、山代村（二九匁四分）、保賀村（二五匁五分）、片山津（一八匁四分）、長谷田村（一八匁二分）などがあった。この村々は茶屋に茶を販売したため、他村に比べて茶役が高かったようだ。また、野役は潟廻りを中心に三三か村に課せられた。このほか、「加賀江沼志稿」には炭役（九か村）、紙役（五か村）、船役（一八か村）、川役（九か村）、油臼役（六か村）、博労役（三か村）、茅場役（三か村）、葭役（四か村）、引網役（二か村）、地子役（一一か村）など四二種の定小物成を記す。珍しい小物成には、下福田村の栗役、吉崎村の松役、串村の松葉役とビヒラ役、山代村の長峰役、菩提・滝ケ原村の市役などがあった。この小物成には毎年、出来・退転があって、その種類やその額に変動がみられた。たとえば、山中村の小物成は享保一八年（一七三三）に山役（一二九匁六分）、豆腐役（三五匁）、茶代役（一〇匁八分）、紺屋役（二匁七分五厘）、味噌醤油酢役（一一五匁）、御蔵米売役（一七五匁二分）、煙草役（六五匁）、木綿繰綿役（一〇匁）、酒役（一七二匁）、湯役（金五枚）などであったが、文久元年（一八六一）には油臼役（一〇匁）、蝋燭役（四三匁）、蒟蒻役（八匁）、室役（三〇匁）、菜種役（一二匁九分）、煎餅《せんべい》役（四匁三分）、油小売役（四匁）、茶御口銭（三〇匁）、蝋打座役（一〇匁）、質役（一〇〇匁、金二両）、酒造役（四二〇匁）、漆かき役（金一〇〇疋）などが追加された。なお、郡打銀は享保一八年に七三匁七分であった。[20]

註

（1）村御印は幕府領や諸藩が発令した「年貢割付状」に当たるが、毎年発令されない点が年貢割付状とは異なった。幕府領の代官や諸藩の郡奉行は、毎年その年の年貢高を決定し、村の庄屋（名主・肝煎）・組頭・惣百姓宛に徴税令書「年貢割付状」（御成箇免定・年貢免状・免状・免定・下札）を発給した。幕府領の代官所では毎年秋の収穫前の検見を実施し、その結果に基づき取箇帳を作成して勘定所に提出し、勘定所は取箇増を付けて代官に達し、代官から村々に発給された。その形式や記載事項は時代や領主支配関係によって異なるが、概ね村高・田畑反別・諸引・有高・租率・年貢高などを記し、さらに小物成・夫役や、幕府領の高掛三役（六尺給米・御蔵前入用・御伝馬宿入用）を記し、最後に合計した納入総額と上納期限（皆済期日）を記していた。江戸初期には村高に対する租率と年貢米高・上納期日を記載するだけのごく簡単なものので、惣百姓や長百姓が裏書連印したものが多かった。村々では年貢割付状に基づき高持百姓全員の立ち会いのもと、持高に応じて各家ごとに負担額を決定した（『地方凡例録・下巻』近藤出版、七四～七五頁）。「改作枢要記録」には慶安三年（一六五〇）に村御印を交付したと記すものの（『改作所旧記・下編』石川県図書館協会、二六九頁）、その事実を確認することはできない。また、「御改作始末聞書」には承応三年（一六五四）にも村御印を交付したと記すものの（若林喜三郎『加賀藩農政史の研究・上巻』吉川弘文館、六六九頁）、その現物も確認されていない。ただ、後者については、文久二年（一八六二）の「承応四年・明暦二年村々御印物等」が現存するので（「前田文庫」富山県立図書館蔵）、村々に交付されたものだろう。

（2）『加賀藩御定書・後編』（石川県図書館協会）五一八頁。越中国砺波郡辻村の肝煎は、元禄五年（一六九二）に火災で村御印を焼失し、算用場から再交付された（小田吉之丈『加賀藩農政史考』国書刊行会、三七七頁）。加賀藩の村御印の研究には、前掲『加賀藩農政史考』、前掲『加賀藩農政史の研究・上巻』、坂井誠一『加賀藩改作法の研究』（清文社）、『富山県史・通史編Ⅲ』（富山県）、長山直治「承応三年能登奥両郡収納帳について」（『北陸史学・第二六号』）、田川捷一「明暦期の村御印について」（『七尾の地方史・第一八号』）、木越隆三「寛永期長家領鹿島半郡における貢租」（『加能史料研究・創刊号』）、村田裕子「『加越能三箇国高物成帳』にみる寛文十年村御印について」（『石川県立歴史博物館紀要・第一号～第三号』）などをはじめ、市町村史に詳しい。

（3）『志賀町史・資料編第二巻』（志賀町史編纂委員会）三頁

（4）「村御印之留」（金沢市立玉川図書館近世史料館蔵）

（5）前掲『富山県史・通史編Ⅲ』二九七～三〇五頁

（6）『加越能三箇国高物成帳』（金沢市立玉川図書館）。『加越能三箇国高物成帳』には、村御印の交付年月が「寛文十年九月七日」以外のものもみられる。すなわち、同高物成帳には寛文一〇年（一六七〇）の村御印以外に、その交付年月が「延宝七年三月十三日」と「寛政十二年六月十四日」のものを収載する。延宝七年（一六七九）の村御印には、加賀国能美郡浜村、同国加賀（河北）郡矢田・鳥越・小坂・田中・長屋村、越中国砺波郡理林・八伏村、能登国能登（鹿島）郡酒井・四柳・大町・小金森・高畠・福田・藤井・小田中・久江など六二か村のもの、寛政一二年（一八〇〇）の村御印には能登国羽咋郡二所之宮・上棚・安津見・町・安部屋《あぶや》・仏木《ほとぎ》村のものがある（前掲『加越能三箇国高物成帳』）。鹿島郡六二か村は旧長家領（鹿島半郡）で、寛文一一年（一六七一）に加賀藩領となり、延宝七年（一六七九）に改作法が終了して村御印が交付された。鹿島半郡は二ノ宮川を境にした西方半分を指し、天正八年（一五八〇）に織田信長が長連竜に与えた五九か村からなっていた。羽咋郡六か村は慶長一一年（一六〇六）に土方領、貞享元年（一六八四）に幕府領、享保七年（一七二二）に加賀藩御預り地、天明六年（一七八六）に再び加賀藩領と支配が移り、寛政一二年（一八〇〇）に仮の村御印が交付された。村御印の形式は寛文一〇年のものとほとんど同じであったが、草高は細かく計上されていた。このとき、古く開発された新開高も本高に組み込まれたものだろう。仮村御印といわれるのは、日付の下の印が藩主のものではなく、藩の財政を司る御算用場の公印が捺してあったためだろう。おそらく、藩は本村御印を交付するつもりであったが、藩政の多忙から仮村御印のまま明治期を迎えたのであろう（前掲『志賀町史・資料編第二巻』八～一六頁）。二所之宮・町村では寛文一〇年（一六七〇）に村御印が交付されていたようで、その写が現存する（『能登羽咋郡二所宮村政氏家文書目録』石川県立図書館および『能登志賀平家文書目録』石川県立図書館）。

（7）『越登賀三州志』（石川県図書館協会、六六六頁）、『大聖寺藩史』（大聖寺藩史編纂会、四四五頁）、『加賀市史・通史上巻』（加賀市史編纂委員会、五三〇頁）、『入善町誌』（入善町誌編纂委員会、二四七頁）などは、新川郡の大聖寺藩領を目川・吉原・上野・入善・八幡・道市・青木・椚山新・君島の九か村と記すものの、吉原と椚山新は正保三年（一六四六）の「越中四郡高付帳」にみられるように加賀藩領である（前掲『富山県史・通史編Ⅲ』四六一頁）。

（8）能美郡佐美村の村御印は万治元年（一六五八）一〇月のものであり、現在、小松市立博物館が保管する。

（9）「加越能御絵図書書」（金沢市立玉川図書館近世史料館蔵）。安政三年（一八五六）の「江沼郡中高村名」には、「小沢免・手上ケ免等之覚」として村々の定免・手上高・手上免・小沢高・小沢免や明暦二年からの増高・同増免（能美郡六か村）を明記するので、寛文二年（一六六二）の改作法実施に伴い村御印が御算用場から村々に交付されたものだろう（『加賀市史料一』加賀市立図書館、一二三～一三八頁）。

（10）前掲『富山県史・通史編Ⅲ』二九五～二九六頁

（11）前掲『加賀市史料五』一五九頁。御算用場には再交付用村御印の見本があり、その備考には「右村御印ハ継手角御印、算用場下丸御印、此村御印請候時ハ、元〆役ト留帳ヲ続合、留帳ニ定納口米合何程トアル下ニ、元〆役印形ヲ押ス、村御印十村へ相渡候ヘバ、十村御印留帳ニ請取之印ニ押印」と記す（『同書』一五八頁）。すなわち、御算用場は村御印の再交付に際し、その紙の継目に角印、御算用場名の下に丸印を押した村御印を作成して、元〆役や組付十村の留帳への押印を経て村々に渡した。
(12)『聖藩算用場定書』(北陸謄写堂)八頁
(13)前掲『加賀市史料五』八三〜八五頁。給人知の村々は、給知米の収納に際し草高一〇〇石に付き正米六斗(六斗除米)を上納した。なお、文化七年(一八一〇)の年貢総額は、定納口米が米三万八二二〇石余・年内銀納所一〇一貫目余・翌年越銀納所一六九貫目余、小物成銀が二二貫目余、両度夫銀が三一貫目余であった。両度夫銀三〇貫目余の内訳は、大入土蔵の収納分が三〇貫四四九匁余、一作引免分が九三三匁余、慈光院分が三匁三分六厘、荻生稲荷社分が八匁三分六厘であった(『同書』一七〇〜一七二頁)。
(14)『大聖寺藩の村御印』(ホクト印刷)一一〜一二頁、一四九〜一五一頁
(15)『大聖寺藩の町有文書』(北野印刷)二〇五〜二〇六頁
(16)『加賀市史・資料編第一巻』(加賀市史編纂委員会)一三〇頁。「加賀江沼志稿」には、平床村の草高二〇石一斗、免五歩、定納口米一石一斗一升八合と、新田高一石三斗、免一ツ五歩、定納口米二斗一升七合を記す(前掲『加賀市史・資料編第一巻』四八頁)。
(17)『宗山遺稿』(ホクト印刷)一六頁。寛文二年(一六六二)の改作法実施に伴う村御印では、毛合村と河尻村が、黒崎村と片野村が、大分校と小分校が、千崎村と大畠村がそれぞれ「御印一通」であった(前掲『加賀市史料二』一二四〜一三六頁)。
(18)前掲『加賀市史料五』一六〇頁。酒造役・室役などは出来年から全額が、請酒役・油臼役・油棒役などは五月中まで全額が、六月から半額が課せられた(『同書』一五八〜一五九頁)。
(19)「加賀江沼志稿」には、奥山方の二〇か村に「むつし」(焼畑用地)があったと記す(前掲『加賀市史・資料編第一巻』一九〇頁)。
(20)『山中町史』(山中町史編纂委員会)一二三〜一二四頁。このほか、小物成銀は天保一五年(一八四四)から明治四年(一八七一)までの間に、塩屋村が六二〇匁から一一八六匁、瀬越村が二八三匁から六二八匁、伊切村が一六七匁から八四六匁に増額した(前掲『加賀市史・資料編第一巻』八八〜八九頁、一二二頁および前掲『加賀市史料二』一五三〜二三六頁)。

第三章　年貢皆済状について

一　加賀藩の年貢皆済状

前述のように、加賀藩では慶安四年（一六五一）から明暦二年（一六五六）にかけて改作法を実施し、同二年に領内の村々に「村御印」を交付した。明暦二年の村御印は承応三年（一六五四）の村御印を書き換えもので、草高・免や夫銀・小物成などのほか、手上高・手上免や新開高などを記載していた。さらに、これは寛文一〇年（一六七〇）の新京枡採用に伴い、書き換えられて再交付された。寛文一〇年の村御印は幕府領村々の「御成箇免定」（年貢割付状）と異なって、同年以後には交付されなかったので、その後の改作体制で実施された手上高・手上免は記載されなかった。加賀藩では改作法の施行に伴う村御印に基づき年貢収納を行い、皆済時に年貢皆済状を村々に発給した。ただ、加賀藩の預所となった旧幕府領では毎年、年貢割付状に基づき年貢収納を行い、皆済時に年貢皆済目録を支配村々に発給した[1]。年貢皆済状は郡奉行所が作成したもので、年貢皆済後に十村代官が署名押印したのち、郡奉行所が裏書裏印して村々に返付された。その形式は年代によって少々異なり、その表題も江戸初期から同後期まで「納年貢米之事」「納御年貢米之事」「納寺山村御年貢米之事」「納寛永拾三年御年貢米之事」「慶安四年分新保村御年貢米之事」など種々にみられた。なお、天正期（一五七三〜九二）のものは、すべて発給先が藩主の前田利家となっており、その表題には「天正十三年分八幡下村原田又右衛門尉分」「天正十五年分下町野之内川西村」などと記す[2]。

まず、能登国鳳至郡宇出津山分村の村御印と年貢皆済状を検討してみよう。寛文一〇年の村御印では、草高が四〇〇石（内手上高一五石）、免が四ツ六分（内手上免一ツ七厘）、小物成が山役一五〇匁、鳥役九匁、鳥賊役二匁などであった。つまり、宇出津山分村は定納口米二〇四石六斗八合（定納米一八四石、口米二〇石六斗八升）と小物成

一六一匁を納入することになった。これに対し、文政八年（一八二五）の年貢皆済状は左の通りであった。(3)

納年貢米之事（初納）

鳳至郡

宇出津山分村

草高

一、弐百三拾弐石

定免四ツ六歩

百拾八石六斗七升三合　定納口米

百四拾九匁四分壱厘　春秋夫銀

右皆済之処如件

文政八年十二月十八日　松平織人（印）

御蔵入

百姓中

納年貢米之事（二納）

鳳至郡

宇出津山分村

草高

一、百七拾石

定免四ツ六歩

八拾六石九斗五升八合　定納口米

百九匁四分八厘　春秋夫銀

右皆済之処如件

文政八年十二月十八日
松平織人（印）
浜方蔵入
百姓中

御検地出高
納年貢米之事（三納）
鳳至郡
宇出津山分村
一、三百六拾壱石
定免弐ツ弐歩
定納口米
八拾八石三斗壱升五合
春秋夫銀
百拾壱匁壱分九厘
右皆済之処如件
文政八年十二月十八日
松平織人（印）
御蔵入
百姓中

草高
納年貢米之事（四納）
鳳至郡
宇出津山分村
一、弐拾七石
定免三ツ六歩
定納口米
拾壱石五升七合

拾三匁九分弐厘　　春秋夫銀
右皆済之処如件
文政八年十二月十八日　　松平織人（印）
御蔵入
百姓中

納年貢米之事（五納）
鳳至郡
宇出津山分村
新開高
一、四石三斗壱升七合
図免壱ツ六歩
七斗六升八合　　定納口米
九分七厘　　春秋夫銀
右皆済之処如件
文政八年十二月十八日　　松平織人（印）
御蔵入
百姓中

右皆済状上之申候、以上
鹿野村
恒　方（印）

（裏書）

表書之通見届者也

御郡奉行所（印）

この年貢皆済状は、能登国奥郡の郡奉行松平織人から宇出津山分村に五納分を五枚連ねて発給したもので、それに十村代官の鹿野村恒方が奥書押印を加えて郡奉行所に提出したのち、郡奉行所が裏書加印して宇出津山分村に返付された。初納と二納の草高合計は四〇三石（免四ツ六歩）で、村御印のそれに近いが、初納が御蔵分、二納が浜方御蔵であったため分納されたものだろう。三納と四納は元禄三年（一六九〇）の検地によって書き出されたもので、四納は享和元年（一八〇一）まで免が二ツ一歩で、同二年に手上免一ツ五歩があって三ツ六歩となった。[4]五納は新開高分の年貢皆済状であった。注目したいことは、村御印に記載された小物成が定納口米・春秋夫銀と別に徴収されていたことだろう。小物成は定小物成も散小物成も定納口米・春秋夫銀と別に、小物成銀収納役の十村によって徴収されることが多かった。なお、春秋夫銀も江戸前期に小物成同様に、定納口米と別に収納される場合が多かった。ともあれ、宇出津山分村は寛文一〇年（一六七〇）から約一五〇年後の文政八年（一八二五）に、新開高を含め草高七九五石余、定納口米三〇五石余、春秋夫銀三八五匁余を収納する村に発展していた。

二　大聖寺藩の年貢皆済状

大聖寺藩では寛文二年（一六六二）の改作法の施行以降、村御印に基づき年貢徴収を行い、給知米の皆済後に「納年貢米之事」を、蔵入米の皆済後に「御収納米之事」を村々に発給した。つまり、給人知がなく、給知米を皆済しない村は「御収納米之事」のみが発給された。納年貢米之事は御郡所が作成したもので、年貢皆済後に給人が署名捺印、組付十村が奥書押印したのち、御郡所が裏書加印して村々に返付された。御収納米之事も御郡所が作成したもので、年貢皆済後に十村代官が署名捺印、別の十村が奥書押印したのち、御郡所が裏書加印して村々に返付された。納年貢米之事を給知米の皆済後に限って発給したことは加賀藩と異なっていた。御収納米之事は草高・免・定納口米・春秋夫銀のほか新高・米納所・翌年越銀成などを記したこと、年貢皆済後に十村代官が署名捺印、別の十村が奥書押印したことなど、納年貢米之事とは形式が異なった。なお、納年貢米之事はすべて草高と記すものの、御収納米之事はほとんどが本高・新開高と明記した。まず、大聖寺藩の年貢皆済状「納年貢米之事」と「御収納米之事」を第1表に示す。

第1表　大聖寺藩の年貢皆済状

村　名	御収納米之事	納年貢米之事
瀬　越	寛政８年（1796）など３通	
宮　地	元文４年（1739）など５通	享保19年（1734）など23通
河　尻	元治元年（1864）１通	元治元年（1864）１通
猿ケ馬場	文化10年（1813）１通	
串茶屋	文化10年（1813）１通	
浜佐美	年代不詳（江戸後期）１通	
動　橋	慶応２年（1866）１通	慶応２年（1866）３通
打　越		文久３年（1863）１通
百　々	明治元年（1868）２通	明治元年（1868）３通
山　中	享保15年（1730）など数通	享保18年（1733）など数通
我　谷	文久３年（1863）など２通	
枯　淵	弘化２年（1845）１通	
小　杉	元治元年（1864）５通	
真　砂	寛文11年（1671）など７通	
今　立	寛政９年（1797）１通	
荒　谷	文政10年（1827）１通	

※『大聖寺藩の町有文書』『山中町史』「各町有文書」などにより作成。

いまのところ、大聖寺藩の納年貢米之事では享保一九年（一七三四）の宮地村のものが、御収納米之事では寛文一一年（一六七一）の真砂村のものがもっとも古いものだろう。次に、享保一九年の「納年貢米之事」（宮地村）と寛文一一年の「真砂村御年貢米之事」を示す。[5]

納年貢米之事［A］

草高九拾石

村免四ツ

合四拾石三升弐合　定納口米
外両度夫銀子請取
右皆済之所如件　在江戸代判木村安兵衛
享保十九年十二月十四日　二松善次郎（印）
宮地村百姓中

真砂村御年貢米之事［B］
本高三拾石　免壱ツ弐歩
一、四石三合　定納口米
代銀百五拾弐匁壱分壱厘　年内銀納所
石三拾八匁宛
一、五　匁　春秋夫銀
右之通御納所皆済之所如件
寛文拾壱年十一月廿六日　十　村
次郎右衛門（印）
真砂村
長左衛門江
惣御百姓中

［A］は享保一九年（一七三四）に宮地村が給知米を上納し、給人の二松善次郎から発給された年貢皆済状である。

これは形式上、給人の家政を担当した代官が発給したものになっているが、実際は御郡所が作成したものである。つまり、これは給人の二松善次郎に代わり木村安兵衛が代判し、十村代官が奥書押印したのち、御郡所が裏書加印して宮地村に返付された。春秋夫銀額は記載されないものの、寛文期（一六六一〜七二）以降に夫銀規定が定納一〇〇石に付き一四〇匁となっていたので、五六匁を収納したものだろう。山役・野役・茶役などの小物成銀は、定納口米・春秋夫銀と別に収納された。このほか、宮地村では元文二年（一七三七）に山崎権丞、延享元年（一七四四）に嶋田忠次郎・山崎権丞、宝暦九年（一七五九）に山崎栄次郎、明和五年（一七六八）に嶋田鐵次郎・山崎権丞、同八年に嶋田鐵次郎、天明三年（一七八三）に山崎権丞、寛政元年（一七八九）に佐分竹吉・二松甚五左衛門、同七年（一七九五）に山崎権丞、同一二年（一八〇〇）に大井音門・嶋田元右衛門・山崎権丞・二松甚五左衛門、文化七年（一八一〇）に大井久兵衛・佐分軍蔵・山崎権丞・二松甚五左衛門、同一〇年（一八一三）に大井久兵衛・佐分軍蔵・山崎権丞などの給人に給知米を上納していた[6]。注目したいことは、最後の納年貢米之事が御収納米之事とともに同日に発給されたことだろう。ただ、加賀藩では御蔵米の分納（歩入）時に納年貢米之事を発給していたので、大聖寺藩でも御蔵米の分納時にそれが発給された可能性が高い。同七年（一八一〇）の歩入規定では、分納割合が一〇月二日に一分五厘、一〇月一六日に三分五厘、一〇月晦日に六分五厘、一一月一〇日に八分五厘で、一一月二〇日に皆済となった[7]。

ところで、大聖寺藩の給人は家督相続や新知召抱に際し、家老連名の指紙をもって家中給知帳（官禄帳）に登録された。給人は御算用場の勘定頭から仮知行所付（知行権所付）を受けたのち、それを御墨付および本知行所付と交換した。すなわち、給人の知行所（給人知）は、知行所付の充行《あてがい》に伴って確定した。藩主から知行宛行の辞令を受けることを「折紙」と、公称草高を「折紙高」と称した。折紙の文言および書き方は時代により一定しない。組付十村は知行所付に基づき「百姓付」を作成して、給人に差し出した。百姓付とは給人に現米を納める農民を指定した書付を

いう。参考までに、正徳六年（一七一六）の「庄村御百姓付」を次に示す。(8)

覚

草高

一、四拾壱石六斗　　庄村

免五ツ

内

五石九斗五合　　次兵衛

七石八斗七升貳合　　九右衛門

三石九斗三升七合　　三助

貳拾三石八斗八升七合　　彦右衛門

〆

右御知行所御百姓付如斯ニ御座候、以上

正徳六年閏二月廿六日　　十村　半助（印）

大野六之助様

大野六之助（給人）は庄村の農民四人から大野家の飯米を出させたのち、残米を藩の給知蔵に収納させた。ときに、残米は馴染みの蔵宿によって売却された。その後、草高四一石六斗は、農民三人によって耕作された。組付十村も、右の和田半助から鹿野小四郎・鹿野半四郎・鹿野清作などに代わった。

［B］は寛文一一年（一六七一）に真砂村が蔵入米を上納し、御郡所から発給された年貢皆済状である。これは御郡所が作成したもので、年貢皆済後に十村代官が署名捺印、別の十村が奥書押印したのち、御郡所が裏書加印して真砂村に返付された。これは表題を「御年貢米之事」と明記すること、春秋夫銀五匁を明記することなど、後述する江戸後期の形式と少し差異があった。その表題は天和元年（一六八一）、同二年（一六八二）、元禄八年（一六九五）のものが「御年貢米之事」であり、明和九年（一七七二）のものから「御収納米之事」となった。いつから「御年貢米之事」が「御収納米之事」と改名されたかは明確でないが、享保期（一七一六～三五）にはすでに御収納米之事と改名されていたようだ。いまのところ、御収納米之事の名称でもっとも古いものは、元文四年（一七三九）の「宮地村御収納米之事」であろう。なお、真砂村は村高三〇石の小村で、年貢分納を行わなかったため、御収納米之事のみが発給された。

加賀藩では各村肝煎が秋収納に際し、間違いなく年貢を上納するという誓約書「秋縮御請《あきしまりおうけ》」を十村に提出した。大聖寺藩でも村肝煎が九月中に「秋縮御請」（秋縮書付）を組付十村に提出していたが、いまそれを確認することはできない。村々の年貢は収穫が終わる一〇月中旬から上納され、遅くとも一二月二〇日までに皆済することが義務付けられていた。組付十村は村々に対して皆済の日限を確認し、その遵守を申し渡したうえで、支配組の皆済予定日を御算用場に届け出た。彼らは組内の収納米が領内で一番早く、しかも予定通りに皆済されると、賞詞や褒美が与えられた。また、年貢を早く上納した村には、褒美として米・銀が与えられることもあった。村々では各家の年貢額の決定に際し、村役人の恣意的賦課を避けるため「年貢小割帳」（年貢割付帳・物成帳）を、さらに年貢の分納時には「年貢米庭帳」を、年貢の皆済後には「年貢勘定帳」を作成した。年貢勘定帳は年貢小割帳や年貢米庭帳などと一冊に記し兼用した場合もあったが、時代が下るに伴って年貢の割付・納入・勘定の帳面が分化したようだ。残念ながら、大聖寺藩における年貢小割帳や年貢勘定帳はみられないが、明暦四年（一六五八）の「黒崎村年貢勘定帳」（年貢小割帳を兼用）の一部が現存する。次に、明暦四年の「黒崎村年貢勘定帳」の一部を示す。(9)

①〆弐石七斗八升七合弐勺四才弐毛　定納口米共
明暦四年八月十四日　黒崎村吉右衛門
一、壱匁八分　秋夫銀　吉右衛門
十一月十七日
一、弐石五升三合　吉右衛門
十二月廿日
一、七斗三升四合二勺四才弐毛
納年貢米之事　黒崎村吉右衛門
合弐石七斗八升七合弐勺四才弐毛　定納口米共
此外秋春夫銀相済也
右皆済如件
明暦四年十一月廿日
②〆壱石弐斗五升三合四勺四才八毛　定納口米共
明暦四年八月九日　黒崎村彦兵衛
一、八分　秋夫銀　彦兵衛
十一月十五日

一、七斗五升　　彦兵衛
十二月九日
一、五斗三合四勺四才八毛
納年貢米之事　　黒崎村彦兵衛
合壱石弐斗五升三合四勺四才八毛　　定納口米共
　此外秋春夫銀相済也
右皆済如件
　明暦四年十二月九日

③〆五石七升壱勺六才八毛　　定納口米共
明暦四年八月九日　　黒崎村九郎兵衛
一、三匁三分　　秋夫銀　　九郎兵衛
十一月十三日
一、四石三斗四升七合弐勺　　九郎兵衛
十二月九日
一、七斗弐升弐合九勺六才八毛
納年貢米之事　　黒崎村九郎兵衛
合五石七升壱勺六才八毛　　定納口米共
　此外秋春夫銀相済也

右皆済如件

明暦四年十二月九日

④〆九斗弐升八合弐勺五才

定納口米共

明暦四年十一月三日

一、六　分　　　秋夫銀

黒崎村少 二 郎

片野村吉 兵 衛

十一月廿日

一、四斗弐升五合七勺五才

黒崎村少二郎

十二月六日

一、五斗弐合五勺

片野村吉 兵 衛（以下欠）

これは黒崎村百姓附に基づき、明暦四年に給知米を給人に上納した農民五人の年貢皆済状扣であり、収納者名をはじめ、定納口米・秋夫銀・分納日や納年貢米之事などを記載していた。この年貢皆済が「村御印」の交付に伴うものであったかは定かでないが、すでに第一章の一で述べたように、三代利常が明暦二年に着手した改作法は給人の反対により中断されたので、その時点での村御印の交付はなかったであろう。ただ、これには定納口米・秋春夫銀などを記載し、一村平均免と定免が確立していたことを示すので、村御印に類する一村の年貢・夫役などの割符状を交付していたことは間違いない。定免制については、すでに正保三年（一六四六）の「江沼郡土地台帳」（郷帳）にもみられ、寛永一六年（一六三九）の大聖寺藩創設に近い年代まで遡って確立していたと考えて大過ないであろう。注目したいことは、④のように片野村の農民が黒崎村に越高（懸作高）を有していたことだろう。このことは、大聖寺藩においても改作法の施行以前から農民の越高が多く存在したことを示すものだろう。ともあれ、この黒崎村年貢勘定帳は、大聖寺藩の租税関係史料がほとんどみられない中にあって、大変貴重な史料といえるだろう。

前記のように、御収納米之事は草高・免・定納口米・春秋夫銀のほか新高・米納所・翌年越銀成などを記したこと、年貢皆済後に十村代官が署名捺印、別の十村が奥書押印したことなど、納年貢米之事と形式が異なった。また、それは江戸前期に題名を「御年貢米之事」と記したこと、春秋夫銀額を記したことなど、江戸後期の形式とも少し異なっていた。参考までに、明治元年（一八六八）の「納年貢米之事」（百々村）と同年の「百々村御収納米之事」を記す。[10]

納年貢米之事（初納）［A］

草高拾五石六斗五升　村免四ツ六歩

合八石五合弐勺九才　定納口米

外ニ両度夫銀

右皆済之処如件

明治元年十二月八日　岡田右馬助（印）

百々村百姓中

納年貢米之事（二納）

草高三拾九石壱斗弐升　村免四ツ六歩

合弐拾石壱升六勺六才　定納口米

外ニ春秋両度夫銀相済

右皆済之処如件

明治元年十二月八日　　足立民部（印）

百々村百姓中

納年貢米之事（三納）

草高四拾石五合　　村免四ツ六歩

合弐拾石四斗六升三合三勺六才　　定納口米

外ニ両度夫銀

右皆済之処如件

明治元年十二月九日　　代判安達源左衛門

柴山鋼三郎（印）

百々村百姓中

右之通相違無御座候、以上　　十村

鹿野庄次郎（印）

百々村御収納米之事［B］

本高百拾四石弐斗弐升五合　　免四ツ六歩

内七歩一作引免、三ツ九歩御収納免

一、四拾九石五斗三升七合　　定納口米

新高七斗七升　　免壱ツ弐歩

一、壱斗三合　　右同断

同高三斗七升七合　免壱ツ弐歩
一、五　升　右同断
定納口米
〆四拾九石六斗九升
内
四拾三石五斗壱升　米御納所
六石壱斗八升　翌年越銀成
代銀弐百五拾九匁五分六厘　石四拾弐匁
〆
右如御定年内分夫銀共皆済之処如件
明治元年十二月十日　十村加人
寅　作（印）
百々村肝煎
和　助　殿
惣御百姓中

［A］は明治元年（一八六八）に百々村が給知米を給人に上納した年貢皆済状で、［B］は同年に同村が蔵入米を十村代官に上納した年貢皆済状である。百々村では同年一二月八日に定納口米八石五合二勺九才（草高一五石六斗五升）と春秋夫銀を岡田右馬助に、同月同日に定納口米二〇石一升六勺六才（草高三九石二斗二升）と春秋夫銀を足立民部

に、同月九日に定納口米二〇石四斗六升三合三勺六才（草高四〇石五合）と春秋夫銀を柴山鋼三郎に上納して、年貢皆済状「納年貢米之事」が発給された。これは御郡所が作成したもので、年貢皆済後に給人が書名捺印し、十村代官が奥書押印したのち、御郡所が裏書加印して村に返付された。また、同村では同年一二月一〇日に蔵入米の定納口米四九石六斗九升（草高一一五石三斗七升二合）と春秋夫銀を十村代官に上納して、年貢皆済状「御収納米之事」が発給された。これも御郡所が作成したもので、年貢皆済時に十村代官が書名捺印し、別の十村が奥書押印したのち、御郡所が裏書加印して村に返付された。小物成は定小物成も散小物成も定納口米・夫銀と別に、小物成銀収納役の十村によって徴収された。なお、同三年（一八七〇）には給知米を収納せず、蔵入米として草高＝本新高二〇九石余、定納口米九〇石余、春秋夫銀一一六匁余を収納していた。[11] ともあれ、同村では正徳二年（一七一二）の村御印に基づき

村　名	御蔵米	給知米	免
下粟津	350.062	16.460	3ツ7歩
島	111.498	120.092	4ツ7歩
深　田	4.250	149.432	4ツ3歩
宮　地	38.228	135.662	4ツ
山　田	19.486	154.734	3ツ2歩
尾　中	10.846	12.009	2ツ6歩
片山津	416.562	222.980	4ツ7歩
下河崎	63.710	84.395	5ツ7歩
上河崎	221.771	392.096	4ツ5歩
中　代	177.462	225.044	3ツ2歩
加　茂	297.083	305.370	3ツ4歩
西　島	161.563	228.181	3ツ8歩
七日市	201.265	19.789	3ツ6歩
庄	345.020	194.636	3ツ9歩
黒　崎	116.137	467.897	5ツ
保　賀	65.671	229.740	4ツ9歩
山　代	579.119	500.965	3ツ8歩
尾　俣	80.212	81.397	4ツ5歩
桂　谷	98.144	18.710	4ツ1歩
別　所	68.721	20.016	3ツ
河　南	38.997	82.058	4ツ5歩
上　野	106.744	107.307	3ツ3歩
小　坂	99.725	104.412	3ツ8歩
横　北	233.861	27.811	4ツ4歩
水田丸	126.685	110.491	3ツ8歩
柏　野	102.724	115.029	4ツ1歩
塔　尾	102.626	60.040	4ツ8歩
中津原	70.596	15.843	3ツ8歩

第２表　大聖寺藩の御蔵米・給知米（明治２年）

村　名	御蔵米	給知米	免	村　名	御蔵米	給知米	免
小菅波	74.994	152.495	4ツ2歩	南　郷	260.482	221.365	4ツ1歩
作　見	155.044	205.918	3ツ8歩	大菅波	79.14	212.188	3ツ8歩
津波倉	11.253	38.126	4ツ	片　野	111.734	18.710	4ツ3歩
二子塚	100.929	61.247	3ツ5歩	黒　崎	147.983	72.054	4ツ6歩
森	23.303	52.041	4ツ6歩	熊　坂	918.284	36.393	5ツ5歩
松　山	36.071	36.039	4ツ5歩	弓　波	127.148	266.768	3ツ5歩
勅　使	88.679	183.676	4ツ4歩	冨　塚	165.618	144.110	3ツ6歩
清　水	59.024	14.524	3ツ9歩	小塩辻	63.526	84.802	3ツ8歩
桑　原	171.178	137.257	4ツ9歩	毛　合	100.098	138.094	4ツ8歩
栄　谷	73.175	48.550	3ツ8歩	川　尻	118.095	120.097	4ツ8歩
宇　谷	48.74	181.911	3ツ6歩	高　尾	49.854	206.115	4ツ1歩
瀧ケ原	20.394	95.035	3ツ6歩	千　崎	58.996	48.138	3ツ7歩
那　谷	98.505	432.057	4ツ7歩	大　畠	36.709	14.808	3ツ7歩
大分校	281.472	59.799	3ツ9歩	田　尻	39.696	162.406	4ツ
小分校	248.99	88.082	3ツ9歩	塩　浜	59.746	177.132	5ツ
箱　宮	143.797	169.256	3ツ5歩	潮　津	74.711	189.413	3ツ1歩
二ツ梨	84.084	82.921	3ツ8歩	野　田	52.166	130.772	3ツ5歩
荒　谷	33.036	83.090	3ツ7歩	笹　原	42.964	136.553	3ツ6歩
八日市	81.95	37.363	4ツ4歩	小　塩	65.153	38.030	4ツ
動　橋	230.235	522.425	4ツ9歩	矢　田	130.325	70.388	3ツ5歩
梶　井	128.381	84.068	4ツ8歩	月　津	223.089	94.080	4ツ6歩
中　島	289.303	313.518	4ツ8歩	額　見	215.096	72.100	4ツ
高　塚	132.82	52.042	3ツ4歩	串	348.894	151.677	4ツ5歩
打　越	156.498	223.915	4ツ3歩	佐　美	296.159	44.041	3ツ7歩
橋　立	40.927	106.103	4ツ9歩	柴　山	164.949	16.678	3ツ5歩
細　坪	211.146	42.033	5ツ5歩	新　保	102.782	60.048	3ツ6歩
百　々	43.51	41.102	3ツ9歩	林	138.006	27.591	3ツ4歩
曽　宇	103.859	207.644	5ツ3歩	戸　津	71.358	20.016	4ツ
直　下	83.302	109.86	5ツ1歩	湯　上	21.082	28.425	3ツ3歩
日　谷	104.448	114.030	4ツ8歩	馬　場	68.333	28.785	3ツ

※明治２年の「御蔵米納所給知米納所高帳」（『大聖寺藩の村方文書』）により作成。御蔵米１万7489石余、鍬米175石余、給知米１万1261石余、合計２万8925石余を記す。御蔵米のみの村々を除く。単位は石。勺以下は切り捨て。参考までに、寛政９年（1797）の山代村の給知米内訳を次に記す（『加賀市史・資料編第一巻』）。草高合は1138石余で、うち御蔵米が587石余、給知米が480石余であった。給知米480石の内訳は、駒沢彦三が20石余、一色久米が40石余、平田伝八が28石余、林九良右衛門が38石余、岡崎権太夫が20石余、吉田丹治が30石余、山崎権丞が40石余、毛利三良太夫が20石余、林垣右衛門が20石余、飯田忠蔵が20石余、前田中務が60石余、山口常之進が20石余、青山新右衛門が20石余、渡辺六左衛門が20石余、野尻後藤太が16石余、斉藤忠兵衛が60石余、村田弥八郎が20石余などであった。

（草高二一〇石余、定納口米一〇七石余、春秋夫銀一三四匁七分九厘、茶役一匁二分、郡打銀五匁二分）、明治元年（一八六八）に草高二一〇九石余、定納口米九八石余、春秋夫銀一一三匁余を収納したものの、その草高は正徳二年から約一五六年後の明治元年までほとんど増加しなかった。参考までに、大聖寺藩の御蔵米と給知米を第2表に示す。

ところで、百々町には江戸末期の年貢掛札（三枚）が現存する。これは縦二五センチ×横九センチの杉木札で、表面には「草高弐拾石、但鬮弐拾石弐升弐合八勺八才、新高三升九合八勺、一家内六人太右衛門」などと草高・新高・農民名などを記す(12)。いまのところ、大聖寺藩の年貢掛札は他にみられないので、大変貴重なものであろう。年貢掛札は毎年の取箇を村びとに周知させるために高札場や村肝煎の門あるいは戸口の上など、人々の見やすい場所に掛けて置いたもので、単に掛札ともいう。郡奉行所では享保初期から掛札の下書きを村々に渡し、本百姓・入作・越高などに至るまで毎年の取箇を周知させ、年貢割付の円滑と村役人らの不正防止を図った。

三　御蔵と給知蔵

加賀藩では改作法以前において公領・給人知を問わず、年貢米を十村や長百姓など在々の有力農民の蔵に収納していた。すなわち、十村級の豪農は、公領の年貢米（御蔵米）とともに給人知の年貢米（給人知行米・給知米）を自分の持蔵に収納・管理していた。その後、藩は改作法の施行中から領内の重要箇所に漸次御蔵（御収納蔵）を設置し、そこに公領の年貢米を収納した。慶安元年（一六四八）には石川郡本吉に、承応元年（一六五二）には同郡松任に、明暦二年（一六五六）には砺波郡津沢に、同三年（一六五七）には石川郡鶴来に、寛文三年（一六六三）には砺波郡鴨島に、同一〇年（一六七〇）には新川郡滑川に御蔵を設置した。砺波・射水両郡には寛文二年（一六六二）に一八か所の御蔵があって、このうち小矢部・戸出・氷見・福光など一三か所は篠島豊前与力一人と砺波郡の十村二人が、二塚・横田・大白石など五か所は射水郡の十村らが升廻裁許人を務めた。ともあれ、延宝八年（一六八〇）には、加越能三か国に三三か所の御収納本蔵があった。一方、藩は承応三年（一六五四）に給人知行米を収納管理する者を「蔵宿」の名称で掌握し、同時に給人知行米の預蔵を在村豪農蔵から漸次町方・宿方へ集中させた。この政策の背景には、収納年貢米の売却現銀化の便宜と米価調節の問題があった。すなわち、藩は改作法の前後から領内流通米の過剰とそれに基づく米価の低落に悩み、公領年貢米の領外売却（大坂廻米・大津廻米）や、給人知行米の藩購入（御召米）などを実施して、領内市場の流通米を調整した。藩は寛文二年（一六六二）に加賀国で金沢町・小松町など一三か所、越中国で今石動町・氷見町など一三か所、能登国で七尾町・輪嶋町など二〇か所、領内で三六か所を蔵宿に指定した。給人は藩の指定した蔵宿所で個々の蔵宿の選定を行い、それを奉行所に報告し指図を受けねばならなかった。ただ、彼らは従来の在村郷農の蔵宿が給人知行米の収納管理を一種の既得権と考え、若干の抵抗を示したため、それは必ずしも厳密に守られなかった(13)。

大聖寺藩の御蔵は大聖寺城下の永町御蔵（四丁町御蔵）のほか、瀬越御蔵、山中御蔵、串御蔵などがあった。永町御蔵は寛文九年（一六六九）に小塩村から移されたもので、給知蔵とともに永町毘沙門社の横にあった。これは江戸後期に西蔵（四間×二六間、高二間二尺三寸、五戸前＝五〇四二石入り）、南蔵（四間×二六間、高二間二尺三寸、三戸前＝三〇八〇石入り）、中立蔵（同上）、北蔵（同上）、辰巳蔵（不詳）から成り、主に大坂廻米・御膳米などを貯蔵していた。なお、西蔵には御蔵定書および追加の木札が掛けられていた。御蔵納米相見は天明四年（一七八四）七月に御徒から侍相見（八人）に代わり、同年一〇月から定役の納奉行（六人）と改名された。また、寛政二年（一七九〇）三月からは蔵番二人（足軽）が交代で口番所（奥番所締切）を警備し、さらに町人二人が郭内の夜廻りを行った。町人は毎年暮に一人宛て銀五〇匁が支給された。蔵番は同年一〇月に一人増加されたのち、同三年（一七九一）七月からは口番所と奥番所に家族と移り住んだ。納手代五人は、同九年（一七九七）に目払米（年貢米に付加された追加税米）から一人宛て米一石（一作という）が支給された。六斗除方は同一〇年（一七九八）に借知米・御召米などの取扱に際し、莚《むしろ》・棒・籠・箕・篩《ふるい》など諸道具を十村代官から借受け、毎年道具代として銀一五匁を支払った。(14)

瀬越御蔵の設置時期は明確でないが、寛文期（一六六一～七二）には設置されていたものだろう。これは飛砂によって寛政四年（一七九二）に村中から西端に移されたもので、向蔵（四間×二〇間、高不詳、二戸前）と横蔵（二間×一二間、高不詳、二戸前）から成っていた。江戸後期には農民一人が蔵番に当たり、郡打銀から年額銀二五〇匁が支給された。山中御蔵の設置時期も明確でないが、寛文期（一六六一～七二）には設置されていたものだろう。これは江戸後期に柳屋喜兵衛から借りた「御借蔵」で、一七〇〇～二〇〇〇石の収納が可能であった。喜兵衛は毎年一一月二日に永町御蔵米から一五石が支給された。その後、これは文化九年（一八一二）一〇月に喜兵衛が死去したため、平次郎や彦四郎という者によって管理された。山中村裁許の十村は納奉行と相談のうえ、毎年九月二日から勘定頭や元〆役の許可を得て御蔵米を商人に販売した。このとき、十村は御蔵米を時節相場に石二匁九分五厘を増額して販売し、その代銀を翌月に御算用場に上納した。これを「山中三十日延払」という。串御蔵は寛文四年（一六六四）に創建、安永三年（一七七四）に中絶したのち、文化一三年（一八一六）に木屋三郎右衛門・府中屋源右衛門の蔵（七〇〇石入り）を借りて再興された。御借蔵の所有者二人は蔵番に当たり、永町御蔵米から年に二度役米が支給された。そのほかは、すべて山中御蔵の規定に準じていた。(15) 風谷番所の番人（定番足軽）や山番人の三人扶持米は、天保一一年（一八四〇）六月に山中御蔵から一石三斗五合ほどが出された。当時、山中御蔵には鼠喰欠米が八斗六升、串御蔵にはそれが一石四斗二升あった。(16)

大聖寺藩の蔵宿は寛文二年（一六六二）の改作法実施後に大聖寺城下にも設置されたが、これは天明六年（一七八六）に蔵宿の大和屋七右衛門・能美屋喜右衛門人二人が空米切手を乱発し禁牢を命じられたため、その管理が足軽小頭二人と足軽四人に移され、給知蔵と改名された。これ以前、大聖寺藩の給人は改作法が実施されるまで、給人知の年貢を下代をして自宅の屋敷蔵に収納させていた。給知蔵は同七年（一七八七）二月に永町御蔵横に建設されたが、その規模は四間×一六間、高二間二尺三寸、二戸前、三〇八〇石入りであった。桑山忠次・敷山半次郎の徒士二人は、同年秋に初めて給知蔵の目付に任命された。彼らは給知米収納時に毎日の収納高や月払米などを、また給知米収納後に総収納高や目払米・土米などの総高を帳面に記し、帳前方の帳面とともに御算用場に提出した。天明九年（一七八九）四月には給知蔵が町人の請負(銀一一〇匁)によって修復され、文化元年(一八〇四)には蔵下敷が杪《ほえ》から糠《ぬか》に代えられ、同九年（一八一二）九月には糠二八俵（代銀六四匁四分）をもって下敷替が行われた。このとき、越年米分の一戸前は糠に敷替えたものの、下行蔵の一戸前は杪のまま残された。また、同七年（一八一〇）一一月には御徒一人が給知蔵納所役、御徒二人が御目付となり、文化九年（一八一二）一〇月には給知蔵納所役が一人増員された[17]。

藩は明和二年（一七六五）に永町御蔵の矢切米（切手のない米）が一〇石もあったので、その取捌規定を定めた。御収納奉行は「拾米《ひろいまい》願書」が提出されたとき、正当な理由があれば四月中まで審議し、五月以降に提出されたものを破棄した。また、残米奉行は九月中まで審議し、一〇月以降に提出されたものを破棄した。地方小者の和助は文化九年（一八一二）六月に米切手を落とし、御用所に申し出たところ、同年一一月に至って残米奉行から永町御蔵の古米六斗六升が支給された。この件は、勘定頭から残奉行・納奉行・割場奉行などにも書付をもって報告された。給知蔵の矢切米も、ほぼ永町御蔵のそれ同様に規定されていた。すなわち、御収納奉行は寛政二年（一七九〇）に給知蔵の矢切米を四月中まで審議し、五月以降に提出されたものを破棄することを、同五年（一七九三）に受理者に残正米から古米を支給することを規定した。畑喜兵衛は文化九年八月に給知蔵の米切手を落とし、御用所に申し出たところ、同年の暮に至って残米奉行から給知蔵の古米が支給された。その後、同一〇年（一八一三）八月には給人が月払米の「下行《げぎよう》」（払出し）手続きを七月中までに行わなかった場合、給知蔵役人が入札をもって役人仲間に払い下げることを規定した。(18)

勘定頭は永町御蔵・瀬越御蔵・山中御蔵・串御蔵および給知蔵などの近辺が火事のとき、その周辺の村々から農民を御蔵および給知蔵に火消人足として出動させた。次に、文政五年（一八二二）の「火事之節心得方之事」を示す。(19)

永町御蔵駈付人足（一四八人）

一、拾　人　三ツ村　一、拾　人　上木村
一、九　人　下河崎村　一、弐拾人　上河崎村
一、拾弐人　敷地村　一、拾弐人　小菅波村
一、拾弐人　山田村　一、拾五人　大菅波村
一、拾弐人　作見村　一、拾五人　曽宇村
一、弐拾壱人　南江村
但給知蔵ハ蔵一緒ニ在之故、右人足之内ニ而相勤ル事

瀬越御蔵駈付人足（六〇人）

一、拾　人　瀬越村　一、拾五人　永井村
一、弐拾人　右　村　一、拾　人　上木村
一、五　人　三ツ村

山中御蔵駈付人足（五〇人）

一、拾　人　下谷村　一、弐拾人　菅谷村

一、拾　人　栢野村　一、拾　人　塚谷村

串御蔵駈付人足（六〇人）

一、四拾人　串　村　一、三　人　村松村

一、弐　人　松崎村　一、拾五人　日末村

右のほか、藩は城下の火災に際し、火元をはじめ算用場・割場・塩蔵（福田町）・敷地天神・敷地橋・福田橋などに、家臣や町方の火消しとともに農民を火消人足として出動させた。なお、藩は罹災者に対し、救助米や家屋建造用材の松・杉・竹などを下付した。

註

(1)幕府領の代官や諸藩の郡奉行は、年貢完納時に年貢皆済を証す書付「年貢皆済目録」(年貢皆済状)を村々に発給した。これは年貢割付状に基づき作成されたものであり、年貢勘定目録と年貢皆済目録との二種類に分けられた。前者は村方が年貢皆済時に作成し、代官手代が裏書裏印したのち村方に返付され、後者は年貢皆済時に代官手代が作成し村方に発給された。年貢皆済目録は年貢納入のつど代官が押切印形した通帳や、代官手代が交付した小手形をもって受取書を発行し、年貢皆済時にそれを役所に指出せば、それと引き換えられ、代官が調印したのち村方に返付された。これは通常一紙書付の形式であり、村の名主(庄屋・肝煎)・組頭・惣百姓宛に出された。この様式が完成整備されたのは享保期であり、実際に納められた米(翌年納可納、正月から七月)と石代納された金銀などの数量が記された。なお、年貢割付状に記される貢租賦課額は米を基本としているが、上方では三分の一銀納、関東では畑永納、奥羽では半永納などの石代納なので、年貢皆済目録では実際に上納した米と石代納された金銀などの数量が記された(『地方凡例録・下巻』近藤出版、六七~六九頁)。

(2)いま、天正一五年(一五八七)分の鳳至郡川西村の年貢皆済状と寛永九年(一六三二)の同郡西山村の年貢皆済状を比較すれば、両方とも改作法施行以前の年貢皆済状であるが、その内容や形式は大きく異なっていた。俵納の表記は概ね寛永期までに石高納の表記となったが、地域によっては正保期まで俵納の表記がみられた。ともあれ、これは寛永期までに定納口米・山銭口米や夫銀などを明記する形式となった(『輪島市史・資料編第二巻』輪島市史編纂専門委員会、二八四頁、四六九頁)。

(3)『加越能三箇国高物成帳』(金沢市立玉川図書館)一五七頁および『能都町史・第三巻』(能都町史編集専門委員会)八九一~八九二頁

(4)前掲『能都町史・第三巻』七八三頁

(5)『大聖寺藩の町有文書』(北野印刷)一二六頁、三七三~三七四頁

(6)宮地村では改作法の施行以来、給知米と蔵入米の定納口米・春秋夫銀を上納し、納年貢米之事や御収納米之事など年貢皆済状を受けてきた。いま、村御印の物成と合致する同年の納年貢米之事や御収納米之事はみられないが、文化七年(一八一〇)の「納年貢米之事」(宮地村)と同一〇年の「宮地村御収納米之事」は次のようであった(拙編『大聖寺藩の町有文書』北野印刷、一三〇~一三六頁)。宮地村では文化七年の給知米が草高二四二石余、定納口米一一一石余、同一〇年の蔵入米が本新高二〇八石余、定納口米八二石余であり、これは天保一五年(一八四四)の「加賀江沼志稿」に記載する本新高四五九石余、定納口米一九四石余とほぼ合致する(『加賀市史・資料編第一巻』加賀市史編纂委員会、一二〇頁)。ちなみに、文化七年の給知米内訳は、大井音門が草高四四石余、定納口米二〇石余(初納)、佐分軍蔵が草高四五石、定納口米二〇石余(二納)、山崎権丞が草高八〇石、定納口米三五石余(三納)、二松甚五左衛門が草高七二石、定納口米三二石余(四納)で

あった。また、同村では元文四年（一七三九）、寛延二年（一七四九）、明和四年（一七六七）、寛政四年（一七九二）、文化一〇年に御蔵米を上納し、御収納米之事を受けていた。このほか、打越村では文久三年（一八六三）に深町木杢右衛門、河尻村では元治元年（一八六四）に山崎権丞、片野・林・上野・桑原村では元治二年（一八六五）に山崎久兵衛、動橋村では慶応二年（一八六六）に野口物集・前田主計・生駒右善、百々村では明治元年（一八六八）に岡田右馬助・足立民部・柴山鋼三郎などに給知米を上納していた（前掲『大聖寺藩の町有文書』一三〇〜一三六頁）。参考までに、文化一〇年の「宮地村御収納米之事」を左に示す。

宮地村御収納米之事

本高百七拾六石八斗三合　　免四ツ
一、七拾八石六斗四升弐合　　定納口米
新高三拾壱石四斗六升　　免壱ツ弐歩
一、四石壱斗九升八合　　右　同　断
定納口米
〆八拾弐石八斗四升
内
六拾弐石弐斗四升七合　　米御納所
弐拾石五斗九升三合　　翌年越銀成
代銀八百六拾四匁九分壱厘　　石四拾弐匁
〆
右如御定年内分夫銀共皆済之処如件
文化十年十二月八日　　十村間兵衛（印）
宮地村肝煎
七右衛門殿
惣御百姓中

（7）前掲『加賀市史料五』一八四頁
（8）「大野家文書」（個人所有、加賀市大聖寺町）。大野家には正徳六年（一七一六）の「庄村御百姓附」「黒瀬村御百姓附」「水田丸村御百姓附」や年代不詳の庄・黒瀬・水田丸三か村の「御百姓附」が各三通、林家には寛延二年（一七四九）の「山代村御百姓附」をはじめ、天明七年

（一七八七）の「山代村御百姓附」「月津村御百姓附」「中代村御百姓附」や年代不詳の山代・月津・中代村の「御百姓附」が各四通、高橋家には嘉永四年（一八五一）の「大菅波村御百姓附」が一通みられる（『江渟の久爾・一七号』『江渟の久爾・二〇号』）。

（9）前掲『大聖寺藩の町有文書』一二五～一二六頁。加賀藩の十村文書には「皆済日限聞書」「廻村手帳」「廻村日誌」「高免定納帳」「高免手帳」など租税関係史料が多数みられるが、大聖寺藩のそれはほとんどみられない。「高免定納帳」「高免手帳」は支配組下の村々の草高・免・定納口米・春秋夫銀を記したもので、年貢収納時に収納台帳の役割を果たしたものだろう（『石川県立歴史博物館紀要・第二号』八一頁）。

（10）「百々町有文書」（加賀市歴史民俗資料館蔵）

（11）「右同」

（12）「右同」。参考までに、百々村の年貢掛札の一例を左に示す。

> 草高弐拾壱石
> 　但闔弐拾壱石弐升三合八勺八才
> 新高壱斗壱升弐合壱勺
> 一家内四人　宇右衛門

（13）『富山県史・通史編Ⅲ』（富山県）三〇五～三一一頁。蔵宿は一石に付き蔵敷米二升を得て、給人知行米（町蔵米・給人米）を売却するまで保管した。給人が給人知行米を引出すことを引米、蔵宿が給人から米切手を受けて指定の石高を売却することを払米という。

（14）前掲『加賀市史料五』一三九～一四一頁。大聖寺藩領には江戸後期まで山中作食蔵（三間×七間、高二間二尺三寸、二戸前＝八三二石入り）や串村作食蔵（三間×一七間、高一丈二間二尺一寸、三戸前＝三三〇〇石入り）をはじめ、七日市作食蔵・潮津作食蔵などがあった。作食米は十村からの報告に基づき郡奉行が決定して（高一〇〇石に付き七石宛）、十村手代を通じて農民に渡された。作食米の返済は、大豆・小豆・麦・蕎麦・粟・稗など雑穀でも可能であった（前掲『加賀市史料五』一三一頁）。

（15）前掲『加賀市史料五』一四九頁、一三五～一三六頁

（16）前掲「百々町有文書」

（17）前掲『加賀市史料五』一四二～一四五頁。安永六年（一七七七）の覚には、「一、定作食米として、往昔御郡方へ御貸付有之候五千八百石余、毎歳御郡方蔵宿へ蔵積いたし」とあり、当時まだ郡方には蔵宿が存在していた（『同書』三五三頁）。

（18）前掲『加賀市史料五』一四一～一四五頁、二六九～二七〇頁

（19）前掲『加賀市史料五』二三八～二四〇頁

第四章　新田開発について

一　加賀藩の新田開発

全国総石高は慶長三年（一五九八）に約一八五一万石（一〇〇〇石以下四捨五入）、正保二年（一六四五）に二四五五万石、元禄一〇年（一六九七）に二五八八万石、天保元年（一八三〇）に三〇五六万石、明治六年（一八七三）に三二〇一万石と増加した。すなわち、慶長三年を指数一〇〇とすると、正保二年が一三三、元禄一〇年が一四〇、天保元年が一六五、明治六年が一七三であった。このような石高増加の多くは新田開発によるものであった。反別は慶長三年の一八五一万を約二〇〇万町歩と推定し、江戸中期が約三〇〇万町歩、明治六年が約四〇〇万町歩で、江戸全期を通じて約二倍となった。人口は慶長三年に約一八〇〇万人、享保以降は約三〇〇〇万人であった。全国の新田開発は江戸前期に隆盛、中期に衰退し、後期に回復という傾向がみられた。江戸前期には大規模な水田開発が多く、中期以降には畑地開発が顕著で、後期には荒地の再開発が少なくなかった。新田率（江戸前期と明治初期の比較）は関東・東北・西南地方が高く、畿内およびその周辺地は低かった。(1)

加賀藩の石高は寛永一六年（一六三九）に一〇二万五〇七〇石余、正保三年（一六四六）に一一二万三五四四石余、貞享元年（一六八四）に一一四万五九〇八石余、正徳元年（一七一一）に一一八万六四四一石余、天保九年（一八三八）に一三三万三五六五石余と増加した。すなわち、加賀藩の新田高は正保三年に五万九二七二石余、貞享元年に二〇万四三六五石余、正徳元年に二六万一三七一石余、天保九年に二八万九五〇八石余と増加した。とくに、それは手上高もあって改作法の施行中に著しく増加し、明暦二年（一六五六）には正保三年の二倍に達した。ともあ

第１表　加賀藩の新田開発

年　　　代	草　高	新田高	新田率
寛永16年（1639）	1025070		
正保３年（1646）	1123544	59272	0.5
貞享元年（1684）	1245908	204365	16.4
正徳元年（1711）	1286441	261371	20.3
天保９年（1838）	1333565	289508	21.7

※正保３年の「加能越三箇国高付帳」、正徳元年の「加能越三箇国郷村帳」、天保９年の「加能越三ケ国并近江国高島郡之内郷村高辻帳」（金沢市立玉川図書館近世史料館）などにより作成。草高・新高は石以下を切り捨て。新田率の単位は％。

第３表　富山藩の新田開発

年　　　代	草　高	新田高	新田率
寛永16年（1639）	112535		
正保３年（1646）	127566	15030	11.7
寛文４年（1664）	136515	23979	17.5
元禄11年（1698）	138882	26346	18.9
寛保元年（1741）	137479	24892	18.1
明和３年（1766）	146800	34264	23.3
天保９年（1838）	134574	22038	16.3
明治３年（1870）	158345	45809	28.9

※『富山県史・通史編Ⅲ』（富山県）により作成。草高・新田高は石以下を切り捨て。新田率の単位は％。

第２表　加賀藩の国別新田率

国　　　名	加　　賀		能　　登		越　　中		合　計
年　　　代	新田高	新田率	新田高	新田率	新田高	新田率	
正保３年（1646）	16482	3.7	15169	6.3	68302	10.3	59272
貞享元年（1684）	31115	9.0	45502	22.0	127747	27.2	204365
正徳元年（1711）	46438	13.4	59640	28.9	155292	33.1	261371
天保９年（1838）	46968	13.6	48985	23.7	193553	41.2	289508

※第１表に同じ。正保３年の新田高は加能越三か国の総高を示す。同年の総高は加賀国が44万0188石余、能登国が24万0175石余、越中国が66万0717石余で、天保９年それは加賀国が39万9721石余、能登国が26万0410石余、越中国が67万3433石余であった。

れ、天保九年の石高は寛永一六年の石高に比べて一・三倍、新田率は二八・九％となった。なお、高辻帳は幕府に報告した表高を標記したもので、これから新田開発の進展や石高の変化を明確にとらえることはできない。まず、加賀藩の新田開発や国別新田率および富山藩の新田開発を第１表、第２表、第３表に示す。

新田高の増加率は、加越能三か国や諸郡または時代によっても大きく異なった。正保三年の高辻帳（富山・大聖寺藩や土方領を含む）では、加賀国の石高が四三万九四四一石余（本高四二万二九五八石余、新田高一万六四八二石余）、能登国のそれが二四万〇一七五石余（本高二二万五〇〇六石余、新田高一万五一六九石余）、越中国のそれが六六万〇七一八石余（本高五九万二四一五石余、新田高六万八三〇二石余）であった。この新田率は越中国が一〇・三％と最も高く、能登国が六・三％、加賀国は三・七％にすぎなかった。この時期は越中国が加賀・能登両国に比べて急速に新田開発が進んでいた。ちなみに、越中国の郡別では射水郡が一五・三％と極端に高く、新川郡が一二・二％、中郡が一一・三％、砺波郡と婦負郡が八・五％、氷見庄が三・七％と続いた。これ以前、徳川家光が三代利常に宛てた寛永一一年（一六三四）の領知状では、加賀国の石高が四四万二五〇〇石余、能登国が二一万六八九一石余、越中国が五三万三三六一石余であった。越中国の石高は正保三年の草高に比べて、本高だけでも五万九〇〇〇石余の増加があって、この間も同国では新田開発が進行した。

加賀国の石高は寛永一六年（一六三九）に三四万六六二二石余、正保三年（一六四六）に三四万四九四四石余、寛文一〇年（一六七〇）に三七万八八四石、天保九年（一八三八）に三九万九七二一石余と増加したので、天保九年の草高は正保三年の本高に比べて一・二倍、新田率は一三・六％となった。能登国の石高は寛永一六年に二〇万六三八二石余、正保三年に二二万六六〇一石余、寛文一〇年に二五万七一六〇石余、天保九年に二六万〇四一〇石石余と増加したので、天保九年の草高は正保三年の本高に比べて一・三倍、新田率は二三・七％となった。越中国の石高は寛永一六年に四六万九七五四石余、正保三年に五五万一九九六石余、寛文一〇年に六〇万九三八一石余、天保九年に六七万三四三三石余と増加したので、天保九年の草高は正保三年の本高に比べて一・四倍、新田率は四一・二％となった。ちなみに、砺波郡の石高は正保三年に二二万八六三石余（本高二〇万二一一一石余、新田高一万八七五一石余）、明治三年（一八七〇）に二八万三六五三石余と増加したので、明治三年の草高は正保三年に比べて一・四倍、新田率は二八・七％となった。射水郡の石高は正保三年に一四万六八八五石余（本高一三万〇二五六石余、新田高一万六六二八石余）、慶応三年（一八六七）に一八万二五八六石余と増加したので、慶応三年の草高は正保三年に比べて一・四倍、新田率は二八・七％となった。新川郡の石高は正保三年に一七万八八〇石余（本高一四万七四六〇石余、新田高二万三四二〇余）、明治三年に二七万六八九一石余と増加したので、明治三年の草高は正保三年に比べて一・九倍、新田率は四六・七％となった。参考までに、富山藩の石高は正保三年に一二万二〇八九石余、寛文四年（一六六四）に一三万六五一五石余、明和三年（一七六六）に一四万六八〇〇石余、明治三年に一五万八三四五石余と増加したので、明治三年の草高は正保三年の本高に比べて一・四倍、新田率は二八・九％となった。(2)

加賀藩の新田高は江戸全期を通して約三〇万石増加したが、それは前期の増加が多く、後期は著しく少なかった。こうした傾向には当時の土木技術の限界もあったが、農業の集約化、規模縮小化、とくに能登国では製塩の発達が影響していたようだ。ただ、越中国の新田開発は江戸前期に隆盛、中期にやや衰微、後期に回復という全国的な傾向と同様であった。加賀藩の新田開発は江戸初期に土豪や長百姓クラスの個人が願い出たものが多く、改作法の施行中からは十村および御扶持人十村が主導者となって、改作奉行―十村の系列で実施されるものが圧倒的に多くなった。つまり、十村は改作奉行の下部に属し改作法施行の中枢となっていたため、その施行中の大規模開発は改作奉行―十村系列の十村開発が多く、町人や農民が中心となった請負開発は少なく、個人資本の開発はほとんどみられなかった。加賀藩の表高は一〇二万石余であったものの、その内高は新田開発によって約一三〇万石余と増加し、その村数も寛文四年（一六六四）の二二六四か村から明治二年（一八六九）の三五七三か村と増加した。改作法施行中の新田開発では、慶安二年（一六四九）に郡奉行の山本清三郎が実施した越中国新川郡の天神台地九八〇石の開発が最も早いものであった。次に、改作奉行―十村の系列で実施された十村開発の例として、越中国砺波郡芹谷野新田と山田新田の場合をみよう。(3)

芹谷野新田（藩営開発）は、寛文三年（一六六三）から延宝五年（一六七七）まで改作奉行―十村の系列で実施された。射水郡島村の御扶持十村二郎右衛門の子息九郎兵衛（名代）は、庄川の水を芹谷野の高台を通して射水平野に補水することを藩に建言した。射水平野は主に溜池や清水などによって灌漑していたので、少し日照りが続くとすぐ干害に悩まされる地帯であった。この建言は藩の取り上げるところとなり、改作奉行と何度も見分や詮議を重ねたうえ、実施されることになった。ただ、これには砺波郡の了解が必要なので、同郡の無組御扶持人十村の川合氏に協力を求めた。こうして、藩は島村九郎兵衛と戸出村又右衛門の子息又八を用水開削主付に任命し、作人を募集して希望の高を渡すように命じた。用水が台地に通ずると、それを待ち兼ねたように砺波・射水郡の周辺村々から作人が入植し、寛文四年（一六六四）には徳万新・頼成新・芹谷本・芹谷野新・中条新村など一挙に二〇もの新村ができた。このころ、千保川の水は次第に段丘下の現庄川に移り、沿岸村が年々田地を侵されていたこともあって新開の速度を早めた。この灌漑規模は延宝五年（一六七七）に新開高四四〇〇石、古高灌漑分二二七〇石、総高六五七〇石であった。二〇か村中、八か村には寛文四年（一六六四）に畑直高二五九石余があったので、用水開削以前に畑地や採草地として利用していたものだろう。なお、生源寺新村は延宝元年（一六七三）に里子百姓七人が入植し、約七七石を開墾した「里子開村」であった。藩は寛文一〇年（一六七〇）から農村をはみ出した転落農民「里子」を金沢に設けた非人小屋に収容し、その一部を各地の新開地に入植させた。

山田新田（藩営開発）は、寛文一二年（一六七二）から同一三年にかけて改作奉行―十村の系列で実施された。山田野の地は小矢部川とその支流山田川に囲まれた台地で、水の便が悪いために開発が遅れていたが、同一二年の暮には用水幹線が竣工し、支線も年内にでき上がる予定であった。同年の暮、十村は改作奉行宛に頭農民を含めて五組五三名の人選を報告していた。その後も、両者の間では農民人選について意見交換を行い、幼少の者やごく貧窮の者を除くこと、頭農民一人に付き一般農民一〇人ずつで一村を編成すること、五～六か村を山田野の地に立てることが定められた。具体的な人選が改作奉行に報告されたのは、同一三年二月のことであった。この報告書に記載された一般農民は六六人、頭農民は五人であって、そのほとんどが二男・三男であり、年齢は二〇歳が最も多かった。彼らの古村は三四か村にわたっており、相当広汎であった。十村から報告を受けた改作奉行は同年三月に「野方出百姓のうち頭分に高五拾石づつ、小百姓に高二拾五石づつ図り持たせ申すべき旨もっともに候」として農民持高についての十村案をそのまま認めた。越中国では三六〇歩一反に対し草高を一石五斗に結んでいるから、頭農民の反別は三反三畝、一般農民の反別は一町六反六畝となった。この反別は、同時期の水田地帯の経営規模に比べてもかなり大きなものであった。したがって、入村が決定した農民はかなりの数の下人や馬を持ってきた。頭農民は家数六戸、請高三〇〇石、家族労働力一一人、下人・下女三一人、非労働力三人、馬一二頭など、一般農民は家数四六戸、請高一一五〇石、家族労働力八九人、下人・下女一〇八人、非労働力七人、馬二〇四頭などの労働生産力を有した。ともあれ、山田野新田の新開高は入植農民の請高一四二五石（細木新・大窪新・大塚新・天池新・縄蔵新村）、それに山田新村の畑直高一〇〇石（赤坂新村）、同村の頭農民となった大西村二郎左衛門倅権兵衛の五〇石を加えた一五七五石となった。この新田開発は、労働力構成を持つ農民を入村させるなど強い計画性と藩の熱意の中で開発された。もちろん、藩は用水開鑿費・修理費をはじめ、肥料代などを全額を負担した。この新田開発では下人が自立して「本百姓」になる例はみられないものの、二男・三男が分家して自立する姿は明白にみられた。

二　大聖寺藩の新田開発

正保三年（一六四六）の「郷村高辻帳」は大聖寺藩最古の郷帳であり、本高六万四五四九石七斗七升、新田高五六一七石七升の合計七万一六六石八斗四升を記す。このほか、越中国新川郡には同年に入善村（一八四七石四斗）、上野村（一〇〇二石一斗七升）、青木村（六六四石二斗七升）、八幡村（二五六石七斗三升）、道市村（二三三石七斗八升）、目川村（二二八石二斗一升）、君嶋村（一〇〇石三斗三升）の七か村分四三二二石八斗九升があった。[4] その後、寛文四年（一六六四）の目録（徳川綱吉の領地朱印状）、貞享元年（一六八四）の郷村高辻帳、元禄一四年（一七〇一）の大聖寺領高辻帳、享保六年（一七二一）の覚には本高七万三三石七斗三升、新田高一万一八六六石七斗五升の合計八万一九〇〇石四斗八升を、延享三年（一七四六）の郷村高辻帳には本高七万三三石七斗三升、新田高一万一八六六石七斗五升三合の合計八万三七二石三升三合を、天保一五年（一八四四）の「加賀江沼志稿」には本高七万五三五三石三斗三升二合、新田高一万二六六石六斗五升七合の合計八万五六一九石九斗八升九合を記す。[5] ともあれ、大聖寺藩の石高（能美郡を除く）は、正保三年の七万四四八九石七斗三升から天保一五年の八万四三〇六石三斗五合に九八一六石余（約一三％）が増加した。次に、大聖寺藩領の村高と新田開発および十村組別の新田率を第4表、第5表、第6表に示す。

正保三年の「郷村高辻帳」と天保一五年の「加賀江沼志稿」には、かなり出村・新村が収載されていた。ちなみに、寛政六年（一七九四）の「御郡之覚抜書」には、「公儀江御書上無之村々」として川尻村、山田町領、猿ケ馬場村、蓑輪村、村松村、四丁町村、矢田新村を、「高辻絵図村名出村分」として大坂茶屋（右出村）、川尻村（毛合出村）、

第４表　大聖寺藩の村高

組名	村名	正保３年 本高	正保３年 本新高	天保15年 本高	天保15年 本新高
西ノ庄	山田町領			157	166
	大聖寺町領	445		159	226
	細坪	444		445	450
	熊坂	1762		1696	1855
	右	1347	1557	1478	1600
	奥谷	696		696	712
	橘	42		43	97
	永井	472	583	423	1065
	吉崎	239		239	382
	塩屋	75		75	147
	瀬越	75		75	123
	上木	428		304	449
	三ツ	365		343	372
	荻生	356		364	474
	下福田	858	1247	1288	1297
	上福田	944		881	901
北浜	極楽寺	350		344	398
	片野	54		290	407
	黒崎	619	764	652	698
	深田	292			
	橋立	312		373	382
	小塩	273		277	281
	田尻	581		500	511
	大畠	192		170	197
	千崎	296		366	403
	塩浜	572		612	733
	宮地	433		427	459
	野田	442		480	532
	篠原	382	574	457	838
	潮津	742	874	831	1045
	小塩辻	451	653	409	701
	高尾	531	626	594	707

組名	村名	正保３年 本高	正保３年 本新高	天保15年 本高	天保15年 本新高
山中谷	菅生	620		367	
	南江	1127		1146	1155
	百々	204		209	210
	曽宇	656		699	713
	直下	519		520	525
	日谷	672		714	726
	荒木	113		116	
	川南	428		446	497
	中田	146		149	158
	長谷田	483		502	555
	上原	291		418	465
	土谷	122			
	塚谷	296		254	276
	別所	243		309	355
	山代	1451	2496	1454	2828
	保賀	438	557	491	518
	黒瀬	1222		1034	1155
潟回	山田	650		624	648
	尾中	81		100	104
	片山津	1073	1225	1257	1722
	川尻	884	1085	513	518
	毛合			513	518
	中嶋	1114	1253	1249	1324
	高塚	543		528	573
	矢田	450	747	614	
	矢田新			181	197
	月津	674	849	673	943
	月津新			107	
	額見	699	866	731	975
	新保	432	622	504	1201
	柴山	664	894	733	1203
	串			1053	1528

組名	村名	正保３年		天保15年	
		本高	本新高	本高	本新高
潟回	猿ヶ馬場			152	
	日末			352	571
	佐美			923	1104
	松崎			100	105
	村松			12	17
能美境	冨塚	639	831	912	925
	八日市	268		272	
	動橋	1651		1566	1623
	打越	820		821	857
	下粟津	907		1016	
	林	441		461	507
	戸津	425		263	
	湯上	172		177	
	荒屋	346		376	390
	二ツ梨	341	453	457	569
	箱宮	838		855	860
	大分校	788		834	
	小分校	802		824	825
	松山	223		115	170
	梶井	439		422	430
	蓑輪			15	
	馬場			441	
	島			540	555
那谷谷	岡	135		95	96
	敷地	739	843	703	747
	大菅波	729		701	733
	小菅波	592		562	570
	作見	1217		1026	1039
	弓波	1089		1089	
	西島	467	947	760	801
	津波倉	128		129	
	二子塚	446		454	455

組名	村名	正保３年		天保15年	
		本高	本新高	本高	本新高
那谷谷	森	299		156	
	河原	335		265	287
	勅使	607		596	599
	宇谷	724		640	692
	滝ヶ原	847		748	
	菩提	453		454	
	那谷			1212	1262
	栄谷	361		293	322
	山本	67		73	78
	清水	227		196	207
	桑原	845		687	704
	庄	1257		1305	1327
	七日市	639		605	
四十九院谷	下河崎	335		229	302
	上河崎	1137		1071	1306
	中代	1417		1523	1531
	加茂	1153	1557	1613	1716
	星戸			224	242
	上野	350	482	611	685
	二ツ屋	232		225	258
	小坂	603		500	534
	横北	565		595	602
	水田丸	623		624	624
	柏野	496		500	
	塔尾	541		573	
	菅生谷	99		101	
	滝	321		357	
	中津原	284		285	
	四十九院	424		402	
	須谷	146		152	153
	桂谷	284		286	
	尾俣	326		337	348

組名	村名	正保3年		天保15年		組名	村名	正保3年		天保15年	
		本高	本新高	本高	本新高			本高	本新高	本高	本新高
奥山方	山中	459		603	610	奥山方	生水	71		97	
	下谷	113		104	112		九谷	106		236	
	菅谷	420		448			市谷	16		21	
	栢野	164		135			西住	11		10	
	風谷	91		88			杉水	52		117	
	大内	47		47			上新保	5		12	
	枯淵	56		57			大土	95		94	
	我谷	84		115	117		今立	324		349	
	片谷	56		70			荒谷	319		375	
	坂下	119		127			真砂			30	
	小杉	66		64							

※『加賀市史料一』および「加賀江沼志稿」により作成。本高・本新高は石以下を切り捨て。「加賀江沼志稿」には、ほかに矢田野2507石余を記す。なお、天正13年（1585）の「加州江沼郡田畠居屋敷目録」（「溝口文書」東京大学図書館蔵）によれば、大聖寺城主の溝口秀勝は、同年に秀吉から江沼郡３万9269石余（110か村）と能美郡4730石余（11か村）の合計４万4000石を与えられた。江沼郡分には塩釜年貢70石と侍屋敷城下240石余を含む。また、動橋・森・桑原など７か村には3481石余の蔵入地（豊臣秀吉への直納分）があった。この目録の村高は２か村や数か村を合わせて記すものもあり、正確な村高がわからない村も多い。

第５表　大聖寺藩の新田開発

年代	草高	新田高	新田率
寛永16年（1639）	70033		
正保３年（1646）	74489	5617	0.8
寛文４年（1664）	81900	11866	14.4
貞享元年（1684）	81900	11866	14.4
元禄14年（1701）	81900	11866	14.4
延享３年（1746）	83722	13738	16.3
天保15年（1844）	84306	10316	12.2
明治２年（1869）	83772	3738	0.4

※『加賀市史料一』および『大聖寺藩史』により作成。
草高・新田高は石以下を切り捨て。新田率の単位は％。

第６表　大聖寺藩の村組別新田率

組　名	正保３年			天保15年		
	本　高	本新高	新田率	本　高	本新高	新田率
西ノ庄	8554	9226	7.7	8670	10325	16.0
北　浜	6528	7296	10.5	7141	8652	17.5
山中谷	9037	10201	11.4	8834	10626	16.9
潟　回	7268	8819	17.6	8332	10653	21.8
能美境	9016	9410	4.2	9374	9723	3.6
那谷谷	12214	12798	4.6	11543	11845	2.6
四十九院谷	9346	9882	5.4	10212	10830	5.7
奥山方	2682	2682	0.0	3205	3223	0.5
合　計	64649	70356	8.1	67314	75879	11.3

※『加賀市史料一』および「加賀江沼志稿」により作成。本高・本新高は石以下を切り捨て。新田率の単位は％。能美郡の村々および那谷村を除く。

星戸村（西嶋出村）、伊切村（新保出村）、中浜村（上木出村）、天日村（小菅波出村）、二天村（中田出村）、吸坂村（南郷出村）、山岸・犬沢村（下福田出村）、平床村（敷地出村）、中野・長峰・勧進場村（山代出村）、串茶屋・猿ケ馬場村（串出村）、松崎村（日末村）、蓑輪村（嶋出村）、宮村（深田出村）などを記す。また、同書には行政区画の村組として西ノ庄（一六か村）、北浜（一六か村）、潟端（一八か村）、能美堺（一七か村）、那谷谷（二二か村）、四十九院谷（一七か村）、紙屋谷（一七か村）、奥山方（二一か村）など八組を記す。[6] その後、潟端は潟回、紙屋谷は山中谷と呼ばれた。

新田開発は江戸前期に潟回・北浜・山中谷などの村々で多くみられたが、とくに潟回の村々で著しく、耕地の約二割が新田高であった。こうした傾向は「加賀江沼志稿」が編纂された天保一五年でも同様であったが、その新田率は正保三年に比べて総じて高い村が多かった。この時期は海岸・河川下流の開発が顕著であり、西ノ庄の新田率が高かった。これに対し、能美境・那谷谷・四十九院谷・奥山方などの村々は新田開発が少なく、とくに那谷谷の村々が少なかった。ちなみに、新田率は正保三年に西嶋村（一〇二％）、山代村（七二％）、矢田・矢田新村（六六％）、篠原村（五〇％）、下福田村（四五％）、新保村（四四％）、毛合・川尻村（四一％）、上野村（三七％）、加茂村（三五％）、二ツ梨村（三〇％）などが、天保一五年に永井村（一五一％）、新保村（一三八％）、橋村（一二六％）、塩屋村（九六％）、篠原村（八三％）、小塩辻村（七一％）、瀬越村（六四％）、柴山村（六四％）、日末村（六二％）、吉崎村（六〇％）などが高かった。新田率の高い村は、正保三年より天保一五年に多くみられた。こうした傾向は、加越能三か国中の越中国に近いものであった。なお、正保三年・天保一五年ともに新田率が高い村は少なく、両年ではそれらの村が大きく異なった。西嶋・山代・上野・加茂村などの新田高増は、いずれも市ノ瀬用水の開削に伴うものであった。

江戸前期の新田は藩営新田が中心で、郡奉行―十村の系列で多く実施された。その例としては、市ノ瀬用水（加賀藩治世）の施行に伴う山代新田や矢田野新田などが知られた。新田開発は中期以降やや停滞傾向にあったものの、後期に改作主付に任命された九代鹿野小四郎が領内の新田開発を推進したため、天保期（一八三〇～四四）に再び活発化した。このことは、正保三年（一六四六）の新田率が〇・八％で、天保一五年（一八四四）が一一・二％であったことからも明らかだろう。江戸後期の新田も藩営新田が中心で、改作奉行―十村・新田裁許の系列で実施された。こうした新田は一～三年目が無税、四年目から前三か年の作柄を基準として本田並に課税された[7]。これを「鍬下年季制度」と称した。新田は手上高・手上免により課税対象地となることを本義としていたものの、実際には藩の勧誘による場合が多かった。課税対象となった新田は「村御印」や御算用場の書付に「新開高」「新高」のほかに、古開高・新開組入高・新開畠高・新畑開・新開畑山高・畑新高・川田新高・小浜新高・茅場新高・高尻新高・松高・松山高・松山新高・新開松山高・屋敷高・新屋敷高・裏屋敷高・手上ケ増高などの名称で書き加えられた。

矢田野新田は藩営新田の中で最も有名なもので、二代利明の治世に家老の神谷内膳守政よって開発された。矢田野は「御畑」（藩有地）という草刈場兼狩場であり、月津村と島村の十村が分割管理していた。島村の十村長三郎は狩に来た神谷内膳守政に、「動橋川の水を引けばここで一万石の米が収穫できる」と開発を進言した。内膳守政は念のために月津村の十村西彦四郎に尋ねたところ、彦四郎は矢田野の土地が「黒墳《くろぼこ》」（保水性に乏しい）であることを理由にこの事業に反対した。これに対し、二代利明は内膳守政の助言を得て西彦四郎を処刑して、矢田野用水工事を断行した。内膳守政は延宝六年（一六七八）一一月に高橋五太夫を連れて矢田野に行き、江筋の見立、縄張に直接立ち会い、翌七年二月に工事を竣工し、同年八月に完成した。その後、矢田野新田は岩崎小兵衛・荒川助九郎が二〇年間、土地の支配や水廻りを管理したのち、元禄一三年（一七〇〇）頃からようやく十村支配となった。なお、両人は二〇年間勤務し、その功績によって御徒組に取立てられた。ところが、享保一一年（一七二六）から三年続きの旱魃で大変な不作となり、矢田野新田からの逃亡農民が相継いだ。藩は修理費の関係もあって水田耕作の放棄を検討したものの、矢田野用水以外での灌水が困難な地域であったため、用水普請の存続を決定した。そこで、藩は再び十村支配を廃止するとともに、田中文之丞・忠木六右衛門を矢田野新田に派遣して、これを直支配とした。両人は同一四年（一七二九）に矢田野新田が大豊作になり御徒組として大聖寺に帰ったので、矢田野新田は再び十村支配となった。

矢田野新田は矢田野用水の開通によって、矢田野二一〇町歩のうち、三三町歩が開田された。矢田野一万石とは島村の十村長三郎が見立て内膳守政に上申したもので、それも「凡一万石者急度可有之」とあって、確かな一万石ではなかった。しかも、矢田野の草刈場兼狩場の全部どころか六分の一ほどしか開作できなかったのだから、一万石にほど遠いのは当然であった。矢田野新田の入植者は庄・長谷田村を中心に、二ツ梨・島・蓑輪・下粟津・馬場・矢田・中島・動橋・箱宮村の農民と、加賀藩の井口・日用・小山田・白山田村からの出作りであった。これらの村々の二男・三男は、その中心部に宮田・稲手・豊野・原田・小島・袖野・大野・中・西泉村の「御畠九ケ村」（矢田野九か村）を形成した。御畠九ケ村は享保一五年（一七三〇）以降、「矢田野新田村」または「矢田野」と通称された。この村高は江戸後期に西泉村が三四七石六斗七合、大野村が二七六石二斗四升一合、豊野村が二五六石六升、原田村が一〇一石六斗五升、中村が二二四石八斗七升、小嶋村が一九三石二斗八升六合、袖野村が二一九石四斗七升九合、稲手村が一三二石八斗九升、宮田村が七九石一斗三升で、九か村合計が一八三二石二斗一升三合であった。矢田野九か村のうち、宮田村は文化年間（一八〇四～一七）に、大野村は文政四年（一八二一）に、小嶋村は同九年（一八二六）に、稲手村は弘化期（一八四四～四七）にそれぞれ無家となった。さらに、嘉永六年（一八五三）には大旱魃によって、矢田野新田の田地四万歩が畑地になってしまった(8)。

九代鹿野小四郎は、天保期（一八三〇～四三）に新田開発を推進するため改作所内に一局を分設する願書を提出した。これに対し、藩は御算用場の入口に「改作場」一局を新設して奉行二人を置くとともに、小四郎に改作主付十村を任命して領内の新田開発を奨励した。このとき、領内の村々は奪い合うように開墾に着手したため、これが一時の風俗となって、年ならずして新田畑地が万石に至ったという。まず、小四郎は越中国の畔鍬《くろぐわ》を雇い、小塩辻村の人夫を合わせ、金沢の初代宮田屋吉郎右衛門をして敷地村領の平床に溜井を築き、田畑一〇町歩余を開墾し、塔尾村忠右衛門など農民七人に各一頭の牛を与えて移住させた。小四郎は平床新田を藩に献上して、新田裁許の山代村荒屋源右衛門に管理経営させた。なお、荒屋源右衛門は新田裁許の嚆矢であったという。その後、平床新田は新田裁許の小菅波村開田九平や動橋村橋本平四郎の管理経営を経たのち、藩の補助金を得て小堂（村社）を創建して新田村となった。小四郎は藩からの補助を村々に貸与し、領内村々に溜井や江渠を築き、田畑二万石余を開拓したという。そのため、彼は自ら十村給米の正米一〇〇石を五〇石に、番代・手代・納手代らの給米二五俵を二一俵に減額し、それを開拓基金に充てたという(9)。

三　堰と堤の設置

田地の灌漑法には河川に堰《せき》や水門を設けて引水するものと、築堤して溜った水を灌漑に用いるものがあった。堤は一般的に河川から引水ができない場合に利用された。大聖寺藩領では、河川が急流で引水が不可能な山方と、河川のない浜方で、堤による用水が多く利用された。領内の河川では、大聖寺川・熊坂川・菅生川・奥谷川・田尻川・動橋川・宇谷川・那谷川・尾俣川・弓波川・林川などが用水に利用された。これらの河川には数多くの堰が設けられ、用水として引水されたものの、その多くは一、二か村を潤す程度の小規模なものであった。「加賀江沼志稿」には、領内に用水一三と堤三四〇ほどがあったと記す。用水では寛文五年（一六六五）に完成した市ノ瀬用水（約七キロ）、延宝七年（一六七九）に完成した矢田野用水（約一一キロ）、江戸中期に完成した鹿ケ端用水（約八キロ）、同期に完成した御水戸用水（約三キロ）などが有名であった。また、堤では分校大堤（七〇八〇歩）、島大堤（四三八七歩）、二ツ梨殿様堤（三七五七歩）、佐美大堤（二五〇〇歩）、富塚東大堤（二五〇〇歩）、林大堤（二〇〇〇歩）などが、池では片野の大池（広さ不詳）、富塚の琵琶ケ池（八〇〇〇歩）、宮地の塔ケ池（四三〇〇歩）、小塩辻の鞍ケ池（三二〇〇歩）などが知られていた。次に、大聖寺藩の主要堰を第7表に示す。

市ノ瀬用水は寛永二年（一六二五）に加賀藩の郡代吉田伊織の命により、久世徳左衛門が監督して普請したもので、同年九月に別所村から山代新村まで完成した。その後、大聖寺藩二代利明は、家老神谷内膳守政に命じて延長工事を行い、旧水路もやり直し的な大普請を加えて、寛文五年（一六六五）六月に動橋川に至る全用水が完成した。「加賀江沼志稿」には次のように記す。(10)

第７表　大聖寺藩の主要堰

川　名	堰　名	用　水　利　用　村　と　草　高
大聖寺	市ノ瀬（別所）	別所16石、河南160石、保賀460石、山代1600石、中代700石、加茂600石、西嶋400石、星戸40石、上野160石、七日市340石、弓波350石、二子塚320石、森110石、津波倉96石、庄1063石、桑原345石、動橋730石、毛谷・川尻435石、八日市280石、中嶋50石、勅使406石、河原223石、清水166石＝9050石
	御水戸（河南）	黒瀬750石、上河崎5石、下河崎10石、南郷500石、菅生255石、山田町35石＝1555石
	鹿ケ端（保賀）	保賀60石、小菅波280石、大菅波350石、上河崎870石、下河崎270石、敷地400石、岡40石、上福田740石、下福田940石、荻生83石、中代670石、加茂610石、弓波470石、作見500石＝6283石
三　谷	箕ノ輪（曽宇）	曽宇70石、山田町75石、細坪100石、熊坂125石＝370石
動　橋	赤　岩（荒谷）	滝350石、中津原210石、菅生谷60石＝620石
	開　発（須谷）	須谷30石、水田丸350石、上野200石＝580石
	堀　割（須谷）	横北615石、水田丸150石、小坂50石、二ツ屋＝不詳
	矢田野（横北）	矢田野70石、勅使、那谷、分校、箱宮、二ツ梨、宇谷、栄谷、下粟津、嶋、串、打越、高塚＝不詳
	勅　使（勅使）	勅使600石、河原230石、清水166石＝996石
	桑　原（桑原）	桑原、動橋、毛谷・川尻＝不詳
	中　嶋（桑原）	中嶋1230石、動橋200石、打越200石、高塚100石＝1730石
宇　谷	加波毛（山本）	松山180石、分校353石、梶井431石＝964石
弓　波	葭　門（弓波）	弓波40石、冨塚80石、片山津160石＝280石

※「加賀江沼志稿」により作成。葭門堰は天保６年（1835）に水門を改作。

市瀬堰（巾二十七間草堰、春堰秋ニ至落ヲ邦言草堰ト云）。寛永二年御城代吉田伊織於山代領新開可致旨、久世徳左衛門宗吉ニ命ジテ普請裁許セシム。用水見立数月ヲ経テ同年九月十六日初テ山代新村迄水下ル。今新村ノ辺ニ新川ト云有名。其後年ヲ経テ新川ヨリ堀下シト村叟云伝。

別所・上原二領間ニ在、下流津波倉領大川落シ迄一里三十丁四十四間、上ミ窓之間四十五間、窓数十二、下窓之間百二十五間、窓二十、窓ノ内操貫（巾五尺・高三尺三寸）、窓ト云ハ用水普請之時、岩ヲ堀ニ貫窓ヲ明、石クズヲ捨、其後用水ノ内エ明ヲ取窓トナル故、後窓ト名付。

吉田伊織は二代利長と三代利常に仕えた加賀藩士（禄一〇〇〇石）で、元和期（一六一五

～一二三）から寛永一六年（一六三九）まで郡奉行（江沼・能美郡）を務めた。また、久世徳左衛門は同六年（一六二九）にこの用水の鎮守となった山代神明社の神主となり、その子孫も宝暦六年（一七五六）まで神職を継承した。この神明社は永禄年間（一五五八～六九）に作見城主藤丸新介の創建と伝えられ、寛永二年（一六二五）の用水開通に伴い三代利常から用水の鎮守に仰せつけられた。[11] 当初、これは山代温泉の中心部にあったが、文政六年（一八二三）に勧進場村（山代新村）に遷り、明治期に数社を弊社して市ノ瀬神社となった。なお、山代新村は、市ノ瀬用水の開削や山代新田の新開に当たった村々の二男・三男を中心とした農民が居住した村であるという。

市ノ瀬用水の取入口は別所村地内の大聖寺川右岸にあり、水門の前の二つの大きな岩の間を堰き止めて引水した。この用水はここから二つの隧道を通って別所村に出て、山代・上野・森村を経て二子塚村の辺りで動橋川に落とされた。取入口からすぐに第一隧道（九一《メートル》）があり、そこから六〇〇《メートル》ほど下ると第二隧道（二七一《メートル》）があった。第一隧道には大聖寺川側に九個の上窓、第二隧道にも同じ側に二一個の下窓があり、これは岩山を掘ったとき出てくる石などを捨てた穴で「窓」と呼ばれた。全長は一里三〇町四四間（七二〇七《メートル》）で、灌漑規模は九〇四九石五斗（二三か村）であった。灌漑規模の内訳は、別所村が一六石、河南村が一六〇石、保賀村が四一六石、山代村が一六〇〇石、中代村が七〇〇石、加茂村が六〇〇石、西島村が四〇〇石、星戸村が四〇石、上野村が一六〇石、七日市村が三四〇石、弓波村が三五〇石、二子塚村が三二〇石、森村が一一〇石、津波倉村が九六石、庄村が一〇六三石、桑原村が三四五石、動橋村が七二九石五斗、毛合・川尻村が四三五石、八日市村が二八〇石、中島村が五〇石、勅使村が四〇六石、河原村が二二三石、清水村が一六六石であった。安政三年（一八五六）の「江沼郡中高村名」には七日市村が増七石、桑原村が減四五石、動橋村が増四七〇石五斗、毛合・川尻村が増四三五石、八日市村が減六二石、河原村が増二〇石、清水村が減七〇石と変動して、総計九六五九石（二三か村）となったと記す。[12] つまり、同用水の灌漑規模は、「加賀江沼志稿」の編纂時から一二年後にすでに六〇〇石余も増加していた。また、前記「江沼郡中高村名」には「外ニ中島、高塚、打越、右三ケ村ハ旱《ひでり》之節、用水奉行、御目付十村見分ヲ以水貰申候」とあって、高塚・打越村まで同用水の恩恵を受けていたようだ。

用水を本流から分流する場合には、貫樋や分木によって行われた。「加賀江沼志稿」には「貫樋ト云ハ用水ニ箱樋ヲ伏水ヲ引ヲ云。分木ト云ハ用水ニ土木ヲ伏、切口ニ寸尺ヲ定、水ヲ配分スルヲ云」と貫樋と分木について説明し、麻生貫樋（巾二寸七歩、深三寸）、市谷貫樋（巾三寸二歩、深三寸）、立石貫樋（巾四寸五歩、深三寸七歩）、加茂貫樋（巾四寸、深三寸九歩）、庄貫樋（巾三寸二歩、深同）など貫樋二〇か所と、八幡分木（巾一尺六寸、深四寸五歩）、保賀落シ分木（巾一尺、深七寸五歩）、馬洗分木（巾一尺八寸、深五寸四歩）、七日市分木（巾一尺一寸、深六寸三歩）、大河落シ分木（巾四寸五歩、深三寸七歩）など分木一〇か所を記す[13]。

矢田野用水は矢田野新田の開発を目的に家老の神谷内膳守政が指揮したもので、市ノ瀬用水の第二期工事に続いて延宝七年（一六七九）に完成した。この矢田野用水は途中の小手《こて》ケ谷が難工事であったため、小手ケ谷用水とも呼ばれた。これは横北村領の動橋川右岸に設けた矢田野堰で取り入れ、法皇山の下を廻り、小手ケ谷の堀割を経て中村領の川尻まで二里九町二一間（八八三五メートル）、さらに串村の官道堤まで二三町三〇間（二二六三メートル）、総計二里三二町五一間（一万一〇九八メートル）に及んだ。「加賀江沼志稿」には次のように記す[14]。

　矢田野堰（巾二十二間、高五尺）横北領ニ在（中略）。勅使領岩堀割三十七間（巾六尺）、栄谷領宮ノ辺堀割百五十二間（巾二間、深二間二尺）、同領栗木山堀割百六十五間（巾二間、深二間一尺）、那谷領新川那谷道橋ヨリ小手ケ谷迄堀割三百間（巾二間、深二間一尺）、同領小手ケ谷堀割百七十間（巾七尺、深山ノ絶頂ヨリ水底迄五丈二尺計）、二ツ梨領ヨリ矢田野領築土居八丁五十間、土居敷八間、高四間計（築土居トハ堤ヲ云。堤ハ頂ヲ

水流行スルヲ世俗築土居ト云）、月津領仮屋ノ掛樋築土居二十間（敷八間、高三間）。

すなわち、矢田野用水は勅使村領の法皇山下で堅い岩山の掘割を通り、栄谷村領・那谷村領でも掘割を通り、さらに最大難所である勅使村領の小手ケ谷でも掘割を通った。小手ケ谷掘割は当初掘貫《ほりぬき》にしたものの、それが崩れたため掘割となった。この掘割工事は山の頂から水底まで五丈二尺（一五・八メートル）もあって、しかも突貫工事であったため、当時難工事で知られた。工事頭の庄村善助は藩命の急工事を理由に工事人夫を酷使したため、童謡や伝承でその様子が伝えられた。童謡では「三度まゝくてもこてが谷はいやぢゃ、いやの奉行衆の青竹に」や「上に上奉行下に八小奉行、いやな小手ケ谷の夜普請に」などと歌われ、伝承では「ひくぞのかはをむく」（干糞の皮剥ぎ）と伝えられた。人夫たちは谷と山頂に奉行が青竹を持って見張っていたため、トイレと称して休息をとったものの、やがて役人はトイレまで検査するようになった。そこで、彼らは古い排泄物の外皮を剥ぎ、これが自分のものであることを立証しようとしたという。

延宝七年（一六七九）八月二三日には用水工事が完成し、矢田野の草刈場兼狩場まで水が流れた。この日、勅使村領の宝江山（法皇山）にあった矢田野鎮守では祭礼が行われ、その司祭を大聖寺慈光院が務めた。また、同日の夜には勅使村の神社で相撲と踊りが行われた。この相撲は動橋川を境に東西に分け、大関をとった方に小手ケ谷の測量で使用した御紋付提燈（棒梅鉢紋の提燈）を与えるというもので、高塚村の大仁蔵が大関をとったので、矢田野祭礼に提燈が与えられた。この水請村々は、勅使・那谷・分校・箱宮・二ツ梨・宇谷・栄谷・下粟津・嶋・串・打越・高塚村などであった。ただ、二ツ梨村は「貫樋ニテ稲田ニ灌」で、宇谷・栄谷村は「天然ニ大ニ滴」で、下粟津・嶋村も「滴ニテ稲田ニ灌」で、串村は「貫水」で、打越・高塚村は「滴自然ニ出稲田ニ灌」であった。つまり、宇谷・栄谷・下粟津・嶋・打越・高塚村は用水のこぼれ水を、串村はもらい水を利用することになっていた。もらい水は田植時に利用する余り水を指す。この灌漑規模は明確でないものの、矢田野九か村一八三一石を含んで約七六八〇石であったようだ。ちなみに、貫樋には新川貫樋（巾六寸、高三寸五歩）、柿木貫樋（四寸四方）、八幡平貫樋（三寸四方）、宮田貫樋（五寸四方）、高山貫樋（五寸四方）など一六か所があった。注目したいことは、「滴ニテ灌」「天然ニ大ニ滴」「貰水」などの理由から村々の灌漑草高が定められていなかったことだろう。なお、矢田野新田の村々では、毎年八月二三日の矢田野祭礼の日を休日にして「やしこ祭」（農作業を休むこと）を行った。

鹿ケ端《ししがはな》用水は江戸中期に創設されたものの、その年代は特定できない。寛政六年（一七九四）の「御郡之覚抜書」や「加賀江沼志稿」および「江沼郡中高村名」には「鹿ケ端」と、明治四年（一八七一）の「大聖寺領巨細帳」には「鹿ケ鼻」と記す。この用水は取入口が保賀村領の通称「椎の木」と呼ぶ大聖寺川右岸で、上河崎・下河崎・敷地・岡・上福田村を経て下福田村に至る一里三町七間（約四三二五メートル）の本流と、中代・加茂・作見村を経て弓波村に至る三一町（約三三七九メートル）の分流との全長一里三四町七間（約七七〇四メートル）、灌漑規模六二八三石（一四か村）であった。「加賀江沼志稿」には次のように記す[15]。

鹿ケ端堰（巾十八間草堰）保賀・黒瀬二領ノ間ニ在。下流下福田領江ノ尻ニ至一里三丁七間。保賀仮橋ヨリ分レテ二流トナル（此分レ口ニ分木無之）。弓波領川尻迄三十一丁、又加茂領石堂ヨリ分レテ東北二流トナル。北一流ハ作見・弓波二領稲田ニ灌。作見領九艘橋ニテ弓波川ニ合。東一流ハ加茂領稲田灌、下流弓波領古不田ニテ弓波川ニ合。

すなわち、鹿ケ端用水は途中の中代村と下河崎村で分岐して、一流は加茂・作見・弓波村に至り、一流は大菅波・敷地・岡・上福田・下福田村に至った。灌漑規模の内訳は保賀村が六〇石、小菅波村が二八〇石、大菅波村が三五〇石、上河崎村が八七〇石、下河崎村が二七〇石、敷地村が四〇〇石、岡村が四〇石、上福田村が七四〇石、下福田村が九四〇石、荻生村が八三石、中代村が六七〇石、加茂村が六一〇石、弓波村が四七〇石、作見村が五〇〇石であった。「大聖寺領巨細帳」には下福田村が減一八六石余、上福田村が減一三八石余、敷地村が減五二石余など荻生村以外の村々で灌漑規模が減少したと記す。なお、貫樋には鍋田貫樋（四寸四方）、小森貫樋（四寸四方）、江指貫樋（四寸四方）など五か所、分木には赤子ケ淵分木（巾六尺）、中土木分木（巾六尺）、下ノ土木分木（巾六尺）など八か所があった。

御水戸用水は江戸中期に創設されたものの、その年代は特定できない。「加賀江沼志稿」や「大聖寺領巨細帳」には「御水戸」と、「江沼郡中高村名」には「御水道」と記す。この用水は取入口が河南村領の大聖寺川左岸で、黒瀬・上河崎・下河崎・南江・菅生村を経て山田町領に至る二九町一五間（約三二八八メートル）、灌漑規模一五五四石六斗（六か村）であった。この水流は南江村の住吉で二分し、一流は同村の北側を通り菅生村・山田町領に流れ、いま一流は南側を通り同村背後の水田に流れた。「加賀江沼志稿」には、「御水戸堰（巾二十間草堰）河南ニ在（往昔外御露地ノ池エ此堰ヨリ水ヲ引故名付、今廃水ヲ不引）。下流南江領高橋ニ至二十九丁十五間」と記す[16]。すなわち、御水戸用水は南江村の高橋で三谷川を渡り、山田町領（現大聖寺鉄砲・稗田・田原・南町一帯）に至った。全長二九町一五間は南江村の高橋までの距離であり、そこから山田町領までの距離は含まれていない。御水戸用水の名称は、往昔に用水が大聖寺藩邸の外露地まで続いていたことに起因するという。灌漑規模の内訳は、黒瀬村が七五〇石、上河崎村が五石、下河崎村が一〇石、南江村が五〇〇石、菅生村が二五四石六斗、山田町が三五石であった。「江沼郡中高村名」には菅生村が増三〇石で、「大聖寺領巨細帳」には南江村が減一九石であったと記す。ちなみに、「大聖寺領巨細帳」には、山田町領の草高一七二石と農民一二人を記す。なお、貫樋には松木操貫樋（寸尺定無斧ヲ以操貫）、二升鍋操貫樋、八幡下操貫樋などが、分木には住吉下分木（巾三尺、深五寸）があった。

このほか、兵太郎堰の灌漑規模は塔尾村が三八九石五斗、柏野村が二五〇石など総計六三九石五斗で、開発堰は須谷村が三〇石、水田丸村が三五〇石、上野村が二〇〇石など総計五八〇石余、堀割堰（千貫堰・横北大堰・水田丸大堰）は横北村が六一五石、水田丸村が一五〇石、小坂村が五〇石など総計八一五二石余、勅使堰は勅使村が五九九石余、河原村が二三〇石余、清水村が一六六石余など総計九九五石余、中嶋堰は中嶋村が一二三〇石余、動橋村が二〇〇石、打越村が二〇〇石、高塚村が一〇〇石など総計一七三〇石余であった。兵太郎堰と開発堰の堀貫は、元禄八年（一六九五）八月に塔尾・須谷両村に移住した役人の監督のもと行われた。すなわち、塔尾村では堀貫奉行の河崎弥三太夫・野尻與三左衛門が、須谷村では用水奉行の奥山五右衛門・村山藤左衛門や御目付の中尾元右衛門らが監督にあたった。塔尾開削場（一二〇間＝約三九三メートル）は銀四貫七三〇目で、須谷開削場は銀一貫六五〇目で御用達の加才氏に落札された。また、赤岩堰の灌漑規模は滝村が三五七石、中津原村が一五〇石、菅生谷村が三〇石など総計五三七石であった。これは宝暦九年（一七五九）に用水奉行の橋本雲八・柿沢新左衛門によって設置されたもので、このとき赤岩之堰が撤去された。[17]

大聖寺藩領は大河川や平野が少なく、丘陵地が大部分を占めていたため、それに適した堤・池による灌漑が多かった。領内の村々では日照りの時期に水不足となり、しばしば水争い（水論）が発生した。用水や堤を利用する村々では、川除人足や堤人足を出してそれらを管理運営した。これらの補修工事は、一般的に川普請（用水普請）や堤普請（池普請）と呼ばれた。川除人足は大聖寺川や動橋川の水請村々から草高一〇〇石に付き一〇人、また堤人足は堤の水を利用する山方や浜方の村々から草高一〇〇石に付き三〇人の割合で出された。これらの普請には小規模で村費で行う「自普請」と、大規模で藩費（郡打銀）で行う「御普請」とがあった。[18] 参考までに、大聖寺藩の主要堤を第８表に示す。

第８表　大聖寺藩の主要堤

村　名	堤　　　　名
高　尾	新堤600歩
宮	金九両堤700歩
千崎・大畠	久保山堤700歩、浅黄堤600歩
小塩辻	鞍ケ池3000歩、水溜1500歩、亀河堤900歩、堅田堤600歩
潮　津	琵琶ケ池8000歩、心径堤600歩
野　田	塔ケ池4300歩、同下堤800歩、上野堤900歩
宮　地	新入堤1980歩、新堤1740歩、石上堤650歩
塩　浜	水溜1800歩、賀津季堤700歩、治屋不山堤600歩
柴　山	下堤700歩
佐　美	大堤2500歩
敷　地	荒屋谷堤850歩、馬渡堤660歩
大菅波	長谷堤600歩
作　見	大堤1470歩、中堤750歩
冨　塚	東大堤2500歩
分　校	大堤7800歩、横山堤1500歩
松　山	孫谷堤780歩
宇　谷	大谷堤816歩
那　谷	菅生谷堤1050歩
串	瀬上ミ堤1683歩、同所堤1480歩、堀出堤1720歩、往還端堤1050歩、小沢堤1050歩
嶋	大堤4387歩、西ノ沢堤1173歩
下粟津	頭無堤1500歩
二ツ梨	殿様堤4387歩、蒲西ノ沢堤1173歩
戸　津	守宮堤1520歩、大谷堤920歩、生水ケ谷堤800歩
林	大堤2000歩
細　坪	白鳥谷堤950歩、濁堤800歩、笹尾谷堤650歩
右	鎌ケ谷堤960歩
三　ツ	木南天大堤613歩
荻　生	大堤670歩
別　所	大堤1000歩
中　田	大谷上堤960歩、大谷下堤850歩
長谷田	若宮堤1250歩、下谷堤650歩
上　原	丑谷堤600歩
上　野	池ノ谷新堤840歩、椎木堤720歩

※「加賀江沼志稿」により作成。広さ600歩以上のものを記載。

片野大池は、延宝六年（一六七八）二月に堀貫工事が竣工された。天明四年（一七八四）の「秘要雑集」には、「片野大池の水を、村むこう勘定が谷へ掘貫きの普請は、魚屋長兵衛といふ者、三貫八百五十目に請負うて出来。是延宝六年二月の事なり」と記す。片野村の前山と砂山とは若干の距離があって、両山の間を大池から流れる小川が日本海へと流れていた。その後、この小川は飛砂によって埋められ大池の水量が増加したため、前山を堀貫して村向いの勘定ケ谷に流す計画が立てられた。大聖寺町の魚屋長兵衛はこの堀貫工事を三貫八五〇目で請負い、延宝六年二月に長さ八九間（約一六一メートル）の掘貫が落成した。[19]

また、庄村の荒芝稲荷堤は、天保三年（一八三二）秋頃に竣工された。同三年の「庄村荒芝稲荷堤記」には、「扨上野も様子受仕、貫樋乃水半分分て庄へやる水ニ相成申、則才許平兵衛より方下役当村村役人立合貫樋ニ分木を伏、当村半分庄水を分てやる事ニなる。扨荒芝ゟ此水を取ニは畠を掘割て水を廻し候、廻し内荒芝高四拾六石之処貫樋之水を掛、夜者堤江水を溜候へハ願之内半日水掛候、堤ゟ下之江川江所之田ゟもれ水落合、村之辺ニ而ハ大分の水ニなる。村之北之方七日市村領境三百石之処、是迄水廻し（後略）」と記す。[20] 庄村は領内の穀倉地帯に位置しながら、水利にあまり恵まれず、旱魃のときいつも水田に亀裂ができた。市ノ瀬用水からの分水も、大川落しに近い花立まで来ると僅かとなり、水門の高さに及ばぬほどになった。そのため、庄村の人々はもっと上流の二子塚・七日市村の取入口と並んで取入口を設置したいと望んだものの、どの村も話し合いに応じてくれなかった。庄村の肝煎吉右衛門は天保二年（一八三一）三月に組付十村の山代新村平兵衛を通して藩に堤の構築を願い出た。これに対し、藩は用水奉行二人と普請奉行を派遣し、同二年秋、同三年春、同三年秋の三期に分けて用水・築堤工事を実施した。これは市ノ瀬用水の水を上野・森村から貫樋と分木で引いたもので、荒芝四六石を含む三〇〇石余の水田を灌水したという。ちなみに、この庄貫樋は巾三寸五歩、深三寸五歩で、上野村領に設置されていた。なお、堤名は庄村の稲荷社に由来したという。

註

（1）日本学士院編『明治前日本土木史』（臨川書店）二六九～二七二頁および菊池利夫『新田開発・上巻』（古今書院）一三三頁。大規模な水田造成には河川氾濫の抑止が不可欠であり、築堤、曲流の修正、遊水池の設置などが行われた。この治水工事は江戸全期を通じて全国的に盛行したが、ことに前期に大規模なものがみられた。江戸前期には中小河川の上中流に堰を設け、そこから水路を延々と引き廻らす長距離用水路工事法が一般化し、それによって多量の水田が造成された。新田開発に従事する者は一般農民であるが、開発計画の立案、領主への開発申請、資金の投入など開発を推進したのは開発主導者であった。その主導者別開発類型には、土豪開発新田・村請新田・百姓個人請新田・町人請負新田・百姓寄合新田・藩営新田・藩士知行新田・代官見立新田などがあった。村請新田は肝煎（名主・庄屋）・村役人以下村民の総意を集めて、村として新田開発を立案・申請、推進したもので、江戸中期以降に一般化した。町人請負新田は資金のある町人が土地開発に資金を投じ、開発後に新田地主となって小作料を取得するもので、江戸前期に最も一般的なものであった。藩営新田は藩が主導して開発地を定め、入村農民に鍬下年季、農具料・夫食・種代貸与などの特典を与え、開発を推進させたもので、津軽・加賀・長州・肥後藩などが著名であった（『国史大辞典7』吉川弘文館、八八六～八八八頁）。

（2）『加賀藩史料・第貳編』（清文堂）七三六～七三八頁および『富山県史・通史編Ⅲ』（富山県）一一二九～一一三九頁。加賀藩では天保期末から山地・野毛・無地・論地・空地などの開墾も推進したものの、地主が反対して成功しなかった（『日本林制史資料・金沢藩』（臨川書店）五三一～五三二頁）。

（3）前掲『富山県史・通史編Ⅲ』一一一一～一一二四頁。越中国では、江戸前期に大河川から用水を引いて新田の開発が行われた。黒部川水系では㭊山用水・入善用水・青木用水・三ケ用水などが、常願寺川水系では秋ケ島用水・高野用水・三郷用水・広田用水・針原用水などが、神通川水系では牛ケ首用水・奥田新用水・杉原用水などが、庄川水系では芹谷野用水・山田野用水などが知られた。これらの中で、牛ケ首用水は最も規模が大きく、婦負郡北西部から射水郡東部にまたがる湿地帯の水田化に役立った。これは寛永元年（一六二四）八月に鍬初めが行われ、同九年（一六三二）にほぼ完成し、古田一万八九二七石余、先開畑直し二五二六石余、当畑直し・新開共四四二〇石余、都合二万五六七五石余を灌漑した（『同書』一〇三八～一〇四八頁）。

（4）『加賀市史料一』（加賀市立図書館）三七～三七頁、『大聖寺藩史』（大聖寺藩史編纂会）四五一～四五三頁、前掲『富山県史・史料編Ⅴ』六二四頁および「加能越三箇国高物成帳」（金沢市立玉川図書館）。正保三年（一六四六）の「郷村高辻帳」には、江沼郡那谷村の本高一一四八石九升、新田高一二一石七斗が三代利常の養老地であったと記す（前掲『加賀市史料一』三七頁）。

（5）前掲『加賀市史料二』四六～四七頁、五七～五八頁、前掲『大聖寺藩史』四五六～四六二頁、前掲『加賀市資料五』三五七～三五八頁および『加賀市史・資料編第一巻』（加賀市史編纂委員会）一二六頁。貞享三年（一六八六）の覚には、正保三年（一六四六）の新田高五六一七石七升、寛文四年（一六六四）のそれ一万一八六六石七斗五升を記す（前掲『加賀市史料一』三八頁）。

（6）前掲『加賀市史料一』六二～六三頁

（7）前掲『加賀市史料五』一六一頁

（8）前掲『加賀市史・資料編第一巻』二二八～二二九頁、前掲『加賀市史料一』五八頁および『江沼郡誌』（江沼郡役所）七三二頁。「秘要雑集」には、延宝七年（一六七九）に矢田野新田の測量者が広橋五太夫であったと記す（『秘要雑集』石川県図書館協会、一頁）。新田村は開発当初、関係古村の支配にあったものの、やがて村役人を置き、神社を勧請して、行政上の独立村となった。新田入村農民は少数の指導層を除き、一般的に周辺古村の下層農民や二・三男であって、新田入村によって一人前の存在となる場合が多かった。なお、原田村は明治三四年（一九〇一）に、袖野村は同三六年（一九〇三）に廃村となった。

（9）拙編『宗山遺稿』（ホクト印刷）一三～一七頁。九代鹿野小四郎は、平床村で田畑一〇町歩、伊切村で畑地七町歩をはじめ、新保・笹原・潮津・中島など七二か村で田畑を開発したという（前掲『宗山遺稿』）。

（10）前掲『加賀市史・資料編第一巻』二四七～二五〇頁。「日記頭書」の寛文五年（一六六五）の条には「一、一ノ瀬用水出来、長サ五十間深サ四尺堀抜、六月也」と記すものの、「長サ五十間」は脱落または誤写であろう（前掲『加賀市史料六』五八頁）。

（11）『国事雑抄・中編』（石川県図書館協会）六六二～六六三頁および前掲『大聖寺藩史』四九～五〇頁

（12）前掲『加賀市史料一』一二一頁

（13）前掲『加賀市史・資料編第一巻』二四八～二五〇頁

（14）『右同』二五三～二五五頁および二二八～二二九頁

（15）『右同』二五一～二五二頁

（16）『右同』二五〇頁

（17）前掲『加賀市史料一』一二一～一二三頁および前掲『大聖寺藩史』一二三頁

（18）前掲『加賀市史料五』一六二頁。川除普請では石と竹材（唐竹）が主材料となったが、安政四年（一八五七）二月には御用竹材二万七二一〇本を山代御藪から伐採した。なお、御城山北麓の向御藪では、同年三月から四月にかけて作事所が竹の子に印札を立てて管理していた（仮題「作事所日記」加賀市教育委員会蔵）。

一、向御藪笋番所出来ニ付、中川氏御見廻り御座候（三月十四日）

一、向御藪竹子為御見分安井氏御出役有之処、拾三本生候ニ付、印札六拾五番迄御立被候旨御通達有之（三月廿五日）
一、向御藪へ早崎氏御見廻り被成候、新笋弐拾八本生シ候由、印札弐百拾三番ゟ四拾番迄御指被成候段御通達有之（四月八日）
一、向御藪竹子為御見分安井氏御見廻り有之処、拾四本生シ候ニ付、印札三百壱番ゟ三百拾四番迄御立置之旨御通達有之（四月廿日）

(19) 前掲『秘要雑集』一九頁。弘化三年（一八四六）の「聖藩年譜草稿」には、「延宝六年戊午四月片野大池西の方山掘貫出来。長九十二間。掘貫の普請は魚屋長兵衛と云者三貫八百五十目に請負出来也」と記す（『大聖寺藩史談』石川県図書館協会、四頁）。
(20) 拙編『大聖寺藩の町有文書』（北野印刷）二四〇～二四三頁

第五章　大聖寺新田藩について

一　大聖寺新田藩の成立

領主や旗本の領地は江戸幕府から一代限りに封与されるもので、領地の相続は法律上できなかったが、被相続人の幕府への願い出によって、領主の子孫がその領分を継承相続することが許可された。この単独相続とは別に分割相続、すなわち諸子などへの分知も願い出によって許可される場合があった。たとえば、備中岡山藩（三一万五〇〇〇石）の池田光政は、寛文一二年（一六七二）六月に長男綱政に家督を譲るとともに、次男政言《まさこと》に新田二万五〇〇〇石を、三男輝録《てるとし》に新田一万五〇〇〇石をそれぞれ分知したい旨を、大老酒井雅楽を通じて願い出て許可された。分知には別御朱印頂戴の分知と別御朱印頂戴無き分知（内分知）とがあった。この分知は江戸前期に相当数あり、同後期には稀だった。領主や旗本は、領内の新田開発により新田高が一万石に達した場合、それを分知して支藩を創設することがあった。こうした新田分知により分家した藩を一般に新田藩と称した。

まず、諸藩の新田藩を第1表に示す。新田の新田分知の形態には、①具体的な領地を指定して分知する場合、②領地を指定して分与するが、そこからの収入は本家から蔵米で支給する場合、③分与する領地を指定せず、収入のみを本家から支給する場合などがあった。具体的には、①に大垣新田藩・松江新田藩など、②に秋田新田藩・大聖寺新田藩・津山新田藩など、③に米沢新田藩・彦根新田藩・広島新田藩などが属した。いずれの場合においても、分藩の領地は新田高として本来の領地である本田高と区別され、分藩が本藩を相続するなどして、改易され分知領が本藩に返されても本藩の表高は変化しなかった。ただ、転封の多い譜代大名や旗本の場合は、特に手続きもなく分藩の領地が本田高として扱われることがあった。新田藩は通常大名や旗本と同様に扱われてたが、その領地の政治は多く本藩に

第１表　諸藩の新田藩

本藩名	成立時期	在藩期間	血縁関係	石　高	支配機構	備　　　考
白　河	元禄元年(1688)	76	藩主子	20000	○	別名桑折藩
秋　田	元禄14年(1701)	170	藩主弟	20000	○	別名岩崎藩、江戸定府
秋　田	元禄14年(1701)	31	藩主甥	10000	×	
米　沢	享保４年(1719)	52	藩主弟	10000	×	
大多喜	慶安４年(1651)	8	藩主弟	16000	×	
甲　府	宝永６年(1709)	15	藩主子	10000	×	江戸定府
甲　府	宝永６年(1709)	15	藩主子	10000	×	江戸定府
大聖寺	元禄５年(1692)	18	藩主弟	10000	△	←親加賀藩、江戸定府
大　垣	元禄元年(1688)	181	藩主弟	10000	○	別名畑村藩、江戸定府
彦　根	正徳４年(1714)	20	藩主子	10000	×	
姫　路	明和７年(1770)	47	藩主子	10000	×	江戸定府
鳥　取	貞享２年(1685)	184	藩主弟	25000	○	別名鹿野藩、西館
鳥　取	元禄13年(1700)	170	藩主弟	15000	○	別名若桜藩、東館
松　江	元禄14年(1701)	3	藩主弟	10000	×	
津　山	延宝４年(1676)	21	藩主弟	15000	○	播磨国三ケ月藩へ
岡　山	寛文12年(1672)	199	藩主弟	25000	×	別名生坂藩
岡　山	寛文12年(1672)	199	藩主弟	15000	○	別名鴨方藩
広　島	享保15年(1730)	139	藩主弟	30000	△	内証分家
長　府	承応２年(1653)	218	藩主叔父	10000	○	別名清末藩←親萩藩
富　田	延宝６年(1678)	49	藩主子	50000	○	別名富田藩←親徳島藩
松　山	享保５年(1720)	45	藩主子	10000	×	
高　知	安永９年(1780)	90	藩主姻戚	13000	△	江戸定府
平　戸	元禄２年(1689)	181	藩主弟	10000	○	別名平戸館山藩
熊　本	寛文６年(1666)	203	藩主弟	35000	○	別名高瀬藩、江戸定府
小　倉	寛文11年(1671)	200	藩主子	10000	△	別名千束藩

※『徳川実紀』『寛政重修諸家譜』『大日本近世史料』『藩史大事典』などにより作成。支配機構の○は整備、×は未整備、△は一部整備を示す。

依存して独自の治積が残ることは稀であった。一方で、松江新田藩や小倉新田藩のように本藩の藩主の後見を勤める者もいた。新田藩は長く継続する場合は、新田藩の名称を使用せず、多くが個別の藩名を使用した。なお、幕末まで存続した新田藩は、明治維新に際し独自の陣屋を設けたり、本藩に吸収されたりしたため、維新後に新田藩と称される藩は存在しなかった[1]。

大聖寺新田藩の藩祖利昌は、大聖寺藩主の二代利明の四男、三代利直の弟で、貞享元年（一六八四）一一月一五日に江戸で慈願院（正室）から生まれ、同三年一一月に御髪直を行った。通称は掃部・采女で、元禄五年（一六九二）七月九日に九歳で領内所々の新田一万石を利直から分与せられ、諸侯をもって遇せられた。三代利直の襲封と弟利昌への分知について、「政隣記」には次のように記す[2]。

七月九日、内記利直君四時前田日向守殿御同道御登城被成候様、前日之御奉書今日御出之処、利明公御遺領七万石、内記様御拝領、御舎弟采女利昌殿江新田一万石御相続被仰出。依之御前にも御老中方並牧野備後守殿・柳沢出羽守殿江御勤。

十二日内記様御家督御礼被仰上、被致飛騨守に。

右のように、三代利直は元禄五年七月九日に二代利明の遺領七万を襲封するとともに、弟利昌に新田一万石を分与した。同七年七月朔日には初御目見が許可され、同九年四月には三代利直が上野火消役、利昌が呉服橋舛形御番を命じられた。このとき、津田与市右衛門は呉服橋舛形御番の番頭、山川彦右衛門は番人を務め、同年九月一四日にそれぞれ給知が増額された。同一四年（一七〇一）には、三〇〇〇石の旗本町野酒丞が何かの罪で利昌の許に預けられ、宝永元年（一七〇四）五月二〇日に大聖寺城下で病死した。御預け人の塩詰め遺骸は六月一一日に幕府の役人によって検使されたのち、全昌寺裏山の墓地に葬られた[3]。藩祖利昌は江戸定府であったため、参勤交代を実施することはなかった。利昌は初め江戸藩邸がなく、母の慈眼院とともに大聖寺藩邸中屋敷（下谷池之端七軒町、四六四一坪）に居住していたが、元禄一六年八月一〇日に茅町（二万石旧那須遠江守の屋敷）と板橋に屋敷を拝領した。茅町の屋敷は邸内がかなり広く、日頃三〇人ほどの家臣が生活していた[4]。ちなみに、刃傷事件の直後に利昌が自粛したときは、目付田中十左衛門、添役笠間助市・竹内源兵衛、足軽一三人、小人一八人が守衛に当たっていた。その後、この屋敷は二月二一日に至って内藤図書の居邸とするため幕府の役人に引き渡された。また、大聖寺城下の屋敷は、当初大聖寺城下北西の荻生村にあったが、のちに城下新町の毫摂寺跡に移された。これは利昌の死後に取り払われ、藩士の居住地となり、その後采女屋敷と呼ばれた。このように、大聖寺新田藩の成立期間はわずか一八年間で、また政治機構が整備していなかったため、その治積はほとんど明確ではない。

ところで、小塩辻村の十村鹿野文兵衛が宝永四年（一七〇七）に記録した「御用留書」（仮題）には、采女領の十村について次のように記す[5]。

一、宝永元甲申年四月廿九日、殿様（利直公）於江戸表御暇被進候由、五月六日寅ノ刻御飛脚到来、則六月十一日巳ノ刻江戸表御発駕東海道、同廿三日巳上刻大聖寺御着、但元禄五年壬申年七月九日御家督相続ヨリ十三ケ年ニ而御入部

一、右御入部御飛脚到来ニ付、即刻十村共江被仰聞、翌七日御目付十村山代村安右衛門・右村新四郎、組付十村小塩辻村文兵衛・保賀村宗左衛門・月津村八郎右衛門・山中村伊右衛門・大聖寺町平野屋五兵衛、采女様冨塚村次兵衛・小分校村半助、以上九人為御祝御老中様・御勘定頭様・御郡奉行前川宇右衛門様・山川佐右衛門様、御郡御目付田辺貞右衛門様・斎藤四兵衛様相勤ル

一、六月十九日十村共献上之御肴相究り被仰渡、御目付十村両人者刺鯖五刺充、折長弐尺横壱尺壱寸二重くり檜

木也、組付十村五人者鰍筋五本宛、折長弐尺七寸横壱尺五寸高七寸ニ重くり檜木、何茂ニ而小松求之、采女様十村者御肴之事不叶

一、御着廿三日十村共献上之御肴并御郡肴於役所取揃江、御郡方之御肴者肝煎六人ニかかせ、十村共御肴者一番文兵衛・二番宗左衛門・三番八郎右衛門・四番伊右衛門・五番五兵衛、役義先後之列ニ任せ、自身持之御仮屋外記様御屋敷御式台ニ居置目録ニ而上ル

一、十村共御国境一里塚より上細呂木村領窪畠之向之方、奥谷村ばんだ窪之畠之内道より弐間程退キ、上之方ニ采女様十村両人、次ニ弐間程隔て組付十村五人、亦弐間程隔て下口ニ御目付十村両人、何茂三組共ニ古役之者次第ニ下ノ方ニ並居御禮申上ル

采女領の十村二人は宝永元年六月二三日の三代利直の初入部に際し、奥谷村の御国境一里塚(南側半分は福井藩領)近くで家老・御用人・勘定頭・算用場奉行・郡奉行・同目付や目付十村二人・組付十村五人などとともに藩主を出迎えた。このとき、彼らは御国境一里塚近くの奥谷村「ばんだ窪畠之内」に各二間離れて、采女様十村二人・組付十村五人・目付十村二人、郡目付・郡奉行・算用場奉行・勘定頭・御用人・家老の順に並んで藩主を迎えた。ただ、目付十村二人は刺鯖五刺、組付十村五人は鰍筋五本を献上したが、采女領の十村二人は御肴の献上を認められなかった。また、目付十村二人・組付十村五人は町年寄・町医や山中村の宿主・肝煎・湯番などとともに、翌年正月三日の年始御礼(御目見)や二月六日の御能興行に招待されたが、采女領の十村二人はそれらを許可されなかった。[6]ともあれ、宝永元年(一七〇四)六月には采女領十村として富塚村次兵衛と分校村半助が置かれており、この頃には荻生・弓波・富塚・分校・矢田野村など采女領一万石の領地(十村支配地)が確定していたものだろう。つまり、大聖寺新田藩でも、廃藩の数年前に至って領地の村々が確定し、加賀藩や本藩に準じた十村制度が成立していた。

また、宝永三年（一七〇六）六月二二日付の覚書にも、采女領一万石の十村支配体制について次のように記す。(7)

覚

一、新田分知之儀最前願之首尾、采女方家来共委細不知故、心得違在之躰ニ候、其品左ニ記之
一、新田とハ、本田之外空地ニ新開、新田村出来之所ヲ新田と申候、大聖寺之義ハ土地狭く左様之所無之候、皆本高之村々ニ付たる僅之新田之取集壱万石余も有之故、新田壱万石分知被相願其通被仰出候得共、采女方へ御朱印被下義も無之、此方高内ニ候
一、右之通、別ニ一円或五、三千石宛も新田・新村有之候得共、村分ニ成申事と、此新田ハ此方領中不残本高之内ニ僅斗宛之新田ニ候故、遂勘定采女方へ相納候義入組候而六ケ敷候付、此方役人共裁許成罷候様ニ内証ニ而村分ケ申付置候、中々公義立たる村分ニ而ハ無之候、其上内分ケ之村皆本高之村ニ候へバ、采女方ゟ支配難成訳ニ候、其子細故此高は郡奉行為致裁許、采女方ニ郡奉行人は無之候、此義ハ兎角本家之了簡次第、蔵米を以成共壱万石之高さへ所務有之上ハ、采女方ニハ事済筈ニ候、然ハ元此方ゟ出たる知行ニて候へバ、諸事本家之通ニ被致筈勿論ニ候、然ル処本高之格を皆当分之入用ニまかせ役人共へ色々申懸候儀、第一采女方家来共了簡悪敷候、間柄之儀候得ば双方宜様ニ可有示談処、他人之格ニ仕成申事不届千万、兄弟之間をもそこなひ申仕方ニ候、此段九左衛門殿ゟ致合点役人共へ急度可申渡旨、委細ニ九左衛門呼立可申聞候也

戌六月　日

藩祖利昌の家来は、采女領となった新田分知について充分に理解していなかった。采女領は、当初支配する村々を定めることなく、村々の新田分を合わせて一万石としたため、幕府から御朱印は与えられなかった。この新田分は村々の本高に含められたもので、これを勘定して采女領へ納めることは大変難しく、采女領の役人が裁許できるよう

内証で村分けをした。しかし、采女領には郡奉行が存在しないこともあって、采女領の村々を管理することが難しく、本家の了簡次第、蔵米一万石をもって采女領の収入とした。すなわち、采女領はすべて本家の知行であり、諸事を本家の通りにすべきであるところを、当分の入用を本高格に準ずるものと役人に申懸けるなど、了簡違いをしているので、家老木村九左衛門（四〇〇石）をして新田分について確認させた。

続いて、「御算用場留書」の同年九月二六日条にも、采女領の十村について次のように記す。(8)

一、当一作御用捨切免為御用、当十二日ゟ改作奉行前川宇右衛門・守岡新右衛門、御横目河野丈左衛門・杉山権之助、御郡目付斎藤四兵衛・田辺貞右衛門、目付十村安右衛門・新四郎、組付十村ノ者共罷出、当立毛見分之上面々切免之入札平均、御目付見届相極之帳面、改作奉行ゟ算用場へ出

御損米并用当り仕村数〆弐拾九ケ村

切免高三千三拾九石弐斗四合

同定納口米千五百廿壱石九斗七升四合壱勺

同秋春夫銀壱〆九百拾六匁壱分五厘

右之通帳面相調御用所へ上ル、右切免御用ニ采女様十村治兵衛・半助も罷出入札仕、組付之内小四郎儀ハ煩不罷出

一、采女様御領とも御用捨免被仰付村数六ケ村、定納口米百八拾壱石七斗六升一合五勺

改作奉行前川宇右衛門・守岡新右衛門、御横目河野丈左衛門・杉山権之助、御郡目付斎藤四兵衛・田辺貞右衛門をはじめ、目付十村安右衛門（山代村）・新四郎（右村）、組付十村宗左衛門（保賀村）・平野屋五兵衛（大聖寺町）・伊右衛門（山中村）・五郎右衛門（島村）などは、九月一二日に立毛見分のうえ、一二九か村に対し切免の措置をとった。

すなわち、彼らは切免高とともに定納口米・秋春夫銀などを帳面に記し、御用所に報告した。このとき、采女領の十村富塚村治兵衛と分校村半助も、切免作業に参加していた。注目したいことは、文中に「采女様御領とも御用捨免被仰付村数六ケ村」とあって、采女領の六か村（定納口米一八一石七斗六升一合五勺）でも免切を実施したことだろう。つまり、大聖寺藩領とは別に采女領の村々が定められ、それらを管理する十村二人も置かれていた。ちなみに、采女領の十村二人は、翌年一〇月の立毛免切にも本家の目付十村二人と組付十村四人とともに参加していた(9)。元禄一四年（一七〇一）の「大聖寺領高辻帳」には、「一、前田采女殿分知壱万石者、右飛騨守殿領知之内を以被致収納候」とあるので(10)、この頃采女領の村々はまだ定まっていなかった。宝永六年（一七〇九）に利昌が死去した際には、「采女様領地矢田野一万石」を幕府に返却していたので(11)、その後矢田野九か村分の一八三二石二斗一升三合も采女領に含められたようだ。

最後に、「御算用場留書」の同年九月二八日条には、新田藩の里子について次のように記す(12)。

一、采女様御領弓波村ニ而、同村七右衛門ト申百姓里子、先比寺田ト申田ノ中ゟ判金ノ切レ金目弐匁九分五厘掘出シ指上ニ付而江戸へ被遣候処、両殿様入御披見、江戸ゟ比日御戻シ右拾ひものへ可被下之旨被仰出、改作奉行ゟ則十村治兵衛へ渡ル

右のように、大聖寺新田藩でも、加賀藩や本藩同様に里子制度が実施されていた。里子とは、軽犯罪者あるいはその連類者に科した刑罰の一種で、村方に農業労働者として雇われるもの、人足として官役に服するもの、移住して新開に従事するものなどいろいろあった。注目したいことは、弓波村が采女領に属していたことだろう。ともあれ、大聖寺新田藩でも、宝永元年（一八〇四）六月に至って荻生・弓波・富塚・分校・矢田野村などの領地が確定し、十村制度が整備されていた。

二　采女事件の顛末

宝永六年（一七〇九）二月一六日の早朝、上野寛永寺の塔頭の顕性院において、利昌が大和柳本藩（一万石）の四代藩主織田監物秀親を殺害する采女事件がおこった[13]。その発端は、この年正月一〇日五代将軍綱吉が薨去し、二二日に遺骸が寛永寺に入り、二八日に廟所に移り、二九日から法会が始まった。二月一四日早朝には、朝廷から勅使一人と使者六人が江戸に到着し、同一六日には寛永寺に参向することになっていた。溝口伯耆守重元は勅使の今出川内大臣、大村筑後守純尹《すみまさ》は仙洞使の醍醐大納言と東宮使の小川坊城中納言、佐竹壱岐守義長は女院使の綾小路宰相、前田采女利昌は中宮使の中山参議、織田監物秀親は大准后使の町尻三位と宣命使の平松少納言を接待する馳走人を務めるため、同一三年に伝奏屋敷に入り、一五日夜半から尾張藩の顕性院に詰めていたが、一六日早暁に刃傷となった。溝口伯耆守は新発田藩（五万石）五代重元、大村筑後守は大村藩（朱印高二万七九七三石）五代純尹、佐竹壱岐守は秋田新田藩（二万石）藩祖義長であった。なお、溝口伯耆守の正室は利昌の姉であった。

利昌は公家方を迎えに出た人々が着座したとき、秀親を書院の廊下の隅に呼び、一言二言話すや小刀（備前則光）で秀親の胸を突き、さらに足で蹴返し、左肩や腰を斬った。近習の岡田弥市郎（合力米三〇俵）が変を聞いて駆け付けたのをも、蝋燭の火が暗くて分からなかったのか、他人が己を妨げるものと誤って弥市郎の肩を四、五寸ほど傷つけた。利昌は、その場で切腹しようかと考えたが、家老木村九左衛門の意見で、病気ということにして自邸に帰った。すなわち、利昌は弥市郎と九左衛門に挟まれ顕性院の露地を出て、中川七左衛門が呼び寄せた駕籠に乗り、九左衛門が利昌の馬に跨り、岡田弥市郎・浅井左助・吉田幸七・安達新五左衛門などが随従し、黒門より池之端を通り茅町の屋敷に帰った。途中、無縁坂で給人高橋彦丞をして、このことを兄の利直に報告させた。前記「利昌公織田監物御殺害之終始雑記」には、刃傷後の本藩の対応を次のように記す[14]。

一、夜明候而本多弾正少弼殿、采女様御宅江御見廻被成候、是ハ采女様ト御伯父甥之御続ニ候故也

一、其節采女様江御見廻之御方々様

加賀宰相様　侍二十人　御供之鑓二十本

同若狭守様　侍二十人　御供之鑓二十本

本多信濃守様（御いとこ）　松平長門守様　水野中務少輔様（御姉婿）

石川近江守様（御いとこ）　本多淡路守様（御いとこ）　本多弾正少弼様（御伯父）

本多兵庫守様（御いとこ）　前田帯刀様

一、宰相様ゟ監物殿子息左兵衛殿へ、御悔之御使者六百石村田縫殿右衛門被遣、右之御使者ハ至而心得茂有之事

一、采女様・監物殿御馳走人為代、増山対馬守殿・本多若狭守殿被仰付

一、同十六日九ツ時揃、公方様御成、未刻還御

三代利直は大いに驚き、直ちに加賀藩・富山藩など前田家一族の藩主・重臣に報告させ、家老村井主殿など家臣とともに利昌邸に至った。やがて加賀藩の五代藩主綱紀・吉徳父子をはじめ、重臣の前田帯刀、富山藩主の三代利興《としおき》、同藩主弟の前田利隆（のち四代藩主）、姉婿の水野中務少輔、従兄弟の本多信濃守・石川近江守・本多兵庫頭など前田家一族が次々に駆けつけた。采女事件は浅野内匠頭の刃傷事件と同様に、利昌の切腹、領地の没収、家臣の放浪などを意図していたため、大聖寺新田藩だけでなく前田家一族にとっても大事件であった。三代利直は本藩の藩主で、また利昌の兄でもあり、幕府から外出禁止を命じられたものの、すぐにそれは解禁された。なお、利昌と秀親の役儀

代理は、増山対馬守と本多若狭守が努めた。

同日午刻過ぎに、幕府の大目付松平石見守、目付久留重左衛門・伊勢平八郎などが利昌邸に来て尋問し、夕刻に老中の奉書により利昌の身柄を山城淀藩主（六万石）の石川主殿頭（義孝）邸に移した。利昌は、三代利直をはじめ一族に暇乞の挨拶をし、それより乗物に移り、諸人の見送りを受けて自邸を出た。このとき、利昌の衣服は上が花色の梅鉢御紋、下が浅黄無地の上下に博多帯を身に着けていた。この護送には、石川主殿の家臣名川沢右衛門以下、騎馬の士分四人、徒一〇数人、足軽二〇人、給人一〇人などが乗物を中に高提灯を押立てて当たった。石川主殿の利昌に対する取扱に対し、幕府の老中は次のように返答していた(15)。

一、前田采女殿江拙者対面可致哉之事、勝手次第ニ可被成候

一、何方ゟ茂通路為致間敷哉之事、聞合可被申候

一、朝夕料理之事并昼夜好次第食物出し可申哉之事、附たばこ好候ハバ如何可仕哉之事、食物ハ様々可有之候、見合可被致成候、たばこ之事は先無用ニ候

一、料理望候ハバ出し可申哉之事、先無用ニ候

一、番之侍何程付置可申哉之事、了簡次第ニ可被成候

一、楊子等為遣し苦かる間敷候哉之事、無用ニ可被成候

一、髪結候節はさみ用可申哉之事、曽而無用ニ可被成候

一、病気之節他医之薬用可申哉之事、勝手次第ニ可被成候

一、火事之節退場之事、見合次第ニ可被成候

二月十六日

石川主殿頭

右のように、石川主殿頭の利昌に対する取扱は、懇切丁寧なものであった。一八日未刻に、幕府の横田備中守・牧野伝蔵・伊勢平八郎が石川邸に来て、利昌に対し切腹を命じた。前記「利昌公織田監物御殺害之終始雑記」には、石川邸の切腹場を次のように記す。(16)

一、申刻御切腹、御書院庭ニ畳敷補理ニ候得共、大目付被仰候ハ、浅野内匠頭切腹之場、為大名麁末ニ思召候由、右之通ニ候ハバ、書院之縁側不残毛氈《もうせん》敷、御切腹畳六畳敷、其上紫之ふとん・毛氈・白布段々敷、采女様へ上意之趣不済内ハ、其場白張屏風ニ而不見やうにかこひ置

一、酉刻小嶋長右衛門采女様御前江出、只今大目附方御出、上意之趣可被仰渡との事ニ御座候、御召物等被召替、御仕度被遊候様ニト申上ル、早速御装束被召替、御肌ニ浅黄無垢、御上着花色こくもち、浅黄小紋御上下、右被召替、御手水済候而、御書院溜り之間杉戸ぎわ迄、石川様御番人麻上下、無刀、石川藤右衛門・岡田小太夫・半田又右衛門・浪口時右衛門、右之者共左右ニ奉附罷出、杉戸之内より御徒目附請取申、御床之間ニ而采女様御平伏、上意之趣横田備中守殿被仰渡、伝蔵殿・平八郎殿御書院床之間上之敷居際ニ列居、主殿頭様御床之下ニ御座候、何茂帯剱、其方儀、於東叡山織田監物ヲ殺害、雖以狂、監物相果候ニ付切腹被仰付候右被仰渡、御最期御急キ候得与御挨拶有之者、其儘御目付左右ニ退去、右番人四人へ相渡也、御右之方石川藤右衛門・岡田小太夫、御左之方半田又右衛門・浪口時右衛門、御左右之御袖ニ手ヲ添、御切腹場迄御供申、御直り被遊候ト御左右ニ退去、采女様御前ニ三方合口刀ヲ据、長尾九太夫持参、則合口ヲ御取上ケ、少御頂、御左之脇ニ御突立、四・五寸程御切腹被遊候、尤其儘御介錯ス、御歳二十五歳、御介錯人御徒目付二十歳野田宮五兵衛、御切腹被遊候而御屏風引廻ス、淵田安左衛門・浅井定右衛門

利昌は直ちに書院縁側に設けた場所に就き、三方に載せられた小刀を取りあげ、脇腹に突き立てた。野田甚五衛の

介錯で二六歳の生涯を終えた。利昌の切腹場は、座敷の縁側に毛氈を敷き、その上に畳六畳・布団・白布を重ねた所であった。これは、庭で行われた浅野内匠頭のそれに比べても特別な扱いであった。前記「利昌公織田監物御殺害之終始雑記」には、事件の発生要因を次のように記す(17)。

一、采女様監物及刃傷之意趣不相知、先ハ右之御役被仰付伝奏屋敷へ何茂被相詰候節、御座論又ハ御勤方御申合之儀相違成仕形過言ニ監物殿ニ有之ニ付、旁以采女様御立腹之由風聞也、又御馳走人被仰渡候節、采女様未御近附ニ而無之故、監物殿へ御見廻被遊、折柄在宿ニ而初而書院へ御通り御対面之節、監物殿挨拶ニ其許ハ未ニ歳ぢゃと被申しと也、然ルニ采女様ハ、上座ニいつとても被成御座候故、ケ様成ル儀も心悪敷、其上織田信長之筋ヲ鼻ニかけらしか共、時代ニつく習ひ、第一此儀など共言しなり

この事件の発生原因は、以前からの深い怨恨によるものではなく、接待役になってからであろう。秀親は織田信長の子孫である家系を誇り、利昌を青二才とあなどったので、若い利昌には我慢ができなかったのであろう。一方、名門織田家の家計を誇る秀親は、いつも采女が正式な座席の上席を占めたことを快く思わなかった。殺害の決心は数日前からできたらしく、利昌は家老木村九左衛門に「人をやっつけるには、斬る方がよいか、突く方がよいか」と聞いていた。木村九左衛門は、事件後に足摺をして残念がったという。また、利昌は赤穂事件で浅野内匠頭が吉良上野介を打ち損ねたとき、「私なら一刀のもとに打殺してやるのに」という意味のことを側近に語ったともいう。利昌は優雅でハンサムな青年であったが、腕力が強く、剣道にもすぐれていたという。秀親は貞享四年（一六八七）九月に家督を相続したのち、領内の産業開発を熱心に進めた人物で、体も堂々として力も強く、剣道の達人であったという。ちなみに、「徳川実紀」には「采女利昌狂気して、差添をぬきて監物秀親が後より突てそのまゝはしり出。心地例ならずとて、下部をよび、乗物にのりてかへりたり」と、「柳本藩織田家記録」には「於東叡山前田采女織田監物殺害

仕候、采女乱心と乍申、切腹被仰付候」と、「政隣記」には「右宿坊上野車坂屏風坂之間栄應院に、采女殿・監物殿相談止宿之処、如何之子細に哉、采女殿帯刀を以監物殿を殺害す」と、「一蓬君日記抜書」には「去十六日於東叡山織田監物令殺害、尤雖乱心監物依相果、切腹被仰付者也」とあり[18]、それぞれ幕府や織田家や前田家の立場で記述されていた。幕府や織田家の記録は当然ながら事件の要因を「采女利昌狂気」「采女乱心」などと、前田家の記録では「監物殿を指殺す」「小刀にて喉吭を突貫殺し」などと明記していた。なお、「一蓬君日記抜書」の「雖乱心」（幕府の切腹申渡）は、例え乱心したとしても、監物の命を奪った以上切腹は当然であると解すべきだろう。

大聖寺藩邸では、利昌切腹の通知を受け、一八日夜亥刻過ぎに留守居菅谷平太夫・中沢久兵衛を石川邸に遣わし、遺骸の受け取りを議させた。平太夫・久兵衛は、石川邸において留守居名川沢右衛門の接待を受け、利昌の遺骸を処置した。家老木村九左衛門、用人志村平左衛門・中川七左衛門・渡辺善太夫、大目付深町惣左衛門、留守居安達新五左衛門は直ちに書院に通り、遺骸を乗物に移し、西之門から出た。一九日朝に、利昌の遺骸を下谷広徳寺に葬り、法号を真源院雄鋒紹機居士と称した。利昌の葬儀は、五代将軍綱吉の側室（浄光院）の遺体を上野の寛永寺に入れる日と重なり、急に一八日の夜中に用意し、一九日の朝に行ない、遺骸を土葬した。同日夜に、家老木村九左衛門は家臣藤田十郎右とともに、利昌の墓前で髪を剃り落とし道斉と名乗った。この刃傷事件の報が大聖寺に達したのは、二四日子上刻で、切腹の報は二八日であった。大聖寺表では、浦留三日、店留五日、鳴物・普請などを利直の藩邸出仕まで停止する旨を領民に布告した。利昌には、側室はあったものの、正室はなく、子女もなかった。

註

（1）『国史大辞典7』（吉川弘文館）八八六頁。すでに述べたように、大聖寺藩の石高は正保三年に本高六万四五四九石余、新田高五六一七石余の合計七万一六六石余と、越中国新川郡七か村分四三二石余、寛文四年（一六六四）と貞享元年（一六八四）と元禄一四年（一七〇一）と享保六年（一七二一）に本高七万三三石余、新田高一万一八六六石余の合計八万一九〇〇石余、天保一五年（一八四四）に本高七万五三五三石余、新田高一万三一六石余の合計八万四三〇六石余と増加した。天保一五年の石高は正保三年の石高に比べて一二・二％増加した（『加賀市史料一』加賀市立図書館、『大聖寺藩史』大聖寺藩史編纂会）。

（2）『加賀藩史料・第五編』（清文堂）一七九頁。本文同様に、「徳川実紀」にも次のように記す（『国史大系・徳川実紀第六篇』吉川弘文館、一四七頁）。

七月九日、加賀国大聖寺城主松平飛騨守利明が遺知七万石を、長子内記利直につがしめられ、新田一万石を二子前田采女利昌に分ちあたへらる。この利明は故中納言利常卿が第五の子なり。兄飛騨守利治が嗣子となり。万治二年五月廿六日初見し、十二月廿七日叙爵して大蔵少輔と称し、後に飛騨守と改め、三年七月三日家つぎ、寛文三年十二月廿八日従四位下にのぼり、この五月十三日五十六歳にて卒したるなり。

（3）『大聖寺藩史談』（石川県図書館協会）五頁、前掲『大聖寺藩史』七九～九四頁、『秘要雑集』（石川県図書館協会）二六頁、前掲『加賀市史料六』六四～七三頁、前掲『加賀藩史料・第五編』一七九～一八〇頁、前掲『国史大系・徳川実紀第六篇』一四七頁

（4）「秘要雑集」には、利昌が家臣思いであったことを次のように記す。利昌は茅町の屋敷内に露地を造りたいと考え、家老の木村九左衛門に相談したところ、毎年少しずつ金銀を貯えており、数年後には所要の額になるということであった。五、六年かけて貯えた金銀は金で一三〇～一四〇両ほどになっていたが、時に米価が急下落し人々の生活が困窮したため、利昌は小大名で収入が少ないこと嘆き、その金銀をすべて家臣や下々の者に分け与えた。家臣や下々の者は誰もがこれを辞退しながらも、利昌の強い勧めもあって金銀を受取った（前掲『秘要雑集』二六頁）。なお、大聖寺藩邸の江戸中屋敷には、元禄期（一六八八～一七〇三）に三代利直の家臣が二一人と馬が一五疋、藩祖利昌の家臣が一八人と馬が七疋いた。ちなみに、利昌の家臣（采女様衆）一八人とは、稲垣清左衛門・渡辺善太夫・岡田弥市郎・志村平左衛門・中村彦三・山崎清右衛門・関宇右衛門・岡田権六・永井弥左衛門・三宅弥五郎・水野伝七・山田勘太夫・吉田貞右衛門・吉野政右衛門・近藤平兵衛・小川弥五郎・小倉勘太夫・深町惣左衛門であった（前掲『加賀藩史料・第五編』八三七～八三八頁）。

（5）「鹿野家文書」（加賀市湖城町）

（6）前掲『加賀市史料五』一五～一六頁。宝永四年（一七〇七）の「御用留書」には、同二年の三代利直の参勤について次のように記す（前掲「鹿野家文書」）。

一、殿様御参勤御立三月六日之由二月廿八日被仰渡、三月朔日ヨリ道為作候処、十五日江相延十村共申合十三日道為見分串茶屋迄参ル、道作様之支玉縁抔之大破成所少々繕り盛砂ニ者不及、但敷地・作見・動橋・月津・串茶屋抔村之内ニ者盛砂申付ル

一、酉三月十五日卯之中刻御発駕少々雨降り、十村共小袖着羽織袴ニ而下口御領境迄罷出ル、御領堺川方境目ヨリ六七間上並松ゟ一間退キ御奉行宇右衛門様、但佐治右衛門様御煩ニ而御出無之、夫より四五間上之方ニ両目付四郎兵衛様・貞右衛門様、其次七八間隔上之方ニ御目付十村両人、其次二間斗隔組付十村五人、但十村七人ハ並松より三間斗退キ並居、御通り以後御奉行様御供仕町江罷出惣用様江御慶申上ル

組付十村五人・目付十村二人は宝永二年三月一五日の三代利直の参勤に際し、前年の交代同様に郡奉行・郡目付などともに、小袖に羽織・袴を着用して串茶屋の国境まで見送りしたが、采女様十村二人はそれが許可されなかった。

（7）前掲『加賀市史料五』一八～一九頁

（8）『右同』一九頁

（9）『右同』二三頁

（10）前掲『加賀市史料一』五八頁

（11）前掲『加賀市史料五』七三頁

（12）前掲『加賀市史料五』二〇頁

（13）「利昌公織田監物御殺害之終始雑記」（加賀市立図書館蔵）、『秘要雑集』（石川県図書館協会）、前掲『加賀藩史料・第五編』および前掲『国史大系・徳川実紀第七篇』などを参照。参考までに、「政隣記」の一部を次に記す（前掲『加賀藩史料・第五編』八二一頁）。

同十六日未明之頃、大聖寺侯飛騨守利直公御弟前田采女利昌殿、領一万石、今般依御法会公家衆江戸下向、中宮御使中山宰相殿御馳走人則右采女殿也。大准后御使池尻三位殿御馳走人は、領一万石、和州柳本藩織田監物秀親殿江兼而仰付。右宿坊上野車坂屏風坂之間栄應院（恩恵院の誤り）に、采女殿・監物殿相談止宿之処、如何之子細に哉、采女殿帯刀を以監物殿を指殺す。折節采女殿家老木村九左衛門・同近習者岡田弥市郎助合、采女殿病気与称して、弥市郎肩に掛退き、乗物に舁乗、（此節采女殿過て弥市郎肩に被疵付）清水門を出ると其儘提灯を消し、茅町之采女殿屋敷に帰る。于時卯の時頃、巣鴨之御中邸江従飛騨守様御使者を以、今暁於上野同氏采女儀、織田監物殿を打果し相仕舞致帰宅候。病気之躰に相見候旨御口上に付、辰刻頃御出先本郷御上邸江被為入、飛騨守様御邸、夫より采女殿江も御見廻御対顔、首尾御尋之処、唯迷惑与計御答与云々。暫雖被成御座、織田家より之音信も無之、其内御目付御使番御越に付、御両殿様共御上

邸江御帰。還御以後慈眼院様（采女殿御老母本多下野守殿御女也）江御見廻、未下刻御中邸江御帰館也（後略）。

(14) 前掲「利昌公織田監物御殺害之終始雑記」。「一蓬君日記抜書」の宝永六年二月二四日条には、采女事件の状況を次のように記す（『大聖寺藩の武家文書2』北陸印刷、一九四頁）。

一、同廿四日、子之刻従愚弟以紙面申越、唯今早飛脚到着、今般公家衆御下向、中宮使御馳走前田公、准后使ハ織田監物殿被仰付置、然処当十六日未晩於上野御宿坊、右御両方御列座之処、前田公以小サ刀城門郎中御突、其上二刀ニ而御切殺被成、前田公御近習岡田弥市郎、自御次走出之処、一刀御切候得共、執付御家老木村九左衛門罷出取留、于御駕被為入早速御帰、公者勿論相公様御父子御三人・長州公御駈着之由。大御目付松平石見守殿・中御目付久留十左衛門殿・伊勢平八郎殿御出、石川主殿頭殿江御預之旨被仰渡、御列座公・長州公之由。御乱心哉之由申来。

(15) 「右同」

(16) 「右同」

(17) 「右同」。「前田家雑録」にも、事件の発生原因を「采女殿監物と諸事被申談候処に、あなたは年老故何事も被尋候而被勤候処に、度々だしぬき被申候故、是を遺恨に采女殿思召」と記す（前掲『加賀藩史料・第五編』八一八頁）。

(18) 前掲『国史大系・徳川実紀第七篇』一〇頁、秋永政孝編『柳本藩織田家記録』（自費出版）七八頁、前掲『加賀藩史料・第五編』八一八〜八二三頁、前掲『大聖寺藩の武家文書2』一九五頁

第六章　政治抗争について

一　神谷氏と村井氏

神谷家は加賀藩の名家であった。初代治部元易《もとやす》はもと加賀藩の老臣中川光忠（禄二万一〇〇〇石）の嫡子であったが、父が職を辞して京都に去ったため、叔母の婚家神谷守孝に養育された。治部元易は神谷家の名跡を継ぎ、寛永七年（一六三〇）一一月に三代利常から禄三〇〇〇石を賜った。その後、彼は同一六年（一六三九）に藩祖利治が大聖寺藩を分封したとき、附家老として大聖寺に着任、明暦三年（一六五七）七月二九日に死去した。内膳守政《もりまさ》は寛永一一年（一六三四）に治部元易の嫡子として金沢に生まれ、同一六年に父とともに大聖寺に来住した。内膳守政は明暦三年一一月二日に二四歳で父の禄二五〇〇石を受け、家老となり治部（のち内膳・兵庫）と称した。彼は元禄一四年（一七〇一）に隠居知五〇〇石を賜って、家督を嫡子伊織（のち内膳守応《まもまさ》）に譲り、宝永三年（一七〇六）五月二日に七三歳で没した。その葬式は大聖寺城下の全昌寺で行われたという。内膳守政は二代利明の命により各種の事業を行い、市之瀬用水の大改修、新川の開削、紙屋谷の製紙業、片野大池の掘抜、矢田野用水の開削、大聖寺川の改修、九谷焼の振興、絹織物の奨励、茶の栽培、樫・竹の植栽など多くの功績を残した。なお、実性院裏山の藩侯墓前には、今も内膳守政が奉献した燈籠が建っている。

内膳守応は寛文一一年（一六七一）二月に内膳守政の子として大聖寺に生まれ、元禄一二年（一六九九）に新知三〇〇石を受け、同一四年に父内膳守政の隠居に伴い禄二五〇〇石を受けて家老となった。内膳守応は宝永二年（一七〇五）に大年寄となって実務を離れ、家老を罷免された。さらに、内膳守応は正徳三年（一七一三）八月に江戸からの帰国中に、四代利章から金沢で滞留逼迫を命じられた。その後、彼は同四年七月に赦免、同五年一二月に隠居を命じられ、隠居知五〇〇石を受け、享保二年（一七一七）五月朔日に四七歳で死去した。その子太郎助（のち蔵《くら》人守周《んどもりちか》）は正徳五年一二月に家督を相続し、加賀藩から知行一〇〇〇石を与えられた。内膳守周は享保元年正月に金沢に移り、翌年一二月に守応の隠居知五〇〇石を加増されて一五〇〇石となった。神谷氏の屋敷は大手先（今の加賀市民病院）にあり、東側が小溝を境とし一色五左衛門宅（八五〇石）、斎藤玄碩宅（二〇〇石）、山本新次宅（三〇〇石）に、西側が道路を隔てて藩邸に、南側も道路を隔てて脇田帯刀宅（二〇〇〇石）に、北側が大聖寺川に接していた。下屋敷は現在の下屋敷の蓮光寺の隣にあった[1]。

前記のように、内膳守政は藩祖利治・二代利明・三代利直に仕え、矢田野用水の開削、市の瀬用水の大改修、大聖寺川の改修、農業の保護など殖産興業に大いに尽力した。家老の内膳守政は、民情視察を主目的によく鷹狩りを行ったという。内膳守政の放鷹について、「秘要雑集」には左のように記す[2]。

一、神谷内膳は鷹野に毎度被出。獲物の有無に拘らず、実は為にする処ありての事也。秋に至り風など吹けば、きわめて鷹野に出られ、立毛の様子を見分被致、夜中の風は、其翌朝出仕時刻迄に朝がけに被出、見分被致しと也。稲垣五郎左衛門も当時御用人にて、見分には姿をやつしなどして毎度被出し由。

内膳守政は民情視察を兼ねて、よく領内で鷹狩り（放鷹）を行った。とくに、彼は秋季の収穫時に必ず鷹野を行い、稲作の状態や損毛の有無などを子細に調査したという。また、内膳守政は藩士の破廉恥な行動に対し、藩主に計らず独断で処刑する度量の持ち主でもあった。内膳守政の独断について、「一蓬君日記抜書」には次のように記す[3]。

一、正月晦日、久津見甚七嫡子次郎兵衛悪事露顕、亥之刻搦取。

一、二月二日、久津見次郎兵衛朋友之腰物拵之金ヲ盗事実正。因茲親甚七依願今夜刎首。其節両組頭駒沢・高橋彼宅江行見分也。

内膳守政は元禄九年（一六九六）に久津見甚七の倅次郎兵衛が友人の刀の鎺《はばき》を盗んだとき、三代利直が在府中であったため、独断で次郎兵衛を死罪に処した。もちろん、藩士の断罪は藩主が直裁するもので、いかなる権臣であってもそれを実施することはできなかった。彼は三代利直が五代将軍綱吉の奥詰を努めており、生類憐みの令に縛られ厳刑の出来ないことを見通していた。この報告を受けた三代利直は、内膳守政の専断を「僣上至極之沙汰也」と叱責したという。さらに、内膳守政は農民の年貢減額願を許可せず、郡奉行のアドバイスにも耳を傾けようとしなかった。内膳守政の裁断について、「秘要雑集」には左のように記す。(4)

一、児玉仁右衛門（隠居して怡源と云）郡奉行勤る時分、一年不作にて免切願ひける時、御寄合所詮議にて免切有之。御聞届なく、立てり免にて是程切免可仕と被仰渡候故、切免左様の儀にては不参といふ。併上にも御難渋にて遂に夫に直ぐなり、弥立てり免に被仰付候処、当年皆済に至り甚六ケ敷、跡へも先へも事落着せず。御目付よりも言上あり、夫故御寄合にも無拠追て御貸米出たり。是は御郡奉行へ相談なく、員数を上にて極めて仰渡されし由。御郡奉行先づ難有段申上る。扨其翌年作食甚六ケ敷、一向食餌無之、農事に取懸りがたく騒動になり、事によらば百姓乱も無覚束位。仍て又増作食として、是亦御寄合にて高を極め、又突きかけて出でたり。御郡奉行難有旨御請は申し、扨其上にて児玉仁右衛門御役儀御断申上る。其時神谷内膳巨擘たり。依之御小姓組の処御馬廻組に被仰付、御役儀願に依て御免也。其時仁右衛門内膳へ申すは、御手前様には上の御為に不相成御勤方、是まで御入魂之私に候得共、以後不得貴意と申す。是より絶交也。至極心易く咄合被申由の処、途中にて時宜合もなし。或時福田橋の上にて逢被申所、内膳は駕籠にて被参、やがて下乗ありしに、仁右衛門は顔を見て一向会釈もせず通る。依之内膳も下乗しながら挨拶もなし。夫より帰り、内膳直に使者を以て仁右衛門方へ申入らるるは、先刻は久々にて見請候、御無事の様子珍重に候。扨互に入魂の中、御役儀の意地に於てケ様に不通致候事に候得共、年月も相立ち、御自分別に深き心も無之は、以後初の通り心易く致度と也。依之仁右衛門も年月立ち、別に深き事もなく、是より中直りしと也。是三ケ年目也。

郡奉行の児玉仁右衛門は内膳守政の政治判断を不当として、役儀を辞職するとともに親交を絶った。三年後に、内膳守政は福田橋の上で仁右衛門と出会ったとき、仁右衛門は知らぬふりをして通過した。内膳守政は帰宅するや家臣を仁右衛門宅に遣わして、昔日の交際に復したいことを伝えさせたという。仁右衛門は刀・槍・鳥銃の技術に優れ、兵学にも詳しい人物であったという。続いて、内膳守政は藩士の困窮に際し、その拝借金を藩主に言上した。その拝借金の言上について、「秘要雑集」には左のように記す。(5)

一、中沢久兵衛・深町治左衛門・山本新蔵・河野三左衛門四人御馬廻頭たり。一年御家中甚困窮に付、年暮に至り詮方なく困窮人借用金を願ふ。不得止事組頭より訴訟すれ共、御寄合聞届られず。退きて示談あるに、成程御上にも逼迫の事なれば、同役にて示談分れ一決せず。然る時久兵衛と治左衛門は、十七人の組子の難渋捨置れずと、此両人強ひて相願ふ。此時神谷内膳、扨々各くどき事を繰返し被申事也。此節御上の逼迫中々左様の処にて無之、所詮不相成儀と申切らる。並居る両人、中沢が深町の方を寄向ひ、治左は覚悟めされたかと云。治左衛門元より也と、両人共に着たる肩衣を引放したる顔色勢ひ唯事と見えず。御寄合中一統興さめたり。神谷取敢へず、各左迄の事とも不存、暫く扣られよかし、唯今御前へ可相伺とて直に立たる。両人此言を聞て、其儘にてまじろぎもせず居たるに、間もなく内膳下りて、各願之通被仰出となり。

ある年、藩士一統は大いに困窮し、その年末に至って拝借金を藩に願い出たものの、許可されなかった。そのため、馬廻頭の中沢久兵衛・深町治左衛門両人は、組下十数人の困窮をみるに忍びず、再び内膳守政に願い出た。これに対し、内膳守政は「近時、藩の財政が逼迫に逼迫を重ね、到底藩士の願意に応える余地なし」と述べ、それを認めなかった。そこで、両人は自ら出資して組下の困窮者に付与することを計画した。これに対し、内膳守政は左様のような堅い決意ならば、改めて藩主に藩士の拝借金願を言上したという。ともあれ、彼は「秘要雑集」に「今日は治部殿被参候と案内す。さすれば町内子供迄も鳴りを鎮め、静に居候由」と記すように、[6]一代の器量人であったようだ。

第１表　神谷家の略系譜

名　前	生存期間	経　　歴
治部元易	年代不詳 ～ 明暦３年(1657)	加賀藩士の中川大隅光忠の子。寛永16年(1639) 附家老に就任（3000石）。通称治部。諱之尚、守勝。
内膳守政	寛永11年(1634) ～ 宝永３年(1706)	明暦３年（1657）家老に就任（3000石）。元禄14年（1701）家老を辞任（隠居知500石）。通称又助、治部、内膳、兵庫。
内膳守応	寛文11年(1671) ～ 享保２年(1717)	元禄14年（1701）家老に就任（2500石）。宝永２年（1705）家老を辞任（隠居知500石）。通称源蔵、伊織、外記、内膳。諱守応、守行。
蔵人守周	宝永元年(1704) ～ 明和４年(1767)	正徳５年（1715）家督を相続（1000石）。人持。享保元年（1716）隠居知500石を加増。通称太郎助、蔵人。諱守周。

※「神谷系譜」『大聖寺藩史』『秘要雑集』などにより作成。

内膳守政は三代利直の治世になってから次第に敬遠され、元禄一四年（一七〇一）七月二五日に隠居を命じられた。つまり、三代利直はライバルの村井主殿《とのも》を重用して、祖父以来三代に亘る老臣を引退させた。「一蓬君日記抜書」の元禄一四年八月一三日の条には、「当六日内膳殿願之通隠居、知行三千石之内二千五百石伊織殿相続、五百石隠居知被仰付、思召有之故分知被成之旨被仰渡」と記す。[7]隠居知五〇〇石は、神谷家の禄三〇〇〇石の中から削除することを前提に与えられたものであった。事実、この五〇〇石は内膳守政の死後に収公され、嫡子伊織（のち内膳守応）からは二五〇〇石となったままで、三〇〇〇石には戻らなかった。内膳守応は元禄一四年八月二八日に三代利直に御太刀一腰・綿一〇把・干鯛一箱・昆布一箱・御馬一匹を、奥様に干鯛一箱・御樽代二〇〇匹を、母親（慈眼院）に昆布一箱・御樽代二〇〇匹を、采女様と宰相様（綱紀）に御太刀・馬代を、長門様（利興）に鰍筋五懸を、奥様に六歌仙全部一箱を献上した。また、内膳守政は同日に三代利直に御脇指（来国俊）一腰・雪村龍之画二幅・干鯛一箱を、母親に千載集全部箱入・昆布一折を、前田公に雲渓筆文珠之画一幅・干鯛一箱を、宰相様と長門様に干鯛一箱を、水野公奥様に雲渓筆文珠之画一幅を献上した。(8) 参考までに、神谷氏の略系譜を第1表に示す。

村井家も、加賀藩創設当初の老臣村井豊後守長頼の家系であった。長頼は弘治二年（一五五六）より藩祖利家に仕え、とくに天正一二年（一五八四）の末森合戦で戦功をあげ、文禄元年（一五九二）に禄一万一二〇〇石余を賜り、慶長一〇年（一六〇五）に死去した。藩祖利家は別に四〇〇〇石を長頼に与え、前領を嫡子長次に譲与させた。長頼の弟理兵衛は二代利長に仕えて禄二〇〇石を受け、寛永一六年（一六三九）に藩祖利治が大聖寺藩を分封したとき、小姓として藩祖利治に仕えた。左近の二男三淑も藩祖利治に仕え、君側に侍して名を主殿（初代主殿）と改めた。初代主殿は藩祖利治の晩年に家老となり、二代利明の治世にも禄一〇〇〇石の家老を努めて、寛文一一年（一六七一）に死去した。初代主殿には子がなかったので、妹の子宮井覚太郎が養子となって同じく主殿（二代主殿）を名乗った。二代主殿は禄三〇〇石をもって二代利明に仕え、三代利直にも禄一一〇〇石の家老として仕え、宝永七年（一七一〇）二月二七日に切腹を命じられた。村井氏の屋敷は八間道から仲丁（仲町）に及ぶ広大なもので、西側が土田源之丞宅（三〇〇石）に接し、南側が片原町を境としていた。(9)

二代主殿は「政隣記」などに「利直君御寵臣御家老村井主殿殿」と記すように、三代利直から特別待遇を受けた。二代主殿の人物像について、「秘要雑集」には左のように記す。(10)

一、村井主殿は万治の比分限帳に、五百石にて村井角太夫と云後なるべし。加増して千百石に至り、御家老に被仰付、冷泉家に入門して和歌をよくし且能書なり。冷泉卿主殿は歌よむ事は下手なり、書に於ては大いによろしと御称美に預りしとなん。地下人にて下手也とも、此御家の御評判に預かること珍敷事の由。又武芸にては正智流の槍術鍛錬也。此人鑓術の聞書ありて、書物類師匠へ返るとき聞書も其内に有之、それが伝りて深町源

第２表　村井家の略系譜

名前	生存期間	経歴
初代主殿	年代不詳 ～ 寛文11年（1671）	加賀藩士の村井豊後守長頼の弟理兵衛孫三淑。藩祖利治の晩年、家老に就任（1000石）。通称三淑、主殿介、主殿。
２代主殿	年代不詳 ～ 宝永７年（1710）	初代主殿の妹の子宮井覚太夫。３代利直の治世（元禄末）、家老に就任（1100石）。宝永７年（1710）切腹。通称覚太夫、主殿。

※「大聖寺村井家記」『大聖寺藩史』『秘要雑集』などにより作成。

兵衛先生の時吾にも見せられて是を見たり。定て今に深町家に有べし。此槍術より工夫して、雉突にて雉をつく事を考へ、多く得物ありといふ。常に奢侈甚敷、寒夜の時分は年の若き婦人を横に臥させ、是が腹へ自分の足をあてて寝られしとなん。婦人は暖気なるものなればなり。其婦人当四丁町の者にて、長生して其咄をしたりとて、我等の幼少なる時直ぐに聞くと云ものに聞けり。是を主殿どのの火ばこと皆人いひたるとなん。

二代主殿は生まれつき怜悧《れいり》で、槍術（正智流）や和歌・茶湯に優れた教養人でもあった。和歌は京都の冷泉家に入門し、歌よりもその書を高く評価された。とくに、茶道の造詣が深く、たびたび茶会を催し、三代利直に茶を差し上げ、茶杓を自分で作るほどであった。二代主殿の茶道について、「一蓬君日記抜書」には左のように記す。(11)

一、元禄十一戊寅年四月十四日、於御下屋敷村井氏御茶被上。
一、元禄十二巳卯年五月廿五日、従昼主殿殿ニ而伊織殿招請、二汁七菜、床飾色々嶋台出、一座酒過ス。河野氏・原氏・杉谷氏・愚、勝手堀氏・中尾氏・中村氏。

二代主殿は元禄一一年（一六九八）四月一四日に江戸の下屋敷で茶会を催し、三代利直を招待した。また、彼は翌年五月二五日に自宅で茶会と酒宴を催し、内膳守応を招待した。ただ、「一蓬君日記抜書」には「一、元禄十三庚辰年三月十九日、従昼内膳殿江応招行、楫原氏・斉藤氏・山川氏、料理・茶・菓子段々出」などともみえ、内膳守応もまた茶会や酒宴をよく催した。内膳守応は同書に「伊織殿手前ニ而濃茶」とあって、濃茶の手前に精通していた[12]。ともあれ、二代主殿は出世するにつれて、贅沢な生活を楽しみ、自分に迎合するグループを重用し、私曲を行うようになった。彼は何よりも君寵になれて自らを戒めることを忘れたため、やがて没落の一路を辿ることになった。参考までに、村井氏の略系譜を第2表に示す。

二　村井主殿事件

神谷内膳守応は元禄一四年（一七〇一）の内膳守政の隠居処置に対し、内心不満をもちながらも、藩内家老の随一として職務についていた。神谷家の禄高は、減知後でも他の家老に比べて二倍以上であった。ところが、内膳守応は宝永二年（一七〇五）一二月に村井主殿の陰謀によって、家老職を免ぜられ「大年寄」を申し付けられた。「一蓬君日記抜書」の宝永二年一二月一〇日の条には、「神谷外史大年寄御家老之上座可仕旨被仰出、御用筋式日之詰列判可指除由、御屋敷表向火消被仰出、且又御直書被成下之旨也」と記す[13]。年寄は家老の意味であるから、大年寄は家老の主席すなわち「家老上座」といい、名誉職に過ぎなかった。その内実は家老の月当番を免除し、藩邸が火事でも出仕に及ばずということで、全く政治から遠ざけられた。この策略に対し、内膳守応はもちろん、生駒・山崎・一色らの家老も大いに憤慨したものの、誰も二代主殿の勢威を恐れて反対の意を示さなかった。

二代主殿は内膳守政・内膳守応親子のほか、梶原左太夫・松原嘉藤次・高橋十郎左衛門なども政治から退けた。梶原左太夫と松原嘉藤次について、「秘要雑集」には次のように記す[14]。

一、円通公御代の梶原左太夫、御用人を勤む。後に梅軒といふは、此左太夫が事也。松原嘉藤次も御用人にて、江戸詰にて不調法あり、御暇被下罷帰る。左太夫天日迄向ひに出で、貴公も御不仕合の由、某も追付御供可申事と云。松原成程左あるべしと答ふ。間もなく左太夫も御暇被下。全く此等村井主殿所為のよし。

御用人梶原左太夫は槍術に勝れ、梶原流という一派を開いた達人であったようだ。また、御用人松原左太夫は心陰流の剣術の達人であったという。高橋十郎左衛門について、「秘要雑集」には次のように記す(15)。

一、円通公御代、御馬廻頭高橋十郎左衛門御暇被下。此十郎左衛門、初め山鹿素行子兵学一二の門人也。仍て大機公御代延宝五年六月二百五十石に召抱へられ、御馬廻頭迄になさる。御暇の時三ケ条の御咎を御用番宅にて申渡さる。一々に付詳に申譯を立つ。興さめてけるとなん。其時如此申譯を相立候事、御家執心がましく候得共、聊左にあらず。他へ出て奉公かせぎ申すに疵付き申すにより、不敬ながら申開き候と也。各一言もなかりしとなり。其後亀井隠岐守殿へ奉仕する。今に其家ありと也（中略）。円通公も常に御用ひの思召也といへども、漸く近侍の衆中に讒せられ、御如才なく如此場へ至りしと。

高橋十郎左衛門は延宝五年（一六七七）に二五〇石で二代利明に仕えて御馬廻頭となり、山鹿流の兵学者でもあったが、三代利直の治世に内膳守応から罷免された。その後、十左衛門は津和野藩主の亀井隠岐守に仕えたが、彼の大聖寺藩時代の弟子は小判三〇枚を集めて津和野のまで持って行ったという。彼は生活に困らないことを述べ、それを鄭重に断ったという。

こうした情勢のなかで、宝永七年（一七一〇）二月に村井主殿をはじめ、グループをなす村井派が一挙に切腹や追放を命じられる大事件が勃発した。上席家老神谷内膳守応、御目付南部五兵次、御用人原孫助・山本新蔵は、二月一四日に登城した村井主殿を頭番所に同道して、藩主利直の上意書を手渡した。その状況について、「一蓬君日記抜書」には左のように記す(16)。

一、二月十四日巳之刻、主殿儀重々不届就有之、佐分舎人方江御預被成之旨、於御用所外史丈被申渡、如大法脇刺取之、人持詰所江被押籠、詰人野尻軍右衛門・林九郎次郎・猪俣丹六郎・水野儀太夫・山川金左衛門・坂井数右衛門六人被仰付之旨、外史丈御申渡。巳之下刻、従御用所之口乗物ニ而主殿出、右六人其外御目付歩行足軽数十人、前後左右打囲、佐分氏裏門ヨリ入、暫書院人置、依好而湯漬出之。其宅八畳之間、浴所厠出来。右八畳之間江押籠、六人相詰也。国澤・愚（野尻）者以前留守居役相勤候之条、御預ケ者之格可有存知之間、万端指図可仕之旨、外史丈御聞也。未之刻、国澤並詰人江料理出、未之下刻、山本新蔵・原孫助・御目付堀三郎左衛門、御尋之条々御紙面持参、則被致御請書。歩行番人被仰付、佐分家指交之、右六人相渡退出、其趣御用所江出座相達。

二代主殿はすぐに人持詰所に押し込められ、野尻軍右衛門ら五人が警戒し、間もなく家老佐分舎人方に護送・拘禁された。藩では藩士の総出仕を命じ、二月一四日に藩主自筆の布告を読み上げて一般に周知させた。その布告について、「前田家雑録」「秘要雑集」には左のように記す。[17]

一、村井主殿儀、何茂如存知筋目を思ひ、近年段々取立召仕候処、恩を忘奢を極め、役儀の権威を以、家中の面々を致無礼、悪心法外之仕方、第一代々の格式等無窺我儘に致替、大法を乱、気随之働。依之已に同意之者は宜様に申成、不相応之役儀を申付、後用金等迄悉取出し、剰職に不似合遊者迄に遣捨、家作に至迄世間不憚仕方、兼々雖達内聴、家老職申付置者に候故、遂日心附候而慎候様に成置候得共、聊其旨もなく奢に長じ、弥増之悪行日々に重り、吾等勝手方は不及言、家中下々に至迄奉公難相勤躰に致成し、領分の者共却而上を恨様に相成、大逆無道之段相聞候。依不得止事佐分舎人江預之候。家中之者共此上相心得、料簡違無之様可致事。

村井主殿　千五百石　　佐分舎人方へ

主殿妻女　　山本太郎左衛門方へ

主殿せがれ　村田六郎右衛門方へ
主　殿　娘　山崎権丞方へ
石黒市郎右衛門　東野安右衛門方へ
西尾喜左衛門　柴山清太夫方へ
広瀬源左衛門　安達数馬方へ
西　尾　妻　慶　徳　寺　へ
石　黒　妻　新右衛門方へ
広　瀬　妻　権　太　夫　方　へ

右之外遠慮之人々、権太夫・與一右衛門・新右衛門・太郎左衛門・與左衛門・十兵衛・久兵衛・六郎右衛門、此面々苗字不知也。

二代主殿は恩を忘れて贅沢を極め、役儀を笠に着て家中の人々を無視し、格式を考えず気侭に同調者を重用し、後用金まで持出し遊興に消費した。このままでは領民までが藩主を恨むようになるので捨て置けず、家老佐分舎人に預けたようだ。二代主殿の妻・伜・娘、石黒市郎右衛門、西尾喜左衛門、広瀬源左衛門、石黒以下三人の妻もそれぞれ藩士方や本町の慶徳寺に預けられ、ほかに八人が近親関係で遠慮（自宅謹慎）を命じられた。権太夫は岡崎権太夫（広瀬源左衛門の弟）、與一右衛門は津田與一右衛門（広瀬源左衛門の弟）、新右衛門は青山新右衛門、太郎左衛門は山本太郎左衛門、與左衛門は内田與左衛門、十兵衛は宮井十兵衛（主殿の弟）、久兵衛は中沢久兵衛（主殿の姪聟）、六右衛門は村井六右衛門（主殿の姉聟）のことであった。山本太郎左衛門と村井氏との関係や、青山新右衛門と石黒氏との姻戚関係は明確でない。青山氏に石黒氏の妻を山本氏に二代主殿の妻を預けられたためという。

右のように、三代利直は家臣を召して布告するとともに、加賀藩の指令を仰ぐため、神谷内膳守応を直ちに金沢に派遣した。内膳守応は二月一四日に発足、一五日に金沢城に登城して、三代利直の言葉「諸事家老に任置候得者、如此之儀出来仕候。私不調法の至に候。主殿儀、先佐分舎人江預置候。此上は諸事申付様如何可仕哉、御指図可被下と被仰進也」を伝え、加賀藩主五代綱紀から今後の処置を仰いだ。[18]翌日、五代綱紀は二代主殿に切腹、石黒・広瀬に打首を命じた。三代利直はなお不安だったのか、二月二六日に至って内膳守応に命じ物頭以上に三人の刑について諮問させた。「一蓬君日記抜書」には、「一、二月廿七日、昨廿六日村井・石黒・広瀬三人之罪御書付一紙充、於御用所外史丈御渡、物頭以上、如何可被仰付哉入札可仕之旨被仰出、愚申上趣、三人共重罪ト奉存候、乍然刑之軽重被仰付品、不及愚意難申上之由」と記す。[19]その結果、三代利直は二月二七日に直筆の布告を発したうえで、次のように処分を断行した。[20]

一、村井主殿儀、就極罪其科に応じ仕置雖為言付者、重き役儀相勤候者故、金沢表江も及内談、其上家中之者共存念も相尋候処、吾等思意同事に候得共、職分に免じ、佐分舎人於宅切腹させ候。何も此旨相心得、組之者共江も可申聞之者也。

二月廿七日

一、千百石村井主殿切腹、介錯人武山豊蔵也。後富岡と姓を改む。富岡源内の先祖也。
一、二百石御用人石黒市郎右衛門は東野瀬兵衛宅にて打首、押足軽成田藤右衛門麻上下にて首を打つ。
一、百五十石会所奉行広瀬源右衛門は安達数馬宅にて打首、押足軽高友権兵衛麻上下にて首を打つ。
一、八十石西尾喜左衛門は柴山清太夫方へ御預之処、越前方へ御追放、家財闕所、同武兵衛・津之丞も御追放。
一、百石宮井十兵衛、七十石村田六郎右衛門、五十石津田與右衛門、此三人御追放。

一、百石内田八右衛門、四百石内田織部、百五十石内田與左衛門、七十石久津見清八、右四人御暇被下、三ケ国御構、家御取上げ道具は被下。
一、小原武左衛門・山田與三太夫・松本仙平、此三人御扶持放さる。西尾武兵衛・西尾伴丞・石黒平七、足軽杉本清右衛門、此四人御追放。
一、杉本新七は籠舎被仰付候処、同廿七日籠屋にて御成敗被仰付。同男子同所にて御成敗。新七弟又八は越前へ御追放。
一、主殿倅覚太夫（于時七歳也）は村田六郎右衛門宅にて切腹、介錯宮村宇兵衛（嘉太夫先祖）。
一、手塚與左衛門・中村伝七・佐藤與三右衛門・小泉善兵衛・藤井弥左衛門・近藤文左衛門・脇田忠兵衛・加藤金右衛門・佐藤與兵衛・藤井権右衛門・脇田理右衛門・野崎覚之丞・手塚與三兵衛、此十三人御暇、三ケ国並江戸御構。

右のように、二代主殿は切腹、御用人石黒市郎右衛門、会所奉行広瀬源左衛門の二人は打首、西尾喜左衛門は越前国に追放、家財闕所、宮井十兵衛・村田六郎右衛門・津田與右衛門の三人は追放、内田八右衛門・内田織部・内田與左衛門・津久見清八の四人は御暇、小原武左衛門・山田與三太夫・松平仙平の三人は扶持放れ、西尾武兵衛・西尾伴丞・石黒平七・足軽杉本清右衛門の四人は追放、手塚與左衛門・中村伝七・佐藤與三右衛門ら一三人は御暇、二代主殿倅覚太夫は切腹となった。このほか、石黒市郎右衛門の甥の清水伊右衛門兄弟も越前吉崎村に追放された。清水兄弟は石黒の妹が清水太左衛門（一〇〇石）に嫁ぎ、生まれた子であったという。兄伊右衛門は越前吉崎村で船乗りとなり、赦免後に再び大聖寺に帰り、京町で煙草商を営み、弟は吉崎本光寺の住職になったという。

ところで、二代主殿や石黒・広瀬などは、いかなる罪科をもって処断されたのだろか。「神谷文書」「前田雑録」

「秘要雑集」「一蓬君日記抜書」などには、それぞれ罪科について記す。次に、「神谷文書」収載の一部を示す[21]。

一、元禄の末より利直公新家老村井主殿と云者在。（三百石より千石に至）出頭、度々御加増右の通、御仕置任我意とす。然れども守政・守応依為同役不任其意。依て讒言し、御家老役被指除、御大老之名に而諸事御用不相勤、朔望等出仕之刻、御礼申上次第即刻可退との儀、都て御殿の容子諸事守応江御隠密之趣也。如此にて主殿御仕置任我意。此節主殿同役生駒源五兵衛・山崎権丞・一色五左衛門雖有之、主殿の位を恐れて万事主殿に任。主殿江戸に相詰る内、御用金と申立、従微妙公御配分被進置、過分之御後用金、江戸より大聖寺役人中江申越、御金取寄私用に遣捨。御勝手御難渋申立、京都江金為才覚罷越、一万両出来之内千両余大聖寺江指越、残金遊楽に仕捨。仍ては御借金多、御勝手方被及御難渋、其上御領分諸民何と無く不治。依之守応江御懇之御意を以、御仕置御用被仰付、御勝手ひしと御指問に付、御後用金之儀同役生駒等江茂相尋（前々より御格にて、御後用金入之土蔵不限、諸道具不残帳面調、御家老方に指置、御用之品被仰出次第指上、御印を請）之処、先格と違、当時は大方は主殿一人の捌之様に相成、前々之通帳面有之ながら、とくと難知由に付、生駒等申談御後用金改之処、過分之御用金一向無之候。并於京都主殿才覚金、両様主殿手前御詮議。御後用金入之御土蔵奉行石黒市郎右衛門・広瀬源左衛門申談、御後用金江戸表江取寄。払方一向覚無之。尤帳面も無之。於京致才覚一万両の御金之内千両は大聖寺江指越、御家中手形有之、九千両の払一向無之、申分無之也。仍て佐分舎人江主殿被預置。

二代主殿は藩祖利治が父利常から配分された後用金（予備金）を江戸に送らせ、勝手に吉原などで消費した。そのうえ、主殿は京都で藩が借入れた一万両のうち、九〇〇〇両を島原で三五日間に使い果たした。石黒は目付役として京都に同行しながら、目付どころか主殿と一緒に遊興し、広瀬は後用金を保管する土蔵奉行でありながら、二代主殿に同調してその消費を助けた責任を問われた。その他の人々は村井家の親戚縁者か、仕事のうえ深い関係にある者で、村井一類といえる人々であった。こうした濫費が発覚しなかったのは、家老山崎権丞・生駒源五兵衛・一色五左衛門らが後用金入用のときに認印を押さず、二代主殿が一人で勝手に捌いていたためであった。これは前年秋から暮まで工事をした際に、費用が予定より高額にすぎるため奉行を取調べたところ、二代主殿の命により銀子過分に書き上げたことが発覚した。このとき、京都の不法濫費も発覚したという。

三　神谷守応の退藩

四代利章は正徳三年（一七一三）八月一五日に江戸を発足し、二五日に金沢の旅宿（本陣）浅野屋に到着したのち、金沢城に出向き就封の挨拶を行い、二六日夜に金沢を発し、二七日早朝に大聖寺に帰着した。このとき、上席家老の内膳守応は、四代利章の意により大聖寺に帰らず、金沢に留まるように命じられた[22]。その状況について、「神谷文書」には左のように記す[23]。

御自分儀、役儀御断之趣、備後守様より被及御内談候。依之役儀被指除候。ケ様に同役之面々初、違逆被仕候儀、却而備後守様御為不可然、不調法千万被思召候。先逼塞被仕可被罷在旨御意に候。備後守様直に御発駕被成候故、於此方被仰渡候様被成度旨に付而、委細被遂示談、只今申渡候様被仰出候。此上御尋之儀可有之候間、先御当地被罷在候様被仰出候。左候へば被罷在候所、可相渡候間、其内は旅宿に被為逼塞、穏便被罷在可然候。

内膳守応は八月二六日に金沢の旅宿で御用番の書面によって、金沢城の越後屋敷への出頭を命じられた。そこで、彼は前田美作守・奥村伊予守・横山監物・奥村内記・前田修理・本多図書・玉井勘解由などが列座するなかで、御用番の奥村内記から家老職の免除を言い渡された。神谷家は加賀藩からの附家老であり、大聖寺藩が家老を断ったのだから、元の加賀藩に帰るのは当然であった。加賀藩主五代綱紀は八月一一日江戸を発足し、二〇日に越中国の魚津に宿泊していたとき、大聖寺藩士の不穏な動きに関する報告を聞き、二二日夜に金沢に帰城した。五代綱紀は大聖寺藩の意に添うべきと考えたものの、何の落度によるものか充分把握できず、まずは逼塞を命じたようだ。これ以前、四代利章の江戸発足と同時に、大聖寺城下では藩士らが集合して内膳守応の排斥を協議していた。その状況について、「一蓬君日記抜書」の正徳三年八月の条には次のように記す(24)。

一、八月十五日、従申之刻物頭中岡崎権太夫宅江集ル。其内当番煩、他出之者有之。一席者愚（野尻）・宮部新兵衛・吉田庄市郎・寺西善左衛門・木村八郎左衛門・木村九左衛門七人也。相談之上右同道、戌之刻大井市正宅江行、于彼宅組頭中・御用人安井万兵衛・福嶋軍兵衛、是者神谷氏常々仕形不宜、御家中迷惑、依之一統之趣也。福嶋従御家老中之出言申演。組頭中・物頭中趣意不一和退出、御家老江之返答軍兵衛迄申達。此儀今昼従組頭中之申送、岡崎物頭中江申達。於岡崎氏酉之中刻温飩・吸物・酒出。

一、同十六日、昼岡崎氏・宮部氏来、懸合之料理出ス。従未之刻寺西氏・吉田氏・木村氏（八郎左衛門）・渋谷氏愚宅江集及相談。岡崎氏・寺西氏・渋谷氏、昨夜福嶋氏被相伴、返答旁行謁。

藩士らの不満は、内膳守応を外出禁止にするだけではなかなかおさまらなかった。彼らの中には内膳守応が帰国したとき、敷地の入口で斬殺しようとする者もいた。注目したいことは、内膳守応排斥の集会が岡崎権太夫宅で行われたことだろう。権太夫は内膳守応によって斬殺に処された広瀬源左衛門の弟であった。また、野尻與三左衛門は平生から内膳守応と親交があって、いわゆる神谷党とみられていたが、いまや内膳守応排斥の一人となっていた。

それでは内膳守応排斥の原因は何であったのだろうか。「神谷文書」には「御家中の人々江戸御供往来に、前々より拝借金願、一向返上之儀無之。守応曰、人々数度の御供、勝手つかへ候儀尤也。何年季返上と趣を立可然事也。左無ては役人の筋不立と云」とあり[25]、第一原因は内膳守応が藩から藩士に貸付けた拝借金の返還を強要したためであった。つまり、内膳守応は拝借金の返還を強要し、藩士らは猛烈に反対した。参勤交代時の拝借金は、当然、藩に返還しなければならないものであった。内膳守応は一時に返還できなければ年賦でもよいから、何か方法を考えて必ず返還することを強要したが、他の家老や藩士らは誰一人としてそれに応じなかった。藩士らは藩が財政不足を理由に正徳元年（一七一一）から行った「借知」（借上）に対する不満があって、内膳守応の言になかなか従わなかった。借知は藩士の禄を五割または三割天引きするものであったが、実際は減知であった[26]。

いま一つ、村井党の反撃があった。前述のように、内膳守応排斥の藩士らは岡崎権太夫宅に集合して村井派の糾合を計画しており、中には内膳守応が帰国したら敷地の入口で殺害しようといきまく者もいた。彼らは拝借金で内膳守応の評判が悪いのに乗じ、一気に失地回復にでたようだ。こうした状況のなか、四代利章は金沢城下で一泊して本藩と相談して、内膳守応の安全と大聖寺城下の騒擾を未然に防ぐため、内膳守応を金沢に残すことを決めた。同時に、五代綱紀は内膳守応排斥運動を起こした大聖寺藩士らや監督すべき家老らの責任を問い、同三年九月五日に家老佐分舎人・生駒源五兵衛を越後屋敷に召喚して誓詞を出させた。その状況について、「政隣記」には次のように記す[27]。

一、九月四日、備後守様今暁大聖寺御発駕、今夕御旅宿江御着、暮頃御登城。十月廿二日大聖寺江御帰。但御逗留中度々御御登城。

一、九月五日、佐分舎人・生駒源五兵衛御用有之、越後屋敷江罷出。同九日於同所右両人江誓詞被仰付、安房守・奥村内記並葭田貞右衛門・茨木覚左衛門・大聖寺付御横目脇田久太夫出座。山崎権丞十四日越後屋敷江被召出、安房守・内記出座。翌日誓詞、其節右同断。

一、九月廿八日、大聖寺御家来深町治左衛門・山本宮内・原孫助・寺西善左衛門・宮部新兵衛、御用有之越後屋敷へ被召出、安房守殿・内記殿出座。翌廿九日於同所五人共誓詞被仰付。安房守殿・内記殿被見届。並御横目三人出座如先規。右誓詞後脇田久太夫同道登城、御奥書院御縁頬に列居、五人一緒に御前江被召出、御意有之。安房守披露之。十月二日中沢久兵衛・渋谷勘平・安井万兵衛・吉田庄市郎誓詞之上、御目見同断。

前述のように、五代綱紀は九月五日に家老佐分舎人・生駒源五兵衛を、同月一四日に家老山崎権丞を金沢城の越後屋敷に召喚して誓詞を出させた。次いで、彼は同月二八日に深町治左衛門・山本宮内・原孫助・寺西善左衛門・宮部新兵衛の五人を、一〇月二日に中沢久兵衛・渋谷勘平・安井万兵衛・吉田庄市郎の四人を、同月七日に野尻與三左衛門・高木勘解由・福嶋軍兵衛・林九郎兵衛の四人を、同月一六日に岡崎権太夫・菅谷太夫の二人を越後屋敷に召喚して誓詞を出させた。一〇月七日以降の状況について、「一蓬君日記抜書」には次のように記す[28]。

一、十月六日、昨亥之刻発出、金沢江行。高木勘解由・福嶋軍兵衛・林九郎兵衛同刻発出、巳之刻金沢着。愚宿河原町尾張屋伝兵衛。四人同道、御用番奥村内記江行（布上下）。他出之旨申置、従夫公御旅宅江行、窺御機嫌。及暮而従内記殿四人連名之昼状来、高木氏・福嶋氏他出。予方ニ而返簡相整、来書之趣ハ明日巳之刻越後屋敷迄可致出座之旨也。

一、同七日、巳之刻四人同道越後屋敷江出。御目付茨木覚左衛門案内ニテ相通、於一間列座。本多安房守殿・奥村内記殿出座会釈有之。追而一人別被呼出、被仰聞品有之。又追而人別罷出、誓詞相整退。又追而人別被呼出、被仰聞義有之。御隠密之義故委細不記。右三度之出座、安房守殿・奥村内記殿列座。初座之後一人充於別御請書相整、大聖寺附御横目脇田久太夫助言有之。誓詞宛所安房守殿・近江守殿・美作守殿・伊予守殿始、末筆成瀬内蔵殿迄都而十人。御請書宛所ハ安房守殿・内記殿也。右品畢而本之所着座、右御両人出座、皆々追付可有登城之旨被仰聞也。脇田氏案内登城、於御広間相扣、茨木氏被出向。又自夫芙蓉之間江相通ル。内記殿被出、御目見之席等指図有之。二間此方ニ而脇刺置、内記殿会釈、四人相揃御前江出ル。奥村大聖寺役人共罷之旨言上。相公様（綱紀）段々御意有之、四人稽首。其時奥村何モ御目見御意之趣難有奉存之旨被申上、再拝而退。本多殿・奥村殿被送出、被仰聞趣有之。従夫御用番内記殿江行、今日之首尾難有之旨申述。又従夫公御旅宅江行、今日之趣書付御伝、御城詰宛所ニ而高橋彦之丞江相退出。

五代綱紀は正徳四年（一七一四）三月に至って、本藩の家老前田修理、公事場奉行伊藤平右衛門、御徒頭青地弥四郎の三人を派遣して、大聖寺藩の家中を諭告した。その状況について、「政隣記」には左のように記す。[29]

一、三月十一日、御家老前田修理・公事場奉行伊藤平右衛門、御徒頭青地弥四郎都合三人、備後守様御願に付大聖寺江可被遣旨被仰出、御横目里見孫太夫被加之。御用之品不詳、去年以来士中騒動は、畢竟貧困より起候事に付、此糺断与云々。

一、廿五日於御前、修理江黄金三枚・御羽織二、平右衛門・弥四郎江白銀廿枚・御羽織一宛被下之、廿六日孫太夫江白銀五枚・単袴二具被下之。同日四人発出、修理等三人之於宿、従備後守様以御使者大儀之段被仰含。附修理五月廿一日帰。

ただ、根本的な解決は藩士の窮乏にあったため、藩士を救済しなければ解決にはならなかった。そこで、藩当局は借知去年分は残らず返済、今年分は半分返済、来年分よりは全部返済、また貸付金は年賦無利息にて返済などを定めた。その状況について、「政隣記」には左のように記す。[30]

一、六月四日、青地弥四郎大聖寺より被召呼、翌廿五日御馬廻頭に被仰付、又大聖寺江被遣、奉願名改蔵人に。

七月十日伊藤平右衛門・青地蔵人・里見孫太夫、大聖寺より帰着。翌十一日青地兼役被命。
一、大聖寺諸士令納得候趣、近年諸士中より被借置候知行、去年之分不残御返、今年は簡略之始に付半分御返、来年より全御返。且諸士江御貸置之銀子は年賦を以無利足に返納、江戸御扶持方は増被下。神谷外記は永く金沢に被留置、逼塞被仰付置候処、七月十九日逼塞御免之旨、於越後屋邸年寄中等列座、御月番被仰渡。其節永く被留置候御様子与被申聞。

すなわち、藩当局は正徳四年（一七一四）七月に大聖寺藩士の了解を得て、借知去年分は残らず返済、今年分は半分返済、来年分よりは全部返済、また貸付金は年賦無利息にて返納、江戸在府中の扶持増額などを決め、問題を完全に解決した。なお、参勤交代や遠地出張に備えた「六斗除米制」（一〇〇石に六斗の割合で給料から除く）は、八年後の享保七年（一七二二）から始まった。

内膳守応は逼塞中、近江町の木村屋弥兵衛方、味噌蔵町の大野木舎人屋敷（借家）、松原兵助屋敷（上り屋敷）などに居住して、謹慎の意を表した。その旅宿・屋敷の門には足軽両人が詰めて警戒し、御大小将横目の永原弥平太と茨木覚左衛門が交替で巡廻した。その状況について、「神谷文書」には左のように記す。[31]

正徳三癸巳年八月廿六日、御大小将横目永原弥平太・茨木覚左衛門内一人宛、内膳守応旅宿江見廻り可申候。内膳用事有之候ば可承旨被仰渡也。弥平太見廻の節守応申達候は、御自分様御役儀御座候、御頼申度品有之候、御頼申入候而も苦間敷哉と申入候処、何成共用事可承旨被仰渡候間、可申聞旨に付、備後守様御附物頭笠間源太左衛門まで相達度儀有之旨にて覚書弥平太江相渡。同人請取、入御内覧候処、弥平太より源太左衛門江早速遣可申旨被仰出、大聖寺江飛脚を以遣候由。

内膳守応は正徳四年七月一九日に逼塞を赦免され、同五年九月に加賀藩の家老から越後屋敷で隠居を命じられた。

倅太郎助（のち蔵人守周）は同年一二月に加賀藩の家老から家督相続を命じられ、知行知一〇〇〇石（のち一五〇〇石）を給せられた。このとき、内膳守応は隠居知として五〇〇石を給せられた。太郎助（一三歳）は享保元年（一七一六）正月に金沢に出向き、内膳守応とともに金沢城に登って、年寄衆・家老役列座のもと御用番前田近江守から知行知一〇〇〇石と隠居知五〇〇石を正式に申渡された。内膳守応・太郎助親子は同年二月に味噌蔵町の寺西左平太屋敷（借家）に移り、同月二二日に内膳守応の妻や子供四人（男二人、女二人）もここに引っ越した[32]。なお、「一蓬君日記抜書」には「一、閏二月六日、神谷氏丈家内不残被引越。昼休小松迄小者遣ス。菓子一組送之」とあって、内膳守応一家は正徳六年（一七一六）閏二月六日に金沢に引っ越したという[33]。その後、治部元易・内膳守政およびその母など、先祖一族の墓（遺骨）は、享保元年（一七一六）九月に金沢の野田山に改葬された[34]。

註

(1)「神谷系譜」「飛騨守様系譜」「御系譜」（金沢市立玉川図書館近世史料館蔵）などを参照。なお、江戸後期の「先祖由緒并一類附帳」には「元禄十二年六月被召仕、新知三百被下、御家老役被仰付」とあって、内膳守応はすでに元禄一二年（一六九九）六月に家老となったことを記す（拙編『大聖寺藩の武家文書5』（北陸印刷）四頁）。
(2)『秘要雑集』（石川県図書館協会）三二頁
(3) 前掲『大聖寺藩の武家文書2』一四一頁
(4) 前掲『秘要雑集』四五～四六頁
(5)『右同』三～四頁
(6)『右同』三二頁
(7) 前掲『大聖寺藩の武家文書2』一六八頁
(8)『右同』一六八～一六九頁
(9)「大聖寺村井家記」「村井又兵衛之覚書」「飛騨守様系譜」「御系譜」（金沢市立玉川図書館近世史料館蔵）などを参照。
(10) 前掲『秘要雑集』三頁
(11) 前掲『大聖寺藩の武家文書2』一五二頁、一五六頁
(12)『右同』一六四頁、一六六頁
(13)『右同』一八八頁
(14) 前掲『秘要雑集』一四頁
(15) 前掲『右同』四八～四九頁
(16) 前掲『大聖寺藩の武家文書2』一九八頁
(17) 前掲『加賀藩史料・第五編』八七五～八七六頁および前掲『秘要雑集』四三～四五頁
(18) 前掲『大聖寺藩史』一〇八頁
(19) 前掲『大聖寺藩の武家文書2』一九九頁
(20) 前掲『秘要雑集』四四～四五頁および前掲『加賀藩史料・第五編』八七九～八八一頁

(21) 前掲『大聖寺藩史』一一〇～一一一頁
(22) 前掲『加賀藩史料・第五編』九八六頁および前掲『大聖寺藩の武家文書2』二一一頁
(23) 前掲『大聖寺藩史』一四四頁
(24) 前掲『大聖寺藩の武家文書2』二一一頁。内膳守応の排斥状況について、「政隣記」は左のように記す（前掲『加賀藩史料・第五編』九八六頁）。
正徳三年八月廿日大聖寺之諸士倣訴及騒動之由、御家老生駒源五兵衛より以飛札年寄中江相達、此事起は士中困窮段々及断候処、御家老神谷内膳取次之仕形不可然候。此度備後守様御供仕、追付帰候条、打殺積怨を可開与謀而、此通に而神谷を立置候ば、侍中難御奉公仕之為躰を告ぐ。依而年寄中より以飛脚、相公様御旅中江申上候処、今廿日魚津御泊へ到来達御聴。
(25) 前掲『大聖寺藩史』一四六頁
(26) 三代利直は正徳元年（一七一一）から家中一統半知、小身の者三分の一の借上げを行った。このとき、内膳守応は知行高二五〇〇石中の一九〇〇石を返還し、残り六〇〇石を収納した。さらに、彼は翌年に四代利章の家督相続に際し、その六〇〇石をもって二五〇〇石の時と同様の人馬を揃え役目を果たした。四代利章の父加賀藩主五代綱紀は、内膳守応の忠勤を喜び厚くこれを賞したという（前掲『大聖寺藩史』一五四～一五五頁）。
(27) 前掲『加賀藩史料・第五編』九八七～九八八頁
(28) 前掲『大聖寺藩の武家文書2』二一二～二一三頁
(29) 前掲『加賀藩史料・第六編』八頁および前掲『大聖寺藩の武家文書2』二一四～二一五頁
(30) 前掲『加賀藩史料・第六編』一三頁
(30) 『右同』一三頁。藩士の借知や貸付金の年賦無利息について、「一蓬君日記抜書」は左のように記す（前掲『大聖寺藩の武家文書2』二一六頁）。
一、正徳四年六月廿二日、於御広間御家老方列座、物頭以上江生駒氏被仰出之趣被申渡、巳之年分御借知不残被返下、当暮ハ残知半分御返、従来年全可被返下、拝借金銀来年暮ヨリ段々無利足ニ而上納可仕候。江戸御扶持方茂宜被仰付之由、依之御家老方相勤。
一、七月五日、従先々御代、町方上置御用金銀、或御買返米代指上残銀代、自当暮以年賦可被返下之、御米高会所奉行中紙面御書立、同役江被仰渡。
(31) 前掲『大聖寺藩史』一五一頁
(32) 『右同』一五五頁
(33) 前掲『大聖寺藩の武家文書2』二一八頁
(34) 前掲『大聖寺藩史』一五六～一五七頁

第七章　百姓一揆について

一　正徳一揆

百姓一揆は近世初期の村役人らによる直訴や、近世末期の豪農や商人らを打ちこわす世直し一揆、さらに明治維新以降に起こった農民一揆も含めれば、約二九〇年間に三七〇〇余件が起こった。その原因には、領主の増税や重課役に対する不満、隠田の摘発や入会地の検地に対する不満、専売制度などに対する反対、農村に進出した商人への抵抗、質流地の返還要求、地主・小作人の対立、凶作・飢饉などによる慢性的な生活苦などがあった。その形態には近世前期（一七世紀）の代表越訴型一揆、同中期（一八世紀）の惣百姓一揆、同後期（一八〜一九世紀）の世直し一揆があり、天明・天保期に頻発した世直し一揆が最も多かった。代表越訴型一揆は村役人が村人を代表して年貢の減免、検地・増税や助郷役などに反対し、また代官などの悪政を幕藩領主に愁訴・越訴（直訴）したもので、小規模なものが多かった。惣百姓一揆は領主の年貢の増免、労役・課役の過役に対して、また問屋の統制撤廃や質流地の返還を要求して、全村の農民が名主らを代表として越訴・強訴したもので、大規模なものが多かった。世直し一揆は地主層・貧農層が歩調を合せて年貢減免や国産会所・藩専売制に反対して、藩権力・特権商人の統制・収奪に反対したものと、中小農民層が村役人・豊農・豊商などを襲撃したものに分けられた(1)。

加賀藩の百姓一揆は、加越能三か国で八〇回ほど起こった。すなわち、加賀国では正徳二年（一七一二）の正徳一揆、宝暦五年（一七五五）の金沢騒動、文化五年（一八〇八）の小松騒動、天保七年（一八三六）の本吉騒動など三三回ほどが、越中国では正徳二年（一七一二）の大西騒動、宝暦七年（一七五七）の城端騒動、天明元年（一七八一）の高岡騒動、安政五年（一八五八）の高岡騒動など一五回ほどが、能登国では寛文六年（一六六六）の浦野事件（道閑事件）、天明三年（一七八三）の輪島騒動、文化一〇年（一八一三）の口郡一揆、安政五年（一八五八）の松波騒動など一四回ほどが起こった。[2]大聖寺藩の百姓一揆は加賀藩のそれに比べ極めて少なく、正徳二年（一七一二）の正徳一揆と明治四年（一八七一）の蓑虫一揆を除けば、小規模な村方事件に過ぎなかった。すなわち、同藩では寛文六年（一六六六）の吉崎騒動、宝暦六年（一七五六）の弓波村事件、安永九年（一七八〇）の毛合村事件（一揆未遂事件）、年代不詳の奥山方炭事件、文政一二年（一八二九）の上河崎村事件（豆田高事件）などの小規模な村方事件が起こった。参考までに、大聖寺藩の百姓一揆を第1表に示す。

第1表　大聖寺藩の百姓一揆

	年　　代	地　　域	形　態	出　　典
1	寛文6年(1666)	江沼郡吉崎村	強　訴	聖藩年譜草稿
2	正徳2年(1712)	江沼郡全域	一　揆	加賀藩史料、大聖寺藩史
3	元文元年(1736)	江沼郡大聖寺町	強　訴	大聖寺藩史
4	宝暦6年(1756)	江沼郡弓波村	不　詳	大聖寺藩史
5	明和5年(1768)	江沼郡吉崎村	打　毀	加賀藩史料、大聖寺藩史
6	安永9年(1780)	江沼郡毛合村	未　遂	大聖寺藩史
7	年代不詳(文政期)	江沼郡奥山方	未　遂	大聖寺藩史
8	文政12年(1829)	江沼郡上河崎村	未　遂	聖藩年譜草稿
9	明治4年(1871)	江沼郡全域	一　揆	大聖寺藩史、石川県史

正徳二年（一七一二）八月一〇日、北陸地方に西から暴風が吹き荒れた。加越能三か国では三〇〇〇戸の家々が倒壊し、稲の被害も四〇万石と推定された。このような凶作のとき、領主は立毛見立（見分）といって稲作被害の実態調査をして、年貢を免除したり、免（税率）を引き下げたりすることになっていた。ところが、三か国では一八〇〇余の村々が見立願を出したものの、六〇〇余の村々は調査さえされなかった。[3]

加賀国石川郡では、三三一か村中の二三一か村が見立願を出した。しかし、六二か村は初めから除外され、九〇か村が十村の判断で外された。村々では何度も十村に申し入れ、さらに見立奉行にも大勢で訴えたが埒があかなかった。村々の農民らは九月二四日に金沢城下に入り、金沢城近くの石浦町に集まったが、驚いた十村が彼らを郊外に誘導し、帰村するように説得したため、納得しなかった小農民たちも仕方なく解散した。その後、約四〇か村の農民一五〇人は再び一〇月一三日に金沢城下に出て、金沢城の一部ともいえる御算用場に詰めかけた。彼らは翌日になっても帰村せず、免切（減免）を熱心に願い出たので、改作奉行五人が一万三五〇〇石の御貸米を約束した。大半の農民は夜半に解散し、残っていた村々の肝煎らも、村ごとの御貸米高を記した証文を受け取って帰村した。後日、この強訴で位川村四郎兵衛が死罪、五人が領外追放、一六人が所払《ところばらい》（牢死四人）に処せられた。

越中国砺波郡の大西組の農民約八〇人は、同月一七日夜に医王山を越えて御算用場に免切を願い出た。翌日、藩は足軽や石川・河北両郡の十村たちを集め、初めから弾圧態勢で構え、「必ず年貢を皆済する」と約束するまで、農民たちに半死半生の吟味を加えた。土生《はぶ》新村の農民七人は、最後まで減免要求をしたため投獄された。この御算用場の状況は、その日のうちに医王山を越えて村々に伝わり、農民らを憤慨させた。農民約二〇〇人は大西村の肝煎清兵衛と田中村の肝煎八郎兵衛の呼びかけで、その日の夜に十村の大西村善六宅を襲い、夜明けまで板戸や障子などを打ちこわした。翌年、この打こわしで農民五〇人が手鎖、うち二六人が禁牢、大西村清兵衛・田中村八郎兵衛が自殺、竹内村彦兵衛・土生新村市左衛門が斬首（大西村善六宅の前）に処せられた。さらに、参加した一七か村は、減免とは逆に一歩の過怠免（罰税）を科された。(4)

大聖寺藩の正徳一揆に関する史料には「御用番日記」「政隣記」「大正持領百姓一揆之事」などをはじめ、「聖藩年譜草稿」「一蓬君日記抜書」「江沼郡百姓中免乞」「免乞徴訴記」「土民騒乱記」「農民徴訴記」「那谷寺通夜物語」などがある。(5)まず、「政隣記」の一部を示す。(6)

十月六日大聖寺郡奉行前川宇右衛門（二五〇石）・守岡新右衛門（二〇〇石）、大目付堀三郎左衛門（二〇〇石）、郡目付斉藤四兵衛（七〇石）・那古屋作左衛門（五〇石）、目付十村新四郎・文兵衛、此外十村六人、那谷村辺に

宿し、大風後作毛見立免許之示談有之処に、同夜八時頃百姓共、右止宿之辺江押寄、四方を取巻候に付、郡奉行以下不動院観音堂前江相会之処、左右之山々より人数を下し、礫を以追立、谷奥之菩提村天王寺江追上、翌七日四時過四方を圍有之、八人之十村共散々に逃候処、新四郎一人を捕へ、帯に長細引を付て山より下へ下し、役人中へ之使を為勤候。此間之示談は収納之内四歩を免ずべし与之事に候へども、六歩赦免無之而は難成候。六歩与極り候者人数を引払可申旨、新四郎を以申越候に付、右役人中可任其旨之由返答申遣候処、手形を可受取由申に付、御郡百姓中与一枚手形遣候得者、村々江各一通宛可受取由申越候得ども、此所に而者左様之儀難調由申達候処、各令納得、追而家老中之手形可受取との趣にて、人数引揚之。則即日七日大目付堀三郎左衛門、其所より直に江戸江赴、利章君江言上す。右百姓共那谷村を引払ひ、八日夜中山代村安右衛門、山中村之堀口伊右衛門宅江押寄、家宅を打毀ち、土蔵家財を打潰し乱行す。浜之手江引候百姓は、串之新村茶屋甚四郎家屋を毀ち、土蔵家財を打潰し候而後、村々江引取候。右那谷村を取巻由等、大聖寺江は七日朝相聞え、勘定頭宮部新兵衛（三五〇石）・吉田庄市郎（二〇〇石）、御用人安井萬兵衛・福嶋軍兵衛、大目付渡辺次兵衛、足軽廿人・長柄六十人引連罷越候処、乱民早引取候跡に付、那谷村之者共江参会、一統に大聖寺江罷帰、右那谷村を取巻候趣、金沢江は九日朝告来、御馬廻頭原九左衛門元昭・足軽頭長屋八郎右衛門昌倫を被遣、同夜発足之処、百姓共引取後到着、十三日帰。

大聖寺藩では、九月一八日から大目付の堀三郎左衛門、郡奉行の守岡新右衛門・前川宇右衛門、郡目付斉藤四兵衛、那古屋作左衛門の役人と目付十村の右村新四郎・小塩辻村文兵衛、組付十村の嶋村五郎右衛門・分校村半助・保賀村宗左衛門・山中村清兵衛・大聖寺町平野屋五兵衛・片山津村次郎兵衛らが見立を始めた。しかし、減免はごくわずかであったから、怒りは郡内全域に広がった。ちなみに、九月一九日から一〇月六日までの免切は次のような状況

であった。(7)

一、九月十九日ゟ十月六日迄免切之村数五十八ケ村、古開・新高并矢田野新高共切免米草高

〆四千六百七拾石七斗七升弐合弐勺

此定納口米　〆弐千九十三石弐斗三升壱勺

此両夫銀　〆弐〆六百三十五匁三分六厘

一、右村数之外ニ九ケ村見立村ニ候へ共、当七日之夜那谷村へ方々ゟ百姓共大勢寄集リ、免切之儀ニ付致訴訟ニ付、右九ケ村之分ハ免切不相済

一、外ニ弐拾三ケ村指除村（委細村付之様子ハ免切帳ニ在之）

正徳二年十月十二日

右の減免措置を不満とした農民らは一〇月四日・五日夜に矢田野村の「福原《ふくら》の宮」（現刀何理神社）に集合して、立毛見分の役人を襲い強訴する計画を立てた。一〇月六日の深夜、農民数百人は役人と十村が宿泊していた那谷寺の不動院と那谷村の肝煎権四郎宅を襲い、公用の書類や家財道具を焼いた。役人五人は大功谷近くの三光院に落ちのびたのち、那古屋作左衛門を大聖寺藩邸に派遣して事態を報告させた。翌朝、残り四人は菩提村から那谷村に戻ろうとするところを大功谷の小丘で農民らに包囲され、右村新四郎を中使いにして免切の集団交渉が行われた。往復数度の結果、農民らは「四分は年貢、六分もらい」（六割減免）の証文を役人に書かせた。その証文を左に示す。(8)

今年以之外不作ニ付、御郡方作毛四歩程之御収納ならでハ無之由ニ付、残り六歩ハ御用捨米御願申上候。組々百姓共押立御訴訟申上候段、承り届候。早速願之趣、御算用場江相達可申候。何茂大聖持江右一統ニ御訴訟ニ罷出候義、相止可申旨申ニ付、如此候。

正徳二年十月七日

前川宇右衛門（判）
守岡新右衛門（判）
斉藤四兵衛（判）
堀三郎左衛門（判）
不在合　那古屋作左衛門（判）

御郡惣百姓中

七日朝、大聖寺藩は勘定頭吉田庄市郎・宮部新兵衛、大目付渡辺治兵衛に足軽三〇人を付属させて那谷村に派遣した。彼らは那谷寺の花王院で一揆勢の村肝煎らと交渉したが、その周囲には数千人の農民が参集していたという。ここでも農民らは「四分は年貢、六分もらい」（六割減免）を役人に確約させた。このとき、数人の農民から串村の茶屋問屋や大聖寺町の紙問屋の廃止が要求された。「那谷寺通夜物語」には、「潮津村宗右衛門其外両三人口を揃へて申上るにハ、串村茶問屋をハ何卒御潰し下されませ、此以後の口銭を立させず、私共の勝手次第に茶の売買仕るやうに致したしといふ。又紙屋こうず所の者とも申上るにハ、大聖持の紙問屋をは何とぞ御停止に被成下やうにと口々に申ける」と記す(9)。同夕、農民らは串村の茶問屋甚四郎宅を襲い、家財道具や商品を外へ放り出して燃やした。なお、那古屋作左衛門は那谷寺から山伝いに、滝ケ原・塔尾・柏野・滝・中津原・四十九院・黒谷越・上原（大谷山）・南郷・百々村などを経て藩邸に辿り着き、一揆の様子を御用人に注進したという。

八日朝、各村の肝煎は勅使村の願成寺で評定を行なったが、その周りには数千の農民が待機していたという。彼らは①近年大懸りの与荷奉公人御止、②河嶋六右衛門の時に始まった種物初尾御免、③串茶問屋御免、④大聖寺徳田屋の金沢物紙問屋御免、⑤山代河原屋安右衛門の時に始まった新高の免御免、⑥小沢三郎兵衛が始めた御郡一統の手上免御免などの要求項目を書き、輪の形に村名を列記し印形を捺した傘連判状を作成した。⑥の小沢免は寛文三年(一六六三)以降に実施された手上免に比べて概して少額であり、手上免が実施されたのち再び小沢三郎兵衛が臨時的に増税したものだろう。なお、安政三年(一八五六)の「小沢免・手上ケ免等之覚」(「江沼郡中高村名」収載)には、小沢免が額見・月津・矢田野・高塚・勅使村など一〇二か村に課せられていたと記す。[10]また、誰が詮議されても仲間の名を言わず、入牢者が一人でも出たら村々一人残らず大聖寺城下に馳集り、牢を破って救出し、火を放って攻めること、不参加の村を焼込めにすることなどを申合せた。同夜、農民らは山代村の元目付十村河原屋安右衛門宅を、さらに山中村の元組付十村堀口猪右衛門宅を打ちこわした。後者の原因は猪右衛門が紙問屋の廃止、楮の越前口密売の締り、薪代の値上げなどの要求を藩に取りつがなかったためであったという。

九日昼、農民らが大聖寺町に押寄せて紙問屋兼塩問屋の十村平野屋五兵衛宅、山田町領の肝煎で勅使願成寺の評定に参加しなかった扇子屋三兵衛宅、徳田清兵衛宅などを潰すという風聞がたち町民が避難した。藩は一三日まで城下の入口を警備したが、打ちこわしは起こらなかった。そのほか、領内の裕福な者は家財道具を隠すなどした。同夕、農民らが庄村の餅屋彦右衛門(絹屋)宅や京屋茂左衛門(同)宅、組付十村の小塩辻村鹿野源太郎宅と鹿野文兵衛宅、滝ヶ原村の肝煎善九郎宅などを襲撃する風聞が立ち、郡内が騒然となった。十村鹿野源太郎宅と鹿野文兵衛宅に向かった農民らは、村肝煎らに説得されて解散したという。

大聖寺藩は八日に本藩の加賀藩に、九日に在府中の三代藩主利直のもとに報告の使者を派遣した。加賀藩からは一一日に足軽頭長屋八郎右衛門と馬廻頭原九左衛門が足軽一隊を連れて大聖寺に到着したものの、一揆が終焉していたのでその日のうちに引き返した。その後、大聖寺藩は本藩との協議に基づき、一一月九日になって十村一同を呼出して、「米はあり次第に納めよ、残りは御貸米にする」と申渡した。しかし、農民たちは四分六分という証文に違うとして合点せず、結局はわずかしか上納しなかった。藩は一一月二八日にいたって一万四三八一石余の貸米と、免税二〇〇五石余にするという御触を村々へ出した。村方の不足米は一万一九〇〇石余としていたから、ほぼ要求が受け入れたといえよう。翌年春、藩は首謀者の検挙を行ったものの、その罪名は喧嘩・博奕・親不孝など別件での逮捕で

第２表　正徳一揆の動向

月　日	動　　　向
8月10日	暴風のため田畑被害
8月下旬	農民の減免要求
9月18日	被害調査（上木・永井・瀬越・吉崎・塩屋・蛇嶋） 堀三郎左衛門・前川宇右衛門・守岡新右衛門・斉藤四兵衛 那古屋作左衛門・右村新四郎・小塩辻村文兵衛・小分校村半助 島村五郎右衛門・保賀村宗左衛門・山中村清兵衛・平野屋五兵衛
9月27日	被害調査（山代村泊り）
9月28日	被害調査（庄村泊り）
9月29日	被害調査（片山津村泊り）
10月1日	被害調査（雨天中止）
10月2日	被害調査（雨天中止）
10月3日	被害調査（片山津村泊り）
10月4日	被害調査（島村泊り） 農民100人余が矢田野村の宮に集合
10月5日	被害調査（小分校村泊り） 農民100人余が矢田野村の宮に集合（役人の襲撃を決定）
10月6日	被害調査（那谷村泊り） 権四郎家（守岡・堀・斉藤・那古屋）、不動院（前川） 太郎兵衛家（新四郎・文兵衛）、次郎助家（十村４人・足軽３人） 農民大勢が役人・十村を襲撃（11時過ぎ）
10月7日	農民が守岡・堀・斉藤・新四郎を菩提で拉致→四割年貢を承認 那古屋・十村・足軽が大聖寺に、十村４人が分校村に脱出 勘定頭・大目付・足軽30人が出動→茶問屋・紙問屋の廃止を検討 農民が串村甚四郎家（茶問屋・絹問屋）を襲撃
10月8日	村役人が勅使願成寺に集合→誓約連判証文を作成（庄村吉兵衛） 農民が河原屋安右衛門宅（山代）・堀口猪右衛門宅（山中）を襲撃 農民が鹿野源太郎宅・平野屋五兵衛宅・徳田屋清兵衛宅を襲撃計画 家老が金沢に那谷の状況を報告、福島軍兵衛を派遣
10月9日	堀三郎左衛門が江戸家老の神谷外記に注進のため出発 前田綱紀・前田利章が幕府に報告
10月10日	家老佐分舎人が金沢に出発
10月11日	加賀藩士が大聖寺到着
10月12日	鉄砲足軽など45人が領内を警備（２組）
11月2日	家老・勘定頭・会所奉行が金沢で年貢収納率を決定
11月9日	十村が年貢率を農民に連絡→農民が不承諾
11月28日	御用所の通達→農民が承諾
12月12日	農民が動橋川の鮭小屋（あど小屋）を焼く
翌年春	権四郎が張本人として斬殺 農民13人が喧嘩・博打などの罪名で斬殺、上河崎村小右衛門が牢死 塩問屋・紙問屋・茶問屋・絹問屋などを廃止

※「土民騒乱記」「農民傲訴記」「那谷寺通夜物語」などにより作成

あった。張本人とされた那谷村権四郎も、別件の菩提寺の訴訟で逮捕されたという。[11]

右のように、正徳一揆は大聖寺藩で起こった一揆や打ちこわしのなかで、その参加人員の多かったこと、行動範囲の広大であったことから、最も規模の大きなものであった。参加人数が極めて多かったのは、「山方八〇か村は各家に一人宛、その他は一五～六〇歳の男残らず」と定めて、不参加の村は焼込めにするという強制を伴っていたためであった。また、この一揆はほとんどの百姓一揆が失敗に終わっているのに対して、農民側の成功となっていること、首謀者がついに発覚しなかったほど統制がとれていたこと、農民が常に活動の主体であって、十村は終始藩の側に立ち、村肝煎などは慰撫または傍観的態度であったことなど、真の農民自体の反抗であったことが注目される。村肝煎は山代・山中村の打ちこわしに際し、その現場に駆付けたものの「我々肝煎仲間ハ此河原屋を潰す事ハしらぬ也」といい、傍観的態度をとる者が多かった。さらに、これは大聖寺藩の経済組織であった専売制の塩問屋をはじめ、紙問屋・茶問屋・絹問屋・炭問屋などを廃止させ、その後十数年に亘って生産者から消費者への直接販売が行われたことにも意義があったといえよう。

二　毛合村事件

安永九年（一七八〇）一一月一八日には、毛合村事件（一揆未遂事件）が発覚した。この未遂事件は、同九年に「毛合村一件留帳」として藩の役人によって書留められた。[12]以下、この留帳によって経過をたどってみよう。

この年、稲の生育は初め順調であったが、盆の頃から「こぬか虫」が付いて不作がまぬがれなくなった。そのため、多くの村々が見立願を藩に提出した。藩では、九月一〇日から二二日まで横目の河地千丞・筒井清太夫、目付十村の山中村塚田源兵衛・分校村和田半助、組付十村の保賀村宗左衛門・日末村間兵衛・山代新村平兵衛・小塩辻村小四郎らが見立を行った。しかし、減免の願はかなえられず、代わりに八六か村に対して御救米・奉行才覚米など計五〇〇〇石の給付が申渡された。この額はあまりに少なすぎて、領内農民の困窮は目に見えていた。

一一月一八日、山代新村平兵衛は「ふしぎ成ル状」が近村に廻っていることを知り、その内容に驚いた。それは中代・山代・桂谷・小坂・尾俣・菅生谷・塔尾・柏野など二九か村の名を輪の形に書いた村送り状（廻状）で、「大不作、何共皆済仕候様も無御座候、然ハ廿一日より廿四日迄大正持、奉公口きゝに罷出可申候、左様相心得可申候、若とゝこり村有之候ハバ耳入り可有候、此状早速末々へ相廻し可申候、若々とめ置候ハバ存寄御座候、はやはやはや」と書いてあった(13)。山代新村平兵衛は早速、郡奉行に届けるとともに山中村塚田源兵衛にも知らせた。また、北浜でも前日から同じ風聞が立っていた。郡奉行はその夜のうちに御用所にその旨を届けた。

一九日夜、小塩辻村鹿野小四郎は黒崎・片野・右・福田・細坪・熊坂・曽宇など二七か村に廻った廻状の写と、馬場・佐美・蓑輪・箱宮・二梨・下粟津・嶋など二四か村に廻った廻状の写を郡奉行に届けた。二〇日、勘定頭二人・郡奉行二人・郡横目二人などは、藩邸内の御算用場において対策のための評定を行った。十村らの意見は、「正徳一揆の時は事前に農民の不穏な情勢があったが、今回はそれがみられないので大事にはならないだろう」ということであった。しかし、藩は二一日に月津興宗寺・打越勝光寺・庄勧帰寺・勅使願成寺などの不意の鐘を合図に一斉に蜂起するという風評が入ったので、割場足軽数十人を各村に急派して釣鐘を取り外させた。

二二日、十村らは廻状の廻り順を逆にたどって出所をつきとめたところ、動橋村小走りの所に毛合村長右衛門が投込んだことが判明し、同日に長右衛門を逮捕した。二三日、山中村塚田源兵衛・山代新村平兵衛二人は郡奉行伊東小左衛門宅で彼を尋問したところ、毛合村源六と津波倉村嘉右衛門が張本人であることを白状した。二四日、郡奉行二人・十村五人は詮議場所を御宅役所から御算用場に移し、二三日夜までに逮捕した長右衛門・嘉右衛門・富塚村甚兵衛などを尋問した。二五日午前、中嶋村三右衛門（源六の兄）と源六の妻子が役所に呼び出された。同日夜、逃亡していた源六をはじめ、毛合村武兵衛・同村小走り権右衛門・同村肝煎次郎右衛門・動橋村小走り太郎兵衛らが逮捕された。郡奉行・十村らが彼らを尋問したときの口上書写四通（A・B・C・D）が「毛合村一件留帳」に収載されているので、それを次に示す。(14)

口上書之写［A］

一、今般御郡中当廿一日ゟ廿四日迄大正寺へ奉公口聞ニ罷出候様、若罷出不申ものハ、存入有之との廻文相廻り候ニ付、私所為ニは動橋村・毛合村へ持出し候段、達御聞ニ段々御詮議ニ御座候ニ付申上候

一、私義当十七日大聖寺へ罷出戻り申節、冨塚村出口ニ両人罷出居申而私へ申聞候者、動橋村へ状壱通言伝申度候よし相頼候へ共、道もよほど廻りニ候間決而受取間敷と申候へ者、少々呑銭を遣し可申与申故、貧き私少々呑銭を貰ひ動橋村小走太郎兵衛と申者へ相渡申候、尤冨塚村両人ゟ請取申節、出所ハ何方ゟ出申候哉と申候へハ、沖中ゟ出申状ニ候間、相届ケ呉候様ニ強て相頼申ニ付、動橋村太郎兵衛へ相渡申儀相違無御座候、右沖中ゟ之事何村ニ候哉と尋候処、風聞之処津波倉村嘉右衛門とか申者相調候哉と承り申候

一、毛合村小走権右衛門方へ相渡ス一通ハ、在所源六と申者ゟ受取小走へ相渡申候義相違無御座候、尤其節武兵衛と申者方へ両人共ニ用事有之罷越シ、其戻り之事ニ御座候、尤其節武兵衛方ニ居合申者ハ、三右衛門と申者も有合也

一、冨塚村ゟ状持出居申候両人晩方之事故、顔も忝と見へ不申、尤冨塚村之者と斗名乗候故、名前ハ存不申候、御尋ニ御届候へ共申上兼候処、近在之事ニ候間声姿面指ニて察し候而、成共申上候様強く御尋いたす故申上

候、冨塚村甚兵衛・与十郎と申者ニも可有御座哉と奉存候

十一月廿三日　　　　　　　　　　　　　　毛合村長右衛門（印）

十村平兵衛殿

口上書之写［B］

一、先達而上置申候口上偽り之義御座候ニ付、真直ニ申上候様ニ御尋ニ付申上ル

一、十一月十五日ニ在所源六与申者宇谷村へ米借に参り申候間、私ニ茂参り候様申ニ付同道いたし候処、其帰りニ津波倉村の嘉右衛門方へも立寄候ハバ、急敷事も可有之候間寄可申与申ニ付、一緒に嘉右衛門方へ立入申候処、廻状書呉候様頼申所あとハ受合も不致候へ共、書手間ヲとらせ可申由源六申候へハ、嘉右衛門調よし与請合申候、然其時紙無御座候由ニて、其翌日源六紙ヲ調へ又々両人嘉右衛門方へ参り候へ共、急ニ難調申ニ付唯戻り仕候、翌十七日ニ私一人参り候様ニ源六申候故、七ツ過に取ニ参り、則源六江三通相渡申候処、一通ハ動橋村江持行、小走り太郎兵衛へ相渡し申候

一、壱通ハ在所歩行権右衛門へ相渡し申候

一、高塚村へ参り申一通ハ、十一月十九日夜源六持行可申之由ニ而、相届申不申哉ハ私義ハ存不也

一、冨塚村出口ニ両人居申候而、状相頼申由先達而申上候へ共、此義ハ偽りニ御座候、尤先き先きニて状之出所相尋候ハバ、冨塚村ゟ言伝られ候由相答申様ニ嘉右衛門申聞候故、冨塚村と村持いたし申候、夫故人指ハ不申上候処、察して成共申上候様強テ御尋ニ付、平生見知り申者故甚兵衛・与十郎とか申者ニも可有御座与申上候得共、毛頭無之事偽りニ御座候、右之外可申上品無御座候

十一月廿四日　　　　　　　　　　　　　　毛合村長右衛門（判）

十村平兵衛殿

口上書之写［C］

一、今般御郡中相廻り候廻文相調候哉と御尋ニ付申上候

一、十月廿五日毛合村源六与申者私方へ罷越、廻状相整呉候様相頼申ニ付、私申候ハ中々左様之儀難調申入候処、左右なく罷帰り申候

一、十一月十五日ニ右源六同村長右衛門と申者両人罷越、先日相頼申物是非調呉候様申ニ付、私申候ハ先日も申通り中々調がたく、殊ニ私手ハ当年宗旨紙面抔調上候へハ、見知も可有之候間難書由申候へハ、かな書にして成りとも整呉候様、勿論書手間くれ候様申ニ付、今日を過兼申候、私別而小き子共両人を暫楽ニ養ひ可申と、手間ニめんじ書可申とハ申候へ共、紙きれ少しも持合不申と申候へハ、其日ハ帰り申候、翌十六日夜五ツ時分右之源六・長右衛門両人延紙壱帖持来り候へ共、今晩ハ調がたくと申候へハ其日も只帰り申候、夫故翌日調申候、尤廻文文言右源六之好ニ御座候、勿論奥書ニ滞申村々焼込ニいたし可申と文言好候へ共、存入有之と書申候、則翌十七日七ツ半時頃両人之内長右衛門一人取ニ参り相渡申候、此外可申上品無御座候

十一月廿四日　　　　津波倉村嘉右衛門（判）

十村平兵衛殿

口上書之写［D］

一、今般御郡中へ廻状相廻し申義、私之所為ニ而企や、具ニ申上候様御尋ニ付申上候

一、当年御皆済不足米為才覚宇谷村へ罷越、戻りに津波倉村嘉右衛門方へ立寄、当年大不作ニ候へハ御皆済成がたく候間、御粮米ニても借り申度候間、当廿一日ゟ廿四日迄大正寺へ胴蓑を着テ奉公口聞ニ出申様ニ、廻状相

調呉候様ニ相願ひ、尤私義無筆ニ御座候間、文の好も致不申、村続之事も嘉右衛門宜相整くれ可申と申ニ付、嘉右衛門江打任セ申候

一、此企私少高持ニ御座候へハ、我身之為ニかほどの事ハ致申間敷候、外ニ御人（御仁）可有之御座候間、其人を申出し候ハバ品ニ〻軽く御取捌も被遊可被下候間、申上候様御尋ニ御座候へ共、私と長右衛門両人相企、嘉右衛門へ廻状相頼申儀ニ毛頭相違無御座候、其外ニ相談等申合候者ハ一人も無御座候

一、廻状三通十一月十七日長右衛門を取ニ遣し、其夜動橋村へ壱通、在所小走権右衛門へ壱通、長右衛門〻相渡申候

一、高塚村へ遣し申候一通ハ、十九日夜夕飯過闇夜ニ御座候故、長右衛門与両人参り、小走市兵衛へ相渡申候、右之趣ニ御座候処、御詮議かかりニ色々偽り之儀共申上迷惑至極仕候

十一月廿五日　　毛合村源六（判）

十村平兵衛殿

右四通の口上書写によれば、毛合村源六は年貢が納められないので、一〇月二五日にその工面に出かけた帰り津波倉村嘉右衛門を訪ねて廻状の執筆を頼んだ。源六は嘉右衛門に執筆を断られたが、一一月一五日と一六日に毛合村長右衛門とともに再び嘉右衛門を訪ねて頼み込み、一七日に廻状三通を受け取った。二通はその日のうちに動橋村小走り太郎兵衛と毛合村小走り権右衛門に渡し、もう一通は一九日に高塚村小走り市兵衛に渡したという。また、源六は役人らの尋問に際し、おまえは「小高持」だから我が身のためにかような企てはしないはずで、他にも同志がいたであろうと聞かれたのに対し、長右衛門と二人だけで企て、他に申合せた者は一人もいないと答えた。なお、嘉右衛門は無高で歩行不自由なため、妻が奉公に出ていた。

この一揆未遂事件の処分は次のようであった。毛合村源六・同村長右衛門・津波倉村嘉右衛門とその親子兄弟は、幼児をもつ源六の妻と大病の源六の養父を除いて縮《しま》りを仰付られ、家財道具の闕所（没収）を命じられた。また、動橋村肝煎久兵衛・分校村肝煎清三郎・作見村肝煎治左衛門・川尻村肝煎長四郎・梶井村肝煎四右衛門・毛合村肝煎次郎右衛門・高塚村肝煎長左衛門らは、廻状受渡しに不審ありとして一時縮りを仰付られた。源六・長右衛門・嘉右衛門に対する判決は明確でないが、源六は五年後の明和四年（一七六七）に破牢を企て、失敗して自殺した。死体は塩漬けにしたうえで梟首にされたという。なお、毛合村武兵衛・同村小走り権右衛門・冨塚村甚兵衛・動橋村小走り太郎兵衛・高塚村小走り市兵衛らは、縮り御免を仰付けられた。

文政一二年（一八二九）五月には、上河崎村事件（豆田高事件）が発生した。この事件は、上河崎村の農民が大部分が越高（懸作高）になっていた同村の「豆田高」という土地を取戻したいと強硬に要求したことに対し、郡奉行が弾圧を加えたものであった。このとき、郡奉行二人はこの事件の処理に当たり、同年五月付で「上河崎村豆田高一件留帳」としてそれを書留めた(15)。以下、その留帳によって、事件の経過をたどってみよう。

豆田高一二〇石はなぜ発生したのか。天保一五年（一八四四）の「加賀江沼志稿」には「大豆田ノ松ト云所有。昔ハ杉木トモ云。此辺ニ大豆田村跡ト云有。其村ノ有シ時ノ社跡ト云。今廃村トナル」と記す(16)。すなわち、上河崎村の南、大聖寺川右岸には、江戸前期まで「大豆田《まめだ》村」と称する上河崎村の出村があった。大豆田村は「加賀江沼志稿」に「豆田廃村、上河崎領、豆田ト云所村跡也」ともあって、「豆田村」とも記したようだ。大豆田村は度重なる大聖寺川の氾濫によって江戸前期に廃村となったものの、神社跡地には松木が長く生立していたという。いま、上河崎町の古老が所有する江戸後期の絵図には「大豆田村」と記すので、大豆田村とするのが正しかろう。なお、大豆田村の神社は廃村に際し、上河崎村の神社に合祀されたという。ともあれ、豆田高一二〇石とはもと大豆田村の村高を指すものだろう。

上河崎村肝煎は、同年二月に先年から保賀・黒瀬・河南村の越高になっていた豆田高一一〇石（もと一二〇石）の取戻しを願い出た。この豆田高の取戻し要求は、河南村の農民が難渋して黒瀬村の農民に売却した頃から始まった。上河崎村の農民は村肝煎に願いを取りつなぐように何度も頼んだが、村肝煎は村が年々難渋して御救米をもらっていたため、それを取りつながないでいた。ところが、今年はどうしても取りつないでくれと強く小農民らが要求して説得に応じなかったので、村肝煎はぜひなく願い出た。そうした事情から、郡奉行は詮議中という理由で直ちに決定を下さずにおいた。しかし、村方では何度も寄合を開き、五月上旬になって来年は必ず取戻すと確約してほしいと何度も願い出た。郡奉行は勘定所に報告したうえで、それを直ちに申渡さずに、勢い立った農民らを十村から説得させる方法をとった。農民らは「越高は村全体の問題なので、居村の農民が所持する豆田高も村方に指出して処理する」といい、十村の指示に従がわなかった。村方では十村から願ってもらってさえ叶わぬなら、みんなで直接奉行所に行って願うとか、田地に直ちに鍬入れすれば郡奉行もぜひなく裁断するだろうなど、実力行使の相談をしていた。

月番の郡奉行東方宇左衛門は勘定頭に断ったうえで御用番の山崎権丞と内分に相談し、まず間者を放って様子をさぐることを決めた。また、郡奉行は村方の頭取らしき農民数が知れているので、その者を吟味することを決めた。五月二二日、郡奉行は村肝煎・組合頭・十人頭七人・小農民六人を役所に呼び出した。その際、村中一統が大聖寺町に押出しては困るので、下役を南郷村と敷地村に派遣して口留めを行った。これは、先年に奥山方の農民が炭一件について村一統で押かけようとしたことにかんがみての予防策であった。農民らは即日禁牢・手鎖りにされた。二五日、小塩辻村鹿野小四郎は農民一人一人を詮議した。このとき、鹿野小四郎は十村らが所持している手鎖りを多数集めて用意していた。詮議に当たって、農民三人ばかりは、「我々全員が藩の意向に従うことはできないが、村役人・十人頭が禁牢されては今後が心配なので、村役人・十人頭を出牢させ、役儀も取上げないと約束してもらえれば、納得書に爪印（捺印）を押してもよい」と述べた。鹿野小四郎は自分の責任で請合い、爪判を押させた。郡奉行は小四郎の処置を受け入れ、上役に報告したうえで二七日に禁牢の農民を釈放した。後日、爪判は帳面に仕立てられ役所に提出された。この事件には村役人層と一般農民との一定度の対立があり、一般農民の大部分が豆田高の取戻しを切望していたのに対し、村役人らは難渋のため御救米を受けている状況で取戻し願を出せないという論理に立っていた。ともあれ、この事件は訴願後にも一般農民の強い姿勢（強訴や鍬入れ）がみられ、一揆寸前の段階にあった。

三　蓑虫一揆

大聖寺藩は慶応三年（一八六七）の大政奉還、明治二年（一八六九）の版籍奉還などを経て、同四年（一八七一）の廃藩置県によって大聖寺県となった。一四代利鬯は廃藩置県と同時に知藩事を免ぜられ、東京に移された。ここに二三〇年余続いた大聖寺藩は姿を消し、前田家と江沼郡との封建関係が終わった。大聖寺県では、同四年一一月二四日・二五日（新暦一二月六日・七日）に正徳一揆の規模に匹敵する蓑虫一揆（蓑虫騒動・明治一揆）が起こった。地元の人々は胴みのを着た農民の姿が蓑虫に似ていたので、主に「蓑虫一揆」と呼んだ。大聖寺県から史官宛の具状には、この蓑虫一揆の状況を次のように記す(17)。

十一月廿四日農民共相企、元租税係附属菅波村住開田九平次・中嶋村住中谷宇三郎へ遺恨有之、家作破却可致風説有之旨捕亡手ヨリ相届候ニ付、尚所々探索遂吟味候処、同廿五日暁四字頃中嶋村へ群集、夫ヨリ作見村ヨリ菅波村辺迄相進候注進有之、不取敢権大参事大幸清問等敷地村端迄出張ノ処、農民凡千人許進来候ニ付、嘆願ノ筋

ニ候ハバ可申出旨申入候処、屎物代相救、十村（十村ハ里正ヲ云）相廃止呉候様抔申聞候故、申聞ノ趣ハ聞届候間早々退散可致旨加説諭候処、一先退散致シ候、然処夕第三字頃又々農民共菅波村へ相集、尚市中へモ可押入勢ノ旨注進有之、仍テ大参事青地政順・少参事稲垣譲等兵隊引連敷地村迄出張ノ処、農民共追々進来候、注進付兵隊ハ村中ニ残置青地等村端へ相進候処、農民共群リ集リ衆口区々申聞候ハ、当年難渋付屎代等救呉候様申聞候ニ付、其趣ハ承リ候得共、朝廷之御規則モ有之候間、何分退散可致旨再三説諭ヲ加へ候処、十字頃此手ハ退散致シ候、然処、夜ニ入裏手町口へ相向候農民共押入、元租税掛倉知喜平宅ヲ破壊シ、尚屎物商家等乱暴ニ及候ニ付、又々兵隊操出シ候処、農民共槍等携横合ヨリ乱暴ニ及候ニ付、無拠砲発致シ壱人討留、三人ハ手負セ申候、此勢ニテ農民共急速退散致シ夜十二字過及鎮定候

一、開田九平次・中谷宇三郎下情壅蔽ノ疑モ有之、監倉入申付置候処、住居向破客致サレ候趣注進有之ニ付、追々及糾問候処、壅蔽等ノ覚ハ無之旨申出候得共、尚糾問申付監倉入ノ儘差置候

一、旧租税掛倉地喜平宅破壊候付、及尋問候処、怨讟ヲ受ル如キ不公平ノ筋等ハ断然無之旨申出候得共、尚調中付親類預申付置候

一、分校村太助・同村理與門・同村六平・同村重蔵凶魁ノ聞へ有之付、即刻捕縛一応及糾弾候処、太助儀ハ理與門・六平ト寄合屎物高直ニ付、拝借米相願候得共、御聞届不相成御収納方相迫リ難渋ニ付、寄合願方示談可致ト発言候旨、理與門儀ハ太助・六平同腹、開田・中谷宅ヲ破却致ス事ヲ思付煽動ノ廻状ヲ書キ候旨、六平儀ハ理與門・太助ニ同腹致候旨、重蔵儀始ハ六平等ニ同意後違約致候旨申顕候、仍テ本県へ引送候処、尚糾弾中ノ筈ニ御座候

一、農民多人数相集候儀及探索候処、分校村近村ヨリ蜂起シ煽動致シ、興セサル村ハ焼払等ノ儀ヲ申触シ、不得

止多人数相集候趣ニ御座候

一、今般暴動ノ起原確然取留候儀モ無之候得共、何分屎物代助成願ノ一条ヨリ発起候哉ニ考申候（後略）

辛未十二月　　元大聖寺県

史官御中

分校村太助・理与門・六平・重蔵らは、村々の衆望を負って「屎物高価ニ付拝借米相願」を出したものの、県当局に聞届けられなかった。彼らは年貢収納期が迫るなか、寄合を開いて「一揆を起こし直接示談すべき」ことを決定した。このとき、理与門は租税掛附属の中島村中谷宇平宅と菅波村開田九平次宅を打ちこわすことを提案し、その煽動の廻状を書いた[18]。重蔵は、最初同意しながらも途中で打ちこわしに反対する態度をとったという。県当局も「十一月廿四日農民共相企、元租税係附属菅波村住開田九平次・中嶋村住中谷宇三郎へ遺恨有之、家作破却可致風説有之旨」を察知して、「所々探索遂吟味」を始めた。しかし、二四日の夜には農民らが打越勝光寺の門前に集合し、中島村中谷宇三郎（宇兵衛・宇平）宅と菅波村開田九平次宅を打ちこわした[19]。二五日の午前には農民一〇〇〇人ほどが大聖寺町に向かう途中、敷地村端で権大参事大幸清問らと出合い、「屎物代相救」「十村相廃止」などを要求したので聞届けて退散させた。同日の午後三時頃には再び農民らが菅波村に集合し、大聖寺町に押入ろうとしたので大参事青池政順・少参事稲垣譲らが兵を率いて敷地村まで出張し、歎願を聞いたうえで再三説諭して一〇時頃に退散させた。その後、大聖寺町の裏手から押入った農民らが租税掛倉知喜平宅や屎物商林清一宅らを打ちこわしたので兵を出したところ、農民らが横合より槍などで乱暴したのでやむなく発砲し一人を討とめ、三人に手負させた。そのため、農民らは退散し、一二時過ぎに鎮定した。なお、市中や東谷などでは四二軒の民家が打ちこわされたという。開田・中谷は糾問に対し壅蔽《ようへい》を、倉知も不公平を完全と否定した。また、分校村太助・理与門・六平・重蔵らは凶魁であるとして逮捕された。一揆の人数は、「参加しない村は焼き払う」と触れたのでやむをえず多数が集まった。

この報告書は県の当局者が自己をとりつくろった面が強く、次の「鹿野虎作遺稿」の記事といくつかの相違点がある。鹿野虎作は小塩辻村の十村鹿野家の一二代当主であり、当時は奥山方の戸長試補の職にあった。少々長いが、遺稿中から蓑虫一揆に関する部分を次に示す。[20]

四十九院村ヨリ東谷往来ヲ出ルヤ、二ツ屋村ニ於テ柏野村肝煎帰村スルニ出合、暴動ノ様ヲ聞クニ、昨夜三更過ル頃分校村方面ヲ始メ、所々幾千万ト云群民中嶋村目懸馳集リ、中谷宇兵衛氏ノ邸宅ヲ取囲ミ、数百ノ太鼓ヲ乱打シ、鬨ヲ作リ、人々携帯スル処ノ斧・鉞・竹鑓等ヲ以テ仝家ヲ取毀チ、家人ノ逃走シ得サル者アルヲ察シ、屋根裏迄竹鑓ヲ貫キ、立具ト不言十器ト不言一物モ不除粉砕シ、漸ク二・三時頃ニシテ仝地ヲ引揚タリ、其惨状譬ニモノナシ、然シテ小菅波村ニ於テモ右同様、夜半前ヨリ八方征メ寄者雲霞ノ如ク忽チ開田家ヲ取囲、鬨ヲ挙ケ取毀、勢実ニ壮烈ヲ極メ、十器破リ、刀ヲ折リ、衣ヲ裂キ、油ニ侵ス等其挙動執念深キ事俉子胥如シ、夜半ヲ過ル頃中嶋ヲ引揚、押寄スル者大山ノ崩カ如シ、時々鯨波ヲ挙等凄シナント言語ニ難尽、内幾千人歟率テ聖城ニ入リ倉知喜兵衛ノ宅ヲ毀チ、先刻一統一先弓波穂ノ宮ニ引揚処、権大参事逢坂長太夫天護兵一隊ヲ率ヒ、鎮撫トシテ指向ヤ、忽チ仝氏を囲ミ迫テ何事カ書セシメ、即チ評議スル様本紙ハ一枚ニシテ如何トモ致難ク、宇谷村有佐清作ハ大参事前田幹氏ノ同戚ナレハ、仝氏ニ副写セシメ各村ニ分タントテ、今ヤ一統西嶋村ニ屯集セリト云（中略）、予西嶋於星戸村端至一起屯集中央ニ入ルヤ、暴民先ツ柏野ノ肝煎ニ抓附左右如裂ス、予其暴状ヲ吃スルヤ、敷地村半助忽チ予ノ右ノ肩ニ抓附喚テ曰、命カ不惜哉ト、予其ノ虚勢ニ惘レ大笑スルヤ、彼手ヲ放シ阿然トシテ痿ム処ニ、予大声発シ無礼者メガト吃スルヤ、前面幾千群集忽チ腰ヲ屈シテ粛タリ、茲ニ於テ予大声ヲ発シ、看ヨ予ニ帯刀ナシ、各自身命ノ如キヲ論スルノ場合ナランヤ、先ツ願意ハ如何ナリシヤ、若未タトナランニハ、自分ニ於取扱ヒ充分ノ満足ヲ与エント思イ、特ニ出向セシモノナリト云ヤ、半助答フ、願意ハ既ニ叶ヒ書面有ト云ヤ、向ヨリ竹鑓ノ先ニ封箱ヲ結ヒ、予ノ面前ニ指附ク、依テ之ヲ採披キ見ルニ、文ニ曰、十村相廃シ候事、銀成元ト成ノ事、餅代取立不申事、年号月日逢坂権大参事ト狭キ鼻紙ニ書タリ、予曰、前二条ハ事既住ニ属ス、後餅代ノ義務ヲ免ヌカレント為ル歟、夫レ書面ハ手続キ経テ始テ効アリ、人ヲ脅迫シ願ニ書ヲ得テ之斗保持シ、何ノ益カアランカト云、半助曰、然ラハ貴殿ヲ大将トセン、此勢力ヲ率テ上野ノ大久保ニ陣シ、之レカ手続ヲ了セヨト、予曰、今朝菅谷ヨリ馳向足痛ニ不堪、何レナリトモ暫ク憩ワシメヨト云ヤ、忽チ多数人立働キ、或西向キノ家前ニ在シ藁塚ノ覆ヲ払ヒ大ナル盥ヲ伏セ、又藁ヲ敷キ其上ニ予ヲ請シ、半助前ニ立チ、右書面ニ筆紙ヲ添ヘ副写ヲ求、予書スル事三枚ニ至ルヤ、前面鯨波ヲ揚テ押寄アリ（中略）、小右衛門ヲ倶ヒ金津ニ越ヘ島屋ト称スル旅館ニ入リ、各一椀ヲ沿饗シ、煎湯ヲ命シ寝ニ就キ、午後ニ至テ醒眠湯ニ入リ、鶏ヲ斬キ一盃ヲ酌マント為ルトキ、橋村肝煎逢トシテ来着シ語テ曰、昨日開田ヲ毀チ西嶋ニ引揚シ群民再ヒ大聖寺ニ向イ、敷地ノ端ヨリ乱入セントスルヤ、青池権大参事馬ニ跨リ銃隊ヲ引率シ敷地村口小山端ニ馳向ヒ、八方鎮撫セント為スモ寸功ナク、反テ馬履古草鞋ハ勿論、土石ヲ投附終鞍下ニ迫リ、足ヲ採テ率キ落等其乱暴言語同断、依テ一応空砲ヲ以テ却力サント、打方号令ノ下一斉射撃ヲナスヤ、反テ暴民ノ激攻ヲ招キ、忽チ幾千万群民煙ノ下ヨリ鯨波ヲ揚テ押懸テ、如何トモ拒ユルノ術ナク、終ニ敷地橋藤木辺迄追込レ無止引揚トスルヤ、此時率ク各小路ヨリ入込全町一揆ヲ以テ充満シ、林清市ヲ始メ各餅問屋ヲ荒シ町内ヲ横行スルヤ、市民一揆ノ歓心ヲ需其被害ヲ免レント、酒屋ハ軒ニ盥ヲ並テ酒ヲ盛、旅館・喰食店ハ食物ヲ供シ（中略）、此時聖城ノ士卒再ヒ隊ヲ組テ押出シ、力限リ根限リ必至ヲ尽シ、追立押送リ漸ク願成寺前ニ至ルヤ、群集如鮓シテ如何トモ為ス能ス、依テ前ナル者弐人ヲ銃剣ヲ以テ突倒シ（百々村者一人死、一人傷ク）、些敷痿ム処五・六発実弾ヲ発射シ、尋テ弐人ヲ倒シ（即死黒崎村者）、大ニ殺気以テ突撃スルヤ些敷退却ノ色アルモ、一時充満セシ群民如何トモ掃攘ノ術ナク、徒ラニ目前ヲ追立追行候中夜ト共ニ明掃候次第、実ニ前代未聞騒キニ有之ト語候（中略）、此時開田・中谷両人入牢為ラルルモ、数月ノ後無事出獄セラル、且比際大聖寺縣ヲ廃シ、石川縣ニ合セラルルヤ、縣ヨリ捕吏来テ、右暴動兇魁縣疑者トシテ、分校・敷地ヨリ八・九名拘引セシモ、一応取調ノ上分校ノ重蔵・理右衛門、敷地ノ半助ヲ止メ、除ハ悉ク放免セラレ、半助ハ暫ク禁錮セラルルモ、半年斗ニシテ放免トナリ、理右衛門・重蔵ノ両人ハ二・三年禁錮ノ中何茂老歳耳順者ニシテ、理右衛門ハ終ニ牢死遂ケ、重蔵而巳後帰郷スルヲ得タリ（後略）

虎作は二五日午前に任地の菅谷村から東谷を経て大聖寺城下に向かう途中、星戸村（西嶋の出村）端で一揆の農民らと出合い、その代表の敷地村半助と交渉した。虎作が願意を尋ねると、半助は逢坂権大参事が弓波村の穂の宮で認めた書面を見せた。それには「十村相廃シ候事、銀成元ト成ノ事、鯡代取立不申事」の三か条が記されていた。虎作は手続きをふまない書面の無効性を述べたので、一揆の農民らは逆に虎作に証文を書くように要求した。虎作は三通ほど認めたところで、竹槍を持った一揆の農民らに囲まれ、村端の茶屋まで連れて行かれた。同日午前、一揆の農民二〇〇〇～三〇〇〇人ほどは西嶋村を出発し、山代往来を経て東谷に入り、四十九院村の肥料仲買問屋阿慈知宅や同問屋上出宅を打ちこわし、さらに黒谷を越え山中村を通って菅谷村の石灰問屋三郎右衛門宅や村役所を打ちこわした。一方、県当局は各村の寺院に通達し、村役人層を集めて鎮撫に当たらせるとともに、藩学校に旧藩士などを集めて警備させた。[21] 同日夕方、一揆の本隊一〇〇〇人ほどは再び大聖寺町に向かい市中に入ろうとした。大参事青池政順・小参事稲垣譲らは一揆鎮圧のため敷地村端まで出向したところ、一揆の農民らに取り囲まれ、七か条要求を認めさせられた。一揆の農民らは一〇時頃に一端解散したものの、裏手町口に向かった農民らは市中に入り込み、倉知喜兵衛宅をはじめ、屎物商の林清市宅や鯡問屋・肥料屋・油屋などの豪商宅を打ちこわした。町民は酒・食物・衣類・蝋燭・小間物などの商売物を店先に出して取るに任せ、なかには自ら給仕して接待する者もあったという。この一揆は軍隊が銃剣で二人を突き倒し、さらに実弾五～六発を射って二人を倒したので、夜一二時過に至って鎮圧した。

右のように、「鹿野虎作遺稿」の記述は①小菅波村開田宅や中嶋村中谷宅が打ちこわしされた二四日夜に、一揆の別隊が大聖寺町の倉知宅を打ちこわして弓波村の穂の宮に引きあげたこと、②そこへ権大参事逢坂長太夫が兵一隊を率いて鎮撫に赴いたところ、たちまち取り囲んで三か条（十村相廃シ候事、銀成元ト成ノ事、鯡代取立不申事）を書かせたこと、③一揆の農民らが再び大聖寺町に押入ろうとした二五日午後に、大参事青池政順が敷地村端で馬から引きずり降されたので発砲（空砲か）したこと、④二五日夜の発砲時に銃剣で一人（一人負傷）、五～六発の実弾で一人（一人重傷）が死亡したことなど、大聖寺県の報告書とは相違点がみられた。

二五日の午後三時頃、一揆の農民らは敷地村端で青地政順・稲垣譲らを馬から引き下ろし、「七か条要求」を書かせた。県当局は一揆の農民らの要求を全面的に受容し、騒動の再発を恐れて、七か条要求を関係各村に配布して、一揆の拡大を防いだ。この七か条要求は今も各町に多く残っているので、その一例を次に示す。(22)

記

一、天朝之御規則通御捌候事
一、屎代相救候事
一、銀成毎年通候事
一、十村廃止候事
一、除米村々望通候事
一、諸役人不正調候事

一、張本人調不申候事

明治四年十一月二十五日

青地大参事
稲垣小参事

一揆の要因は上記の七か条要求にみられるが、主要な条項は二条・三条・四条であった。二条は明治三年（一八七〇）に屎物代拝借願が多く、租税主任の倉知と開田・中谷が藩の除金を引出して敦賀で鯡を買込み、塩屋浦に回漕したところ、風波で船が転覆したため、その欠損を鯡代の引上げで補った結果であった。また、これは知藩事の利慾が赤字財源を明治政府に引渡すことを不面目と考え、船の転覆で減少した藩庫を補填するため石代銀納一〇倍増案が献策された結果でもあった。ちなみに、同四年正月には村々から増上納を願い、石代銭札の相場を里方四三貫文、山方三七貫文などと定めて、同年二月には租税掛が承認する形式をとった。注目したいことは、「屎物相救」が貸付肥料代の帳消しをも意味していたことだろう。三条は大聖寺藩の銭納率が地域によって区々であったなか、銭納の増徴と米・銭の換算率が問題になったためであった。もし石代銀納一〇倍増案が実施されたなら、年貢の全額を銀納していた奥山方の村々は、大いに困窮したに違いない。四条は旧十村支配が悪政の根源であって、郷長となった後も「従前十村ニ不異」の有様となっていたためであった。[23] ちなみに、十村は一揆が発生する前に廃止されていた。七条の「張本人調不申」は守られず、分校村の新家理与門・裏谷重蔵・中西忠与門・太助・六平、敷地村半助ら八、九人が逮捕された。新家理与門・裏谷重蔵は村肝煎ではなく、「裏谷塾」という寺子屋で教える無高農民であった。このことは村肝煎が十村同様に行動し、農民と対峙していたことを示す。村肝煎は十村が藩の強制力により地主化を阻止されていたなか、次第に地主化する者もおり、正徳一揆の時に比べて全く逆の立場に立っていた。前述のように、一揆の首謀者は正徳一揆などと同様に、一揆の参加を農民に「一揆に参加しない村を全て焼き払う」と呼びかけてい

第３表　蓑虫一揆の動向

月　　日	動　　　　　　　　　　向
１月中旬	農民の増銭納願（米銭の換算率問題） 　　農民の屎代助成要求（前年）
２月中旬	租税掛が石代銭納の相場（37貫文・43貫文）を承認
７月下旬	前田利鬯が家禄の半分を借財に適用（廃藩置県）
11月24日	農民300人が打越勝光寺の門前に集合 農民が開田九平次宅（租税掛附属）・中谷宇三郎宅（同）を襲撃 　　租税掛倉知喜平宅も襲撃か
11月25日	農民1000人が大聖寺に出発 権大参事逢坂長太夫が穂の宮で三ケ条を承認（午前） 大参事青地政順・少参事稲垣譲が七ケ条を承認（午後） 　　権小属会計係本山新八が自殺 農民が租税掛倉知喜平宅・林清一（屎物問屋）宅を襲撃（夜） 大聖寺県が発砲して鎮圧（１人死亡、３人負傷）
11月26日	農民が郡内の問屋を襲撃
12月上旬	上分校村重蔵・理右衛門・敷地村半助など８人を逮捕 　　重蔵（３年禁固）、理右衛門（牢死）、半助（半年放免） 　　江沼郡町村長が理右衛門の墓石を建つ（明治28年）

※「鹿野虎作遺稿」「官途日簿」『石川県史料・第三巻』などにより作成。

た。新家理与門は入牢（金沢）した翌年六月二七日に七一歳で獄死した。敷地村半助は半年で放免、重蔵は三年の禁固後に自宅に帰った。いま、分校町には明治二八年（一八九七）に江沼郡町村長が発起して建てた理与門の墓石が存す。

註

（1）『国史大辞典11』（吉川弘文館）九九四～九九六頁
（2）川良雄『打ちこわしと一揆』（石川県立図書館）一七四～一七八頁。加賀藩では、明和七年（一七七〇）と弘化四年（一八四七）の小松本蓮寺打ちこわし、および未遂事件、文化三年（一八〇六）の越中勝興寺一件、文政六年（一八二三）の輪島神社公事一件など、信仰問題に端を発する騒擾事件も起こった（若林喜三郎『加賀藩農政史の研究・下巻』吉川弘文館、四四九頁）。
（3）『越中史料・第三巻』（名著出版）七五一頁
（4）『加賀藩史料・第五編』（清文堂）九五八～九六〇頁、九六五～九六六頁
（5）「加越能文庫」（金沢市立玉川図書館近世史料館蔵）および「山長文書」（加賀市立図書館蔵）。宝暦一二年（一七六二）に児玉仁右衛門が編纂した「那谷寺通夜物語」は「土民騒乱記」（著者・成立年不詳）との近似性が強く、この系統を底本にして成立したものだろう。同五年（一七五五）に編纂された「農民傲訴記」（著者不詳）は文飾が「土民騒乱記」と同様に素朴であり、「那谷寺通夜物語」の影響はみられない。なお、「農民傲訴記」は、別名を「那谷乱之記」「加農太平記」ともいう。
（6）前掲『加賀藩史料・第五編』九六〇～九六一頁
（7）『加賀市史料五』（加賀市立図書館）三八頁
（8）『那谷寺通夜物語』（石川県図書館協会）五六頁
（9）前掲『那谷寺通夜物語』六五頁
（10）前掲『加賀市史料一』一二三～一三八頁。参考までに、村別の定免・手上免・小沢免を第４表に示す。
（11）前掲『加賀市史料五』四一頁
（12）前掲「山長文書」および前掲『加賀藩史料・第九編』三五八～三六四頁
（13）「右同」
（14）「右同」
（15）「右同」
（16）『加賀市史・資料編第一巻』（加賀市史編纂委員会）二二五頁。福井藩の越前吉崎村では、明和五年（一七六八）四月二日に農民八〇〇人が同村の見谷屋助右衛門宅や土蔵を打ちこわす事件（吉崎の打ちこわし）が起こった。この打ちこわしは、見谷屋が米不足に乗じて、越前米

第４表　村別の定免・手上免・小沢免

村名	定免	手上免	小沢免	村名	定免	手上免	小沢免
額見	4ツ3歩	5歩	3歩	中田	4ツ9歩		4歩
月津	4ツ6歩	1ツ	3歩	須谷	4ツ7歩	6歩	8歩
矢田野	3ツ5歩	3歩		中津原	4ツ8歩	3歩	7歩
高塚	3ツ4歩		3歩	滝	4ツ8歩		6歩
勅使	5ツ1歩	5歩	4歩	尾俣	4ツ5歩	3歩	3歩
桑原	5ツ	2歩	4歩	上野	3ツ3歩	3歩	3歩
庄	5ツ	9歩		森	4ツ6歩	4歩	5歩
箱宮	4ツ3歩	8歩2厘		二ツ屋	3ツ4歩	2歩	3歩
打越	4ツ5歩	1ツ	5歩	西嶋	3ツ6歩	4歩	5歩
河原	5ツ6歩	3歩	6歩	保賀	4ツ9歩	4歩	5歩
串	4ツ5歩	8歩		山中	4ツ8歩		2ツ1歩
中嶋	4ツ8歩	2歩5厘	3歩	菅谷	4ツ4歩	3歩	3歩
栄谷	4ツ7歩		5歩	栢野	4ツ4歩	2歩	1ツ1歩
黒崎・片野	4ツ6歩	4歩	8歩	風谷	3ツ6歩		2ツ1歩
深田	4ツ3歩	1歩		枯淵	3ツ7歩		1ツ
上木	4ツ9歩	1ツ6歩		小杉	4ツ3歩		8歩
荻生	4ツ3歩	3歩		八日市	4ツ5歩		8歩
下福田	5ツ5歩	5歩	7歩	動橋	5ツ	2ツ	3歩
極楽寺	5ツ2歩	8歩	4歩	分校	4ツ7歩	5歩	5歩
上福田	5ツ5歩	8歩	6歩	滝ケ原	5ツ3歩	5歩	5歩
岡	4ツ6歩	4歩	3歩	那谷	4ツ7歩	3歩4厘	
敷地	4ツ6歩	6歩	4歩	宇谷	4ツ3歩	4歩	5歩
大菅波	4ツ2歩	3歩	4歩	菩提	3ツ5歩		3歩
小菅波	4ツ2歩	3歩	2歩	馬場	3ツ5歩	1ツ8歩	

村　名	定　　免	手上免	小沢免	村　名	定　　免	手上免	小沢免
作　見	3ツ8歩	4歩	2歩	戸　津	4ツ	6歩	4歩
加　茂	3ツ8歩	3歩	3歩	二　梨	3ツ8歩	1ツ3歩	3歩
水田丸	4ツ7歩	9歩		林	3ツ7歩	8歩	
小　坂	4ツ5歩	3歩	3歩	下粟津	4ツ5歩	6歩	8歩
山　代	3ツ8歩	2歩		蓑　輪	2ツ7歩		3歩
四十九院	5ツ	3歩	3歩	島	4ツ7歩	3歩6厘	
三　ツ	5ツ1歩	1ツ	3歩	荒　屋	4ツ1歩		6歩3厘
奥　谷	5ツ5歩	1ツ5歩	3歩	荒　谷	3ツ6歩	3歩	
菅　生	5ツ1歩	7歩	5歩	今　立	4ツ5歩	1ツ4歩	5歩
日　谷	5ツ5歩		5歩	日　末	3ツ6歩	4歩5厘	
熊　坂	5ツ5歩	2歩	3歩	佐　美	3ツ7歩	5歩5厘	
直　下	5ツ1歩	3歩	3歩	新　保	3ツ6歩	5歩	
下河崎	5ツ7歩	2歩	3歩	宮　地	4ツ		5歩
上河崎	4ツ9歩	5歩	4歩	塩　浜	5ツ	8歩	5歩7厘
中　代	3ツ6歩	6歩	5歩	千崎・大畠	4ツ	1ツ2歩	5歩
曽　宇	5ツ7歩	5歩		田　尻	4ツ	3歩7厘	
右	5ツ2歩	5歩	7歩	高　尾	4ツ3歩	1ツ	1歩5厘
大聖寺町領	5ツ1歩	3歩	1ツ	小塩辻	3ツ7歩	1ツ	5歩
荒　木	4ツ5歩	5歩	4歩	山　田	3ツ2歩		3歩
南　郷	4ツ6歩	3歩	3歩	尾　中	2ツ6歩		6歩
黒　瀬	5ツ	4歩	5歩	津波倉	4ツ2歩	4歩	6歩
河　南	4ツ5歩	3歩	6歩	二子塚	3ツ8歩	4歩	7歩
上　原	3ツ9歩	3歩	3歩	横　北	5ツ7歩	1ツ3歩	
長谷田	4ツ5歩	4歩	5歩	七日市	5ツ1歩	9歩	

※『加賀市史料一』により作成。串村（３代利常の養老領）には古開の定免３ツ６歩、手上免９歩と、新開の定免３ツ７歩、手上免１ツ２歩を記す。

二〇〇石と大聖寺米二〇〇石を買い占め、他国に移出したため起こったという。大聖寺藩はこの打ちこわしに同藩の農民が含まれていたので、郡奉行二人・目付一人を加賀吉崎村に、御先手物頭二人・目付一人を橘村に出動させ、それぞれ弓・鉄砲を持った足軽を同行させた（『大聖寺藩史』大聖寺藩史編纂会、一七五～一七九頁および前掲『打ちこわしと一揆』八八～九一頁）。

(17)『石川県史料・第三巻』（石川県）二九九～三〇〇頁。越中国新川郡一帯（加賀藩領）では、明治二年（一八六九）一〇月に貧農が中心となって租税の減免、十村・手代・村肝煎の公選、肥料の配給制、諸物価・米価の引下げなどを要求し、郡治局や豪農を襲った「ばんどり騒動」（農民一揆）が起こった。「ばんどり」とは蓑の一種で、一揆農民の多くはこれを着用していた。村々では同年の大凶作に対し年貢軽免と救済を嘆願していたが、十村はこれを取上げなかったので、一〇月一二日から蜂起が始まった。一揆は各地で嘆願や強訴を繰り返し、二三日以後は打ちこわしや焼打ちに転化して、参加農民は二万人（五万人とも）に達した。しかし、一一月三日には藩の鉄砲隊の前に数十人の死傷者を出して鎮圧された。塚谷村の宮崎忠次郎は一揆の首謀者として斬殺、浅生村伊七郎は准流一〇年、関係者数名は禁籠などに処された。この騒動は規模において劣ったが、その内容や性格は大聖寺藩の「蓑虫一揆」と同様であった（前掲『加賀藩史料・幕末篇下巻』一一四三～一一五〇頁および『富山県史・通史編Ⅴ』富山県、四一～六〇頁）。

(18)中嶋村の中谷宇兵衛は、天保七年（一八三六）に欠落者の耕地を手に入れて一八〇石の高持に成長した。これ以前、中谷家は平並分限の農民（平百姓）で村肝煎を務めていたという。その後、宇兵衛は安政六年（一八五九）に石灰世話方、文久二年（一八六二）に新田裁許世子役、数年後に十村および租税掛付属になった。菅波村の開田九平次は天保八年（一八三七）に十村格、数年後に十村格新田裁許、嘉永六年（一八五三）に新田裁許（再任）、安政元年（一八五四）に新田裁許（再任）、慶応二年（一八六六）に新田裁許世子役、同四年（一八六八）に新田裁許および十村、明治二年（一八六九）に租税掛付属となった。これ以前、開田家も平並分限の平農民で村肝煎を務めていたという（「鹿野虎作遺稿」個人所有）。

(19)「官途日簿」（打越勝光寺蔵）

(20)前掲「鹿野虎作遺稿」

(21)前掲『大聖寺藩史』四〇一～四〇二頁

(22)七か条要求は中島・横北・百々町をはじめ、各町に現存する（拙著『古文書を楽しもう』桂書房、一七三～一七五頁）。

(23)大聖寺藩では毎年、立毛の検査を行い、その作柄に応じて秋貸米といって屎物代を貸し、翌年二月に返納させてきた。県当局は明治四年（一八七一）が豊作であり、しかも春に作食米を貸与していたので、この秋貸米を廃止した（前掲「鹿野虎作遺稿」）。なお、明治四年の石高銭納増願については、横北・中島・百々・大内・枯淵・今立町などに現存する（拙編『大聖寺藩の町有文書』北野印刷、一四六～三八九頁）。

第八章　参勤交代について

一　加賀藩の参勤交代

三代将軍家光は寛永一二年（一六三五）六月の「武家諸法度」の第二条に「大名小名在江戸交替所相定也、毎歳夏四月中可致参勤」と規定し[1]、外様・譜代大名が毎年四月交代で江戸に参勤することを役儀・奉公として制度化した。参勤交代とは、江戸期に諸大名が一定の時期を限って交互に江戸に伺候し、もしくは領国に帰った制度をいう。すなわち、諸大名が江戸に伺候することを「参勤」（参観）といい、江戸より領国に就くことを「就封」といった。交代とは就封のことであり、他の大名と交代（交替）することをいう。同一九年（一六四二）には、在府中の譜代大名に六月または八月の交代、関東の譜代大名に二月・八月の半年交代、さらに城邑《じようゆう》を占める大名に交互の参勤を命じた。ここに参勤交代は全大名に一般化されるに至った。なお、水戸家や幕府の老中・若年寄・奉行などは江戸常住（定府）であった。一方、対馬宗氏は三年一勤、蝦夷地の松前氏は六年一勤、黒田・鍋島両氏は長崎警備との関係で一一月参府、二月就封の各交代であった。貞享三年（一六八六）以降には、表札衆・那須衆・美濃衆・三河衆など旗本三〇余人にも隔年に参勤が義務づけられた[2]。

まず、参勤交代の江戸着駕月と江戸発駕月を第1表に示す。前述のように、外様大名の交代（交替）月は、「武家諸法度」で夏四月中（旧暦の四月は夏）と定められていた。江戸着駕月は四月が最も多いが、必ずしも四月に限られたわけではない。参勤九三例中、四月が二六例（二七・九％）、七月が二二例（二三・六％）、三月が一九例（二〇・四％）などであった。五代綱紀・六代吉徳は四月の交代よりも、七月・九月の秋期交代が多かった。この秋期への変更は、寛永一九年（一六四二）五月の四代光高と高田藩（松平光長）との居替交替や、寛文元年（一六六一）

第1表　加賀藩の参勤交代（月別回数）

藩主名	種別	2月	3月	4月	5月	6月	7月	8月	9月	10月	11月	12月	不明	合計
3代利常	参勤			1									1	2
	交代												2	2
4代光高	参勤		2							1				3
	交代					1					1		1	3
5代綱紀	参勤			14	1		12	1		2				30
	交代			3	7	3	4	6	6	1				30
6代吉徳	参勤			1			6		3		1			11
	交代		3	2			1	5	1					12
7代宗辰	参勤													
	交代													
8代重熙	参勤		1				1							2
	交代			1				1						2
9代重靖	参勤													
	交代							1						1
10代重教	参勤			2			1		2	1				6
	交代		1		1	1	1	2						6
11代治脩	参勤		3	4	3		2	1	1					14
	交代		4	7	1		2							14
12代斉広	参勤		3						3	1				7
	交代	1	6					1						8
13代斉泰	参勤		10	4				1	3					18
	交代		7	11			1							19
計	参勤		19	26	4		22	3	12	5	1		1	93
	交代	1	21	24	9	5	7	18	7	1	1		3	97

※『加賀藩史料』『徳川実紀』『続徳川実紀』「加越能文庫」『糸魚川市史4』などにより作成。なお、参勤は江戸着駕月、交代は江戸発駕月を示す。

一〇月の福井藩（松平光通）・富山藩（前田利次）との居替交代があったためだろう。[3]ともあれ、五代綱紀は元禄六年（一六九三）から享保三年（一七一八）まで秋期の参勤交代を行った。一方、江戸発駕月は就封九七例中、四月が二四例（二四・七％）、三月が二一例（二一・六％）、八月が一八例（一八・五％）などであった。三月の就封が多いのは、御暇の上使があれば、一年間の在府生活を終え一日でも早く帰国したい気持と、江戸詰二〇〇〇人の「御扶持手当銀」を少しでも節約する意味があったためだろう。このように、加賀藩は寛永一二年（一六三五）から文久二年（一八六二）までの二二七年間に一九〇回の参勤交代を行ったので、三七回の不実施年があったことになろう。つまり、加賀藩では藩主の死去、領内の飢饉、居城の焼失、藩主の不例（病気）、藩主の幼少・若年、藩主の代替り、親族の死去などに際し参勤交代用捨の恩典を受けたようだ。

外様大名は「諸大名参勤交代伺制」の規定（四月参勤の輩は前年の一一月に伺ふべし）に基づき、参勤月について幕府に伺いを立てなければならなかった。参勤月が定まれば、すぐ参勤の準備に入らなければならない。加賀藩では、四〇～五〇日の準備期間をもって供家老の選出、供人の決定と各人への通知、行列二〇〇〇人の宿割と旅費・日当・駄賃の支給、宿割札の書上げと宿場（宿駅）との交渉、行列の編成付と各人の役割分担、各人への通知、宿継人馬の依頼などを行った。[4]東海道を通る大名は、およそ半年も前から宿泊の日程表を作成し、各宿場の本陣・旅籠から請書をとる必要があったという。発駕日の出発時刻は、藩主だけでなく供人にも家族・親戚・知人などが多く見送ったので、昼近くが一般的であった。藩主は金沢城から金沢城下端の「松門」または森下《もりもと》辺りまで一里二六町を馬に乗り、その後は駕籠に乗った。総門の意味のあった松門の所までは行列を建てた。藩主は参着後二、三日中に供家老二人とともに登城し、将軍に参着の挨拶を行い、享保の改革までは白銀五〇〇枚と八講布二〇疋または染手綱二〇筋などを献上した。

就封のときは、その日が近づくと幕府から「帰国御暇を伝えた上使」があった。上使には老中・若年寄・奏者番・御使番などの格があった。このとき、加賀藩では老中から将軍の下賜品として、銀一〇〇〇枚と時服一〇〇着（ときに巻物・更紗・縮緬など）を受けた。下賜品は享保の改革のときに銀一〇〇枚・縮緬三〇巻に、幕末期に銀二〇枚・巻物一〇巻に減額された。藩主は御暇の上使後、およそ一週間のうちに柳営に登って将軍に辞見の挨拶を行い、鷹二据と馬二疋の引出物を受けた。藩主を襲いだ最初の御暇御礼のときや、将軍の代替りがあったときは、これに腰物が増えた。大名行列の供人は餞別・土産品などを貰い、藩主の正室・側室、家の子・郎等、供人の知人など大勢の人々に見送られて江戸を発足した。藩主の初入国時には、八家《はっか》（加賀藩の門閥）の一人が加越国境の境宿まで（三〇里）行列を迎えに出た。このとき、加越能三か国から馬二〇〇疋ほどを集めて、入国の荷物運びに善光寺宿の北隣にある牟礼宿まで送ったという。(5) 初入国のときは、金沢城下から一里半も遠い森下から行列を建てて入城した。

次に、参勤交代の人数についてみよう。幕府は元和元年（一六一五）の「武家諸法度」で「百万石以下二十万石以上は二十騎以下、十万石以下は家禄に応じた人数」と、大名行列の人数を規定した。(6) その後、この規定は寛永六年（一六二九）、同一二年（一六三五）、寛文三年（一六六三）、天和三年（一六八三）、宝永七年（一七一〇）、享保二年（一七一七）の「武家諸法度」でも、大きな変動がみられなかった。享保六年の規定では二〇万石以上が馬上一五～二〇騎、足軽一二〇～一三〇人、仲間・人足二五〇～三〇〇人で、一〇万石が馬上一〇騎、足軽八〇人、仲間・人足一四〇～一五〇人で、五万石が馬上七騎、足軽六〇人、仲間・人足一〇〇人で、一万石が馬上三～四騎、足軽二〇人、仲間・人足三〇人であった。(7) 加賀藩でも万治三年（一六六〇）をはじめ、安永三年（一七七四）、天明元年（一七八一）、寛政六年（一七九四）、享和三年（一八〇三）、文化一五年（一八一八）などに大名行列の人数を規定した。万治三年の規定では、五〇〇〇石が上下四二人（上とは本人の意味）と乗馬二疋、一万石が同七二人と乗馬三疋、一万五〇〇〇石が同九二人と乗馬三疋、二万石が同一一二人と乗馬四疋、二万五〇〇〇石が同一三二人と乗馬四疋、三万石が同一五二人と乗馬四疋、三万五〇〇〇石が同一七二人と乗馬五疋、四万石が同一九二人と乗馬五疋、四万五〇〇〇石が同二一二人と乗馬六疋、五万石が同二三二人と乗馬六疋などであった(8)。たとえば、加賀藩八家の前田佐渡守(二万一〇〇〇石)は、貞享二年(一六八五)三月に五代綱紀の参勤において供家老を務め、上下一九五人と乗馬九疋をもって随ったという(9)。

大名行列は供家老以下の直臣の家臣、その家臣に随う若党・仲間・小者・日雇人足ならびに藩が雇用する足軽・仲間・小者(鉄砲持・槍持・弓持・具足櫃持・沓籠持・合羽掛持・荷挟箱持・駕籠舁)・日雇人足・宿継人足などで構成された。この行列には「行列の内」と呼ばれた人々と、「行列の外」と呼ばれた人々がいた。加賀藩では藩主を護る本隊四五〇人ほどが「行列の内」、残りが「行列の外」で本隊にやや遅れて随った。その供人は五代綱紀が江戸中期に四〇〇〇人、六代吉徳が享保九年(一七二四)に三〇〇〇人、延享二年(一七四五)に二五〇〇人、九代重靖が宝暦三年(一七五三)に二八〇〇人、一二代斉広が享和二年(一八〇二)に三五〇〇人を数えた。一三代斉泰は文政一〇年(一八二七)三月に供人一七〇一人(うち雇者六八六人)、宿継人足二六八人、家中乗馬三二疋、宿継馬一八八疋をもって北国下街道で参勤を行った。このうち、知行地または切米を受けた者が一八五人、その陪臣供人が八三〇人であった。また、一三代斉泰は嘉永五年(一八五二)に供人一七七二人(うち雇者六四八人)、宿継人足二〇六人、家中乗馬二八疋、宿継馬一五六疋をもって北国下街道で就封を行った(10)。ともあれ、大名行列の供人は、江戸前期の三〇〇〇~四〇〇〇人から同後期の二〇〇〇人ほどに大幅に減少した。

さらに、大名行列の編成についてみよう。大名行列の先頭は、鉄砲・弓・長柄で各一部隊を編成した「御先三品」が務めた。これは露払いの役を担った一隊で、当番と非番に分かれており、一日毎の交代制になっていた。ただ、長柄は二〇筋と一〇筋の変則に分かれていたので、交互というわけにはいかず、当番が二日続きとなった。非番は本隊のおよそ四キロメートル先、当番は二キロメートルほど先を進んだ。御先三品は「行列の内」でないので、人々は道々で出会っても蹲《そん》踞《きょ》の必要がなかった。本隊「行列付き」の先頭は、「御先牽馬三疋」と呼ばれる馬が進んだ。本隊の槍・鉄砲・弓など各隊には、各隊を率いる組頭と行列の要所要所に「騎馬所」と呼ばれた馬上の侍がいた。騎馬所は大身の侍が締め、その前後に家中の供人が随った。供家老二人は殿《しんがり》を務め、藩主の行列付きを三廻りほど小さくした隊を構成した。すなわち、本隊は旗本を中心に藩主を護る親衛隊と、供家老が大将になって攻撃を主力にする隊とに分けられていた。供家老は騎士一〇人・弓一〇人・鉄砲一五挺・槍一〇筋・歩行侍一〇人、それに付属した手替り・小荷駄など二〇〇人ほどを率いた。このほかに、千曲川・犀川・姫川・神通川などの川渡場や、碓氷峠・親不知の難所への見分と詰人、横川・関川の両関所の交通整理、道路状況の道見など道中の雑用を務めた「行列の外」の者がいた。[11]

　大名行列は大きな宿場や要衝の宿場や、城下・関所などを通るとき、「行列を建てる」といって警蹕《けいひつ》の声（下ニイ）とともに、隊形を整え、笠を被り直し、歩調を整えて整然と進んだ。このとき、騎馬の定位置にいる侍は騎乗し、槍持は肩にかけていた槍を立てた。北国下街道では、津幡・今石動・高岡・小杉・東岩瀬・滑川・魚津・舟見・泊宿など四五宿と境・市振・関川・碓氷関の四関所で行列を建てた。この行列では身分や家格に相応した行装と、調度品や武器一式を携え、道中と江戸詰に必要な雨具・替衣服・日用品・非常食料・携帯用便器・重石付の漬物、入浴の手桶・腰掛などを持ち運んだ。さらに、夜道用の松明・提灯、休泊したときの本陣用の陣幕、休憩用具（床几・毛氈・茶道具）から娯楽用具（碁・将棋・鷹）に至るまで持ち運んだ。供人の服装は「野装束」といい、布羽織・股引・脚絆・甲掛・草鞋・笠などを着した。鉄砲・弓・槍を持つ仲間・足軽は、剣梅鉢を染め抜いた紺色の布羽織（中小姓は絹羽織）で統一し、腰に刀を差した。「行列の内」の者は晴雨にかかわりなく、必ず笠と脚絆を着用する規定があった。藩主は駕籠・馬から降りるときや城下町を通るときなどに、礼儀上から笠を取った。藩主が宿場に宿泊したときは、宿場の出入口に当たる枡形と本陣前に関札を掲げた。

ところで、宿駅間の平均距離は東海道が二里一二町強なのに対し、北国下街道と中山道が二里弱であった。ただし、関川の関所と、それに前後した「中山八宿」と呼ばれた荒井・二本松・松崎・関山・関川・野尻・柏原・牟礼宿間と、「山ノ下」と呼ばれた親不知・子不知を通る市振・外波・青海・糸魚川・梶屋敷宿間の距離は、一里少々であった。本陣は藩主の休泊所になっていたので、庶民の泊まる旅籠と違って、施設や規模・様式などに相応の格式を構える必要があった。北国下街道の参勤では、加賀・越中・越後・信濃国を通って中山道と出会う信濃追分宿までに、川幅五〇メートル以上の川を七三渡らなければならなかった。このうち、橋が架かっていたのは四三の河川で、残り三〇の河川には橋が架かっていなかった。そのため、大名行列は徒渡り・船渡しや、あるいは仮船橋を架けて越さなければならなかった。とくに、越中国の架橋率は非常に低く、富山城下から越後国境までに黒部川上流の愛本川に架かる愛本橋ただ一つを除き、常願寺川・早月川・片貝川・布施川・小川などのどの河川にも橋が架けられていなかった。船定員は水嵩の少ないときが三〇人と馬二疋、水嵩の多いときが二〇人と馬二疋の乗船と規定されていた[12]。なお、船橋では、飛騨・越中両国の山々の水を集めた神通川に架けられたものが有名であった。

続いて、参勤交代の三コースについてみよう。一つは下街道の中山道経由（一一九里）で、金沢から高岡・魚津・糸魚川・牟礼宿などを経て信濃追分宿から中山道を通った。これは北国下街道（北国下道中）と呼ばれた。二つは上街道の中山道経由（一六四里）で、金沢から金津・府中・木之本・関ヶ原宿などを経て垂井宿から中山道を通った。三つは上街道の東海道経由（一五一里）で、金沢から金津・府中・木之本・関ヶ原・垂井・大垣・名古屋宿などを経て宮宿から東海道を通った。上街道の中山道経由および東海道経由は、北国上街道（北国上道中）とも呼ばれた。下街道は距離が短いという利点のほかに全行程一一九里のうち、自領の加賀と越中両国で三〇里を数えたので、参勤交代一八一回（一九〇回中）と圧倒的に多く利用された。一方、上街道は途中に親藩大名の福井藩や、御三家筆頭の尾張藩の支配地を通らなければならなかった。さらに、この東海道経由には、「天下の嶮」で知られた箱根山や「越すに越されぬ大井川」および天竜川があった。次に、下街道の中山道経由（北国下街道）、上街道の中山道経由の東海道経由の参勤交代例を示す。(13)

［下街道の中山道経由］

金沢発（三月六日）―高岡宿（同日）―東岩瀬宿（七日）―魚津宿（八日）―境宿（九日）―糸魚川宿（一〇日）―高田宿（一一日）―牟礼宿（一二日）―榊宿（一三日）―追分宿（一四日）―板鼻宿（一五日）―熊谷宿（一六日）―浦和宿（一七日）―江戸着（一八日）

一一代治脩《はるなり》は、寛政四年（一七九二）三月に下街道の中山道経由（北国下街道）で参勤を行った。この北国下街道には越後の姫川（飛馬川）をはじめ、信濃の犀川・千曲川、越中の神通川・常願寺川・早月川・片貝川という暴れ河川や、親不知・子不知といった駒返しの難所を通らなければならなかった。親不知・子不知は参勤交代中の最大の難所で、とくに「大懐《ふところ》」から「大穴」までの「長走り」を通るときは、越中新川郡の「波除け人足」五〇〇～七〇〇人が麻縄を持ち人垣を作って藩主を護り、また馬の荷物を人足が担いだという。親不知・姫川の難所を越えたときと、牟礼宿の「武州加州道中堺」の碑が建つ振分地に来たときは、国元と江戸に飛脚を出して旅の無事を知らせた。この参勤九二例の所要日数は一二泊一三日が三三例、一一泊一二日が一七例、一三泊一四日が一五例、一〇泊一一日が六例、一四泊一五日が四例、一五泊一六日が四例であった。(14)また、この就封九五例の所要日数は一二泊一三日が三一例、一一泊一二日が二五例、一三泊一四日が一八例、一四泊一五日が七例、一五泊一六日が四例であった。五代綱紀の治世は一二泊よりも九泊や一〇泊が多く、一二代斉広・一三代斉泰の治世は一二泊以上が定着した。一方、就封のときは宿駅のパターン化がみられず、糸魚川宿の代りに能生宿、板鼻宿の代りに坂本宿、熊谷宿の代りに本庄、浦和宿の代りに大宮宿などを使用した。

〔上街道の中山道経由〕

江戸発（三月一八日）―上尾宿（同日）―深谷宿（一九日）―板鼻宿（二〇日）―追分宿（二一日）―和田宿（二二日）―塩尻宿（二三日）―薮原宿（二四日）―須原宿（二五日）―中津川宿（二六日）―御嶽宿（二七日）―加納宿（二八日）―柏原宿（二九日）―木之本宿（四月一日）―今庄宿（二日）―府中宿（三日）―金津宿（四日）―小松宿（五日）―金沢着（六日）

一三代斉泰は嘉永元年（一八四八）三月に上街道の中山道経由で就封を行った。このほか、五代綱紀は享保二年（一七一七）九月と同五年（一七二〇）四月に就封を、宝暦元年（一七五一）六月に参勤を、一三代斉泰は嘉永二年（一八四九）三月に参勤をこのコースで行った。

〔上街道の東海道経由〕

江戸発（三月一六日）―品川宿（同日）―神奈川宿（一七日）―大磯宿（一八日）―三嶋宿（一九日）―吉原宿（二〇日）―府中宿（二一日）―金谷宿（二二日）―浜松宿（二三日）―吉田宿（二四日）―岡崎宿（二五日）―鳴海宿（二六日）―尾起宿（二七日）―柏原宿（二八日）―木之本宿（二九日）―今庄宿（三〇日）―府中宿（四月一日）―金津宿（二日）―小松宿（三日）―金沢着（四日）

一二代斉広は文化一一年（一八一四）三月に上街道の東海道経由で就封を行った。彼は就封の途次、三月一八日に少人数の供人を随えて円覚寺・建長寺・鶴ヶ丘八幡宮や江之島弁天を参詣した。鶴ヶ丘八幡宮の神楽堂で神楽を

第2表　加賀藩の参勤交代（上街道）

歴代藩主名	種別	年　　代	期間	日数	経　由	理　　由
5代綱紀	交代	寛文4年(1664)	5/11～ 5/26	16	東海道	不詳
5代綱紀	交代	享保2年(1717)	9/27～10/13	17	中山道	娘と外孫に会うため
5代綱紀	交代	享保5年(1720)	4/ 2～ 4/23	22	中山道	娘と外孫に会うため
8代重熙	参勤	宝暦元年(1751)	6/21～ 7/ 7	17	中山道	越後の大地震
12代斉広	交代	文化11年(1814)	3/16～ 4/ 4	20	東海道	親不知の道路破損
13代斉泰	交代	天保11年(1840)	4/18～ 5/ 6	19	東海道	親不知の道路破損
13代斉泰	交代	嘉永元年(1848)	3/18～ 4/ 6	20	中山道	信州路の地震
13代斉泰	参勤	嘉永2年(1849)	3/23～ 4/10	19	中山道	信州路の地震
13代斉泰	交代	安政5年(1858)	4/18～ 5/ 8	21	東海道	親不知の道路破損

※『加賀藩史料』『徳川実紀』「加越能文庫」などにより作成。

演奏し、御最花銀一〇枚を奉納した[15]。このほか、五代綱紀は寛文四年（一六六四）五月に就封を、一三代斉泰は天保一一年（一八四〇）四月と安政五年（一八五八）四月に就封をこのコースで行った。このコースでは大井川を越すと「水祝い」を、箱根山を越えると「山祝い」をしたという。諸大名は徳川御三家や幕府の役人・勅使および他大名などとの同道・同宿などを避けるため、先に偵察者を出して経路や日程の調整も行った。参考までに、加賀藩の上街道利用と同藩の参勤交代旅程を第2表と第3表に示す。

最後に、大名行列の諸費用についてみよう。大名行列の出費には二〇〇〇人の旅籠賃、人足や馬の駄賃、川越賃、供人への手当金、諸品・諸道具の修復代金およびその買上代金、幕府要人への土産品代金などがあった。一二代斉広が文政元年（一八一八）に就封したときは、糸魚川宿で本陣費用銭三一貫〇六三文、その骨折り賃銀二片・銭三貫二三〇文のほか、次のような旅籠費がかかった[16]。

一、銭三十二貫八百文　上　二百文一夜分
　　百六十四人　主人分
一、銭九十三貫六十文　中　百八十文
　　五百十七人　仲間・若党・槍持等

6日目	7日目	8日目	9日目	10日目	11日目	12日目	13日目
矢　代 4/5	追　分 4/6	板　端 4/7	熊　谷 4/8				
野　尻 5/27	中屋敷 5/28	能　生 5/29	境 6/1	三日市 6/2	東岩瀬 6/3	高　岡 6/4	津　幡 6/5
荒　井 7/16	能　生 7/17	境 7/18	魚　津 7/19	高　岡 7/20	津　幡 7/21		
室　飯 4/26	荒　井 4/27	能　生 4/28	境 5/3	東岩瀬 5/4	今石動 5/5		
牟　礼 7/18	榊 7/19	追　分 7/20	松井田 7/21	本　庄 7/22	鴻　巣 7/23	蕨 7/24	
牟　礼 7/7	高　田 7/8	糸魚川 7/9	境 7/12	魚　津 7/13	高　岡 7/14		
高　田 3/11	牟　礼 3/12	榊 3/13	追　分 3/14	板　鼻 3/15	熊　谷 3/16	浦　和 3/17	
牟　礼 4/9	高　田 4/10	糸魚川 4/11	境 4/12	魚　津 4/13	高　岡 4/14	津　幡 4/15	
高　田 3/18	牟　礼 3/19	榊 3/20	追　分 3/21	板　鼻 3/22	熊　谷 3/23	浦　和 3/24	
牟　礼 8/18	高　田 8/19	糸魚川 8/20	泊 8/21	魚　津 8/22	高　岡 8/23	津　幡 8/24	
高　田 4/16	柏　原 4/17	矢　代 4/18	小　諸 4/19	坂　本 4/20	本　庄 4/21	鴻　巣 4/22	浦　和 4/23
丹波島 3/23	柏　原 3/24	高　田 3/25	能　生 3/26	泊 3/27	魚　津 3/28	高　岡 3/29	

一、銭二百十四貫八百八十文
下　　百六十文
千二百四十三人
小者・通し人足
一、銭十七貫文
馬　　五百文
三十四疋
一、銭二十五貫二百文
本陣　二百八十文
九十人
藩主付きの人
一、銭十貫文
本陣馬　五百文
二十疋
〆三百九十二貫九百四十文

東海道筋の旅籠賃は江戸後期に上宿が一七二文から三〇〇文、中宿が一四八文から一六四文、下宿

第3表　加賀藩の参勤交代旅程（下街道）

藩主名	年　代	期　間	1日目	2日目	3日目	4日目	5日目
5代綱紀	元禄2年(1689)	3/29～4/ 9	高　岡 3/29	魚　津 4/1	境 4/2	名　立 4/3	関　川 4/4
5代綱紀	元禄3年(1690)	5/22～6/ 6	鴻　巣 5/22	本　庄 5/23	松　枝 5/24	田　中 5/25	矢　代 5/26
6代吉徳	享保9年(1724)	7/11～7/22	桶　川 7/11	本　庄 7/12	坂　本 7/13	田　中 7/14	善光寺 7/15
6代吉徳	延享2年(1745)	4/21～5/ 6	大　宮 4/21	深　谷 4/22	松　枝 4/23	追　分 4/24	逆　木 4/25
10代重教	宝暦8年(1758)	7/13～7/25	高　岡 7/13	滑　川 7/14	境 7/15	能　生 7/16	高　田 7/17
10代重教	宝暦9年(1759)	7/ 2～7/15	桶　川 7/2	本　庄 7/3	坂　本 7/4	小　諸 7/5	榊 7/6
11代治脩	寛政4年(1792)	3/ 6～3/18	高　岡 3/6	東岩瀬 3/7	魚　津 3/8	境 3/9	糸魚川 3/10
11代治脩	寛政5年(1793)	4/ 4～4/16	浦　和 4/4	熊　谷 4/5	板　鼻 4/6	追　分 4/7	榊 4/8
12代斉広	享和元年(1801)	3/13～3/26	今石動 3/13	高　岡 3/14	魚　津 3/15	泊 3/16	能　生 3/17
12代斉広	享和2年(1802)	8/13～8/25	浦　和 8/13	熊　谷 8/14	板　鼻 8/15	追　分 8/16	榊 8/17
13代斉泰	天保12年(1841)	4/11～4/24	津　幡 4/11	高　岡 4/12	魚　津 4/13	泊 4/14	糸魚川 4/15
13代斉泰	天保13年(1842)	3/18～4/ 1	上　尾 3/18	本　庄 3/19	坂　本 3/20	小　諸 3/21	矢　代 3/22

※『加賀藩史料』「加越能文庫」などにより作成。

が一〇〇文から一四〇文ほどであった。東海道筋の諸色は北国下街道筋よりも一割から二割高かった。一二代斉広が文化一一年（一八一四）三月に上街道の東海道経由で就封したときは、上宿が二二〇文、中宿が二〇〇文、下宿が一八〇文、乗馬一疋分が五五〇文であった。北国下街道筋の旅籠は収容人員が少なかったため、供人の多くは旅籠の板敷間とか縁側、周辺の寺院や農家に民宿したという。なお、馬の駄賃は江戸末期に下街道で本馬一疋が七貫六七文、軽尻一疋が四貫六九〇文、人足一人が三貫三六五文、上街道で本馬一疋が一〇貫八八二文、軽尻一疋が七貫一一〇文、人足一人が五貫四六九文であった。

北国下街道では、文化九年（一八一二）に信濃の犀川の「丹波島渡し」で川越賃が四七文、すぐ近くの千曲川の「矢代の渡し」で二二文であった。一二代斉広が文化一一年に就封したときは、舞坂～新居間の浜名湖一里の「今切の渡し」を越すために、二〇〇艘の渡船を借り上げて九〇貫文を支払った。一方、一二代斉広が文政元年（一八一八）に就封したときは、越後の姫川を渡船で越すために、糸魚川町年寄・水主七〇人・綱引人足一二〇人などに金二〇両ほどを支払った。(17) 北国下街道は東海道・中山道に比べて交通条件が悪く、親不知の高波と姫川・犀川や越中の諸河川の高水でしばしば日程の変更が発生した。一三代斉泰が文政七年（一八二四）に就封したときは、千曲川の矢代渡しで川止めに遭い、矢代宿で逗留になったため、野尻宿へ一五両、本陣へ銀二枚の補償金を支払った。二番目の高田宿へは飛脚で逗留の旨を知らせたので、いくらか補償金が安くなった。このほか、諸大名は参勤に際し、将軍・世子・奥方や老中・若年寄・側用人などに贈答品を献上した。一二代斉広は文政元年の就封に際し、四人の老中に対して謝金二〇〇両を贈った。(18)

一二代斉広が文化五年（一八〇八）に就封したときは、御荷物駄賃銀六五貫余、御帰国御供小払渡り金一九七五両、旅籠代貯用金三〇〇両、買物小払貯用金二〇〇両など道中費用の総額が銀三三二貫四六六匁八分八厘であった。藩主に供する侍は御算用場から「御供人江被下金」と「同御貸渡金」を受取ったものの、後者を返済しない場合が多かった。一二代斉広が同一一年（一八一四）に東海道経由で就封（一九日間）したときは、鎌倉・江ノ島の見物や箱根温泉の入湯などもあって銀一一〇〇貫（金一万五〇〇〇両）を費した。(19) ともあれ、北国下街道の大名行列の諸費用は、文化・文政期（一八〇四～二九）で銀三二〇～三三〇貫ほどであった。このように、加賀藩では参勤交代の諸費用が江戸後期に銀三三〇貫ほどかかり、藩の財政を圧迫するようになっていた。ちなみに、借財高は天明五年（一七八五）

が銀一一万貫・金一八万二八〇〇両・米三四万四四〇〇石、天保三年（一八三二）が銀一〇万八〇〇〇貫余で、毎年銀四〇〇〇～七〇〇〇貫余の赤字がでた。同一一年（一八四〇）の支出高は銀一万二八二〇貫余（ほか藩債返済銀四二〇〇貫）であり、その割合は御国御用銀四八〇〇貫、江戸入用銀七三二〇貫、京大坂入用銀七〇〇貫などであった。もちろん、加賀藩でも諸藩と同様に藩支出銀の六割ほどが江戸で消費されていた。延享四年（一七四七）には江戸藩邸の総人数が四二五〇人、その支出銀が六一〇〇貫で、宝暦四年（一七五四）には江戸藩邸の総人数が四五〇〇人、その支出銀が七四八五貫であり、前者が支出銀の五九％、後者が五〇％を占めていた。また、寛政一〇年（一七九八）には禄高取り人一〇七七人、切米取り人一七四七人、足軽ら不詳などの江戸詰人数がおり、その渡り高の総計は銀一九〇一貫八六八匁であった。[20]

二　大聖寺藩の参勤交代

まず、参勤交代の江戸着駕月と江戸発駕月を第４表に示す。加賀藩と同様に、江戸着駕月は四月が圧倒的に多いが、必ずしも四月に限られたわけではない。参勤八九例中、四月が五八例（六五・一％）、九月が七例（〇・七％）、一〇月が五例（〇・五％）などであった。藩祖利治は四月の参勤交代を行わず、すべて九月・一〇月の秋冬期に行った。この秋冬期の参勤交代は、寛永一六年（一六三九）二月の三代利常の二男利次と三男利治の九月参観交替の変更に伴うものであろう。一方、江戸発駕月は就封九二例中、四月が四九例（五三・二％）、五月が一三例（一四・一％）、一〇月が八例（〇・八％）などであった。三月の就封は加賀藩に比べて極めて少なく、二例しかみられなかった。この点は、大聖寺藩が「武家諸法度」の規定を遵守したことを示すものだろう。なお、藩主は藩邸から大聖寺城下端の菅生石部

第４表　大聖寺藩の参勤交代（月別回数）

藩主名	種別	２月	３月	４月	５月	６月	７月	８月	９月	10月	11月	12月	不明	合計
初代利治	参勤								7	3				10
	交代								2	7	1			10
２代利明	参勤			15										15
	交代			4	9	1		1						15
３代利直	参勤		1	1										2
	交代				1	1								2
４代利章	参勤	1	1	1			3	1		1			5	13
	交代			1				1	3	1	1		6	13
５代利道	参勤			14						1				15
	交代		1	12	1									14
６代利精	参勤			1										1
	交代			2										2
７代利物	参勤			1				1						2
	交代			2										2
８代利考	参勤			5			1							6
	交代			6										6
９代利之	参勤			11	2			1						14
	交代			11	2	1								14
10代利極	参勤													
	交代		1											1
11代利平	参勤			3	1									4
	交代			4					1					5
12代利義	参勤			3										3
	交代			3										3
14代利鬯	参勤		1	3										4
	交代			4		1								5
計	参勤	1	3	58	3		4	3	7	5			5	89
	交代		2	49	13	4		2	6	8	2		6	92

※『加賀藩史料』『続徳川実紀』『大聖寺藩史』『加賀市史料七』『加賀市史料九』『大聖寺藩の武家文書２』『糸魚川 市史４』などにより作成。なお、参勤は江戸着駕月、交代は江戸発駕月を示す。

神社下または作見辺りまで約一里を馬に乗り、その後は駕籠に乗った。菅生石部神社下の所までは行列を建てた。参府後、藩主は家老二人とともに江戸城に登り、参勤の御礼を申し上げ、太刀目録・綿百把・銀五〇枚などを将軍・奥様・女中などに進上した。一方、藩主は就封の御暇に際し、幕府から時服二〇着・馬一疋などを拝領した。

次に、参勤交代の人数についてみよう。その人数は明確でないものの、幕府の「武家諸法度」に基づく藩の規定に準じて決められたようだ。享保六年（一七二一）の「武家諸法度」では五万石大名の従者が馬上七騎、足軽六〇人、仲間・人足一〇〇人であったので、この本隊「行列の内」の人数は一七〇〜二〇〇人ほどになった。これに「行列の外」と呼ばれた人々とを加えると、大名行列の供人数は二五〇〜三〇〇人ほどであっただろう。九代利之が文政五年（一八二二）四月に行った就封では供人が三九七人、同一〇年（一八二七）四月に行った就封では三四一人・乗馬二疋(下宿三五軒)を数えた。文政五年の供人数は、前年一二月に大聖寺藩が一〇万石の格式を得たことから最大であった。一〇代利極が天保九年（一八三八）四月に行った就封（初入部）では供人が三七六人、一一代利平が天保一〇年（一八三九）一〇月に行った就封（初入部）では供人が三〇六人であった。一四代利鬯が安政四年（一八五七）に行った参勤では、本隊「行列の内」が一五〇人ほどであった。ついでながら、一〇〇〇石の家老一人は、文政一〇年（一八二七）に「行列の外」として上下九人と人足七人を随えていた。幕府は安政元年（一八五四）六月に諸大名の武備を完全にするためと称し、大名行列の人数を減少させたため、一四代利鬯は明治二年（一八六九）にわずか七〇人をもって上京したという[21]。大名行列は加賀藩と同様に、供家老以下の直臣の家臣、その家臣に随う若党・仲間・小者・日雇人足ならびに藩が雇用する足軽・仲間・小者・日雇人足・宿継人足などで構成されていた。次に、一四代利鬯が安政二年（一八五五）に行った参勤交代の行列を第1図に示す[22]。

右のように、一四代利鬯の参勤交代の行列は、加賀藩のそれに準じて構成されていた。藩主の駕籠舁が一四人、そ

第１図　14代利悳の参府行列（安政２年）

足軽　足軽
御中間　御馬一疋　御中間
手替一人
小者　沓籠一荷　手替一人
足軽二人　矢駕一荷　小者二人
手替六人
↓
御長持一棹

足軽二人　御具足櫃　小者二人
手替六人
足軽二人　合羽六荷　小者二人
手替八人
押足軽　押足軽
↓
小者　御挟箱　小者
手替二人

小者二人　御鎗　小者
手替三人
↓
小者　御竪傘　手替一人
足軽　御刀筒　足軽
手替二人
小者　御薙刀　手替一人
御歩　御歩
↓

御大小将　御先角　御大小将
御時宜役御抱守　御駕（藩侯）　御時宜役小将二人
御時宜役大小将　御駕舁一四人　御時宜役大小将
↓
小者二人　御歩横目　小者
手替二人
足軽

小者　御草履取　小者
↓
御駕舁手替
小者　御挟箱　小者
手替二人
足軽　御茶弁当　小者
手替一人
↓

小者　荷御挟箱一荷　手替一人
御提灯足軽
御中間　御馬一疋　御中間
↓
御中間　御馬一疋　御中間
手替二人
小者　沓籠　手替一人

押足軽　押足軽
↓
若党
槍
挟箱
小者七人　合羽掛　手替一二人
↓
平士乗馬
沓籠
押足軽　押足軽
騎馬
↓

騎馬
押足軽　押足軽
御医師
御医師

※「桃之助殿御出府御行列附」（金沢市立玉川図書館近世史料館蔵）

の手替がいたことも加賀藩と同様であった。ただ、この行列では高齢者や上級藩士および医師らの駕籠使用を認めず、乗馬とした。大名行列の先頭は、鉄砲・弓・長柄で各一部隊を編成した「御先三品」が務めた。前述のように、御先三品は「行列の内」でないので、人々は道々で出会っても蹲踞《そんきょ》の必要がなかった。本隊「行列付き」の先頭は、「御先牽馬三疋」と呼ばれる馬が進んだ。本隊の槍・鉄砲・弓など各隊には、各隊を率いる組頭と行列の要所要所に「騎馬所」と呼ばれた馬上の侍がいた。供家老一人は殿《しんがり》を務め、藩主の行列付きを三廻りほど小さくした隊を構成した。このほかに、千曲川・犀川・姫川・神通川などの川渡場や、碓氷峠・親不知の難所への見分と詰人、横川・関川の両関所の交通整理、道路状況の道見など道中の雑用を務めた「行列の外」の者がいた。

参勤交代のコースも、加賀藩に準じた三コースがあった。一つは下街道の中山道経由（一三一里）で、大聖寺から金沢・高岡・魚津・糸魚川・牟礼宿などを経て信濃追分宿から中山道を通った。これは北国下街道（北国下道中）と呼ばれた。二つは上街道の中山道経由（一四八里）で、大聖寺から金津・府中・木之本・関ヶ原宿などを経て垂井宿から中山道を通った。三つは上街道の東海道経由（一三九里）で、大聖寺から金津・府中・木之本・関ヶ原・垂井・大垣・名古屋宿などを経て宮宿から東海道を通った。下街道は距離が短いという利点のほかに全行程一三一里のうち、前田一族の加賀・富山両藩領で四〇里を数えたので、最も多く利用された。一方、上街道は途中に親藩大名の福井藩や、御三家筆頭の尾張藩の支配地を通らなければならなかった。さらに、この東海道経由には、「天下の嶮」で知られた箱根山や「越すに越されぬ大井川」および天竜川があった。次に、下街道の中山道経由（北国下街道）、上街道の中山道経由、上街道の東海道経由の参勤交代例を示す。(23)

［下街道の中山道経由］

大聖寺発（三月一八日）―松任宿（同日）―金沢宿（一九日）―高岡宿（二〇日）―魚津宿（二一日）―泊宿（二二

6日目	7日目	8日目板	9日目熊	10日目	11日目	12日目	13日目	14日目
関　山 3/6	善光寺 3/7	田　中 3/8	坂　本 3/9	本　庄 3/10	大　宮 3/11			
泊 9/25	能　生 9/26	高　田 9/27	柏　原 9/28	矢　代 9/29	小　諸 10/1	松井田 10/2	深　谷 10/3	大　宮 10/4
柏　原 10/16	関　山 10/17	名　立 10/18	市　振 10/19	滑　川 10/20	高　岡 10/21	金　沢 10/22		
能　生 7/18	中屋敷 7/19	野　尻 7/20	矢　代 7/21	小　諸 7/22	松井田 7/23	本　庄 7/24	桶　川 7/26	
本　山 4/16	上ケ松 4/17	妻　籠 4/18	細　湫 4/19	加　納 4/20	関ヶ原 4/21	木之本 4/22	今　庄 4/23	金　津 4/24
青　海 3/23	能　生 3/24	荒　井 3/25	牟　礼 3/26	榊 3/27	追　分 3/28	板　鼻 3/29	深　谷 3/30	浦　和 4/1
牟　礼 5/7	高　田 5/8	糸魚川 5/9	泊 5/10	魚　津 5/11	高　岡 5/12	金　沢 5/13	小　松 5/14	
糸魚川 5/4	高　田 5/5	牟　礼 5/6	榊 5/7	追　分 5/8	板　鼻 5/9	深　谷 5/10	浦　和 5/11	
野　尻 4/27	高　田 4/28	糸魚川 4/29	泊 5/5	岩　瀬 5/6	高　岡 5/7	金　沢 5/8	小　松 5/10	
糸魚川 5/4	高　田 5/5	牟　礼 5/6	榊 5/7	追　分 5/8	板　鼻 5/9	深　谷 5/10	浦　和 5/11	
野　尻 4/28	高　田 4/29	糸魚川 4/30	泊 5/2	岩　瀬 5/3	高　岡 5/4	金　沢 5/5	小　松 5/6	
能　生 3/27	荒　井 3/28	牟　礼 3/29	榊 4/1	追　分 4/2	松井田 4/3	熊　谷 4/4	浦　和 4/5	

日）―青海宿（二三日）―能生宿（二四日）―荒井宿（二五日）―牟礼宿（二六日）―榊宿（二七日）―追分宿（二八日）―板鼻宿（二九日）―深谷宿（三〇日）―浦和宿（四月一日）―江戸着（二日）

八代利考は寛政一二年（一八〇〇）三月に下街道の中山道経由（北国下街道）で参勤を行った。利考は三月一九日に金沢城への挨拶や寺院の参詣を行ったのち、城下袋町の角屋（本陣）に宿泊した。このとき、家臣らは同町の浅野屋吉右衛門宅（下宿）に宿泊した。二三日朝は雨が強く親不知を通過できなかったものの、昼過ぎから晴天となってようやく通

第５表　大聖寺藩の参勤交代旅程

藩主名	年　　代	期　間	1日目	2日目	3日目	4日目	5日目
３代利直	宝永７年(1710)	3/ 1～ 3/12	金　沢 3/1	高　岡 3/2	三日市 3/3	泊 3/4	名　立 3/5
４代利章	享保５年(1720)	9/18～10/ 5	松　任 9/18	金　沢 9/20	津　幡 9/22	高　岡 9/23	滑　川 9/24
４代利章	享保６年(1721)	10/11～10/23	桶　川 10/11	本　庄 10/12	坂　本 10/13	小　諸 10/14	矢　代 10/15
４代利章	享保７年(1722)	7/12～ 7/27	金　沢 7/12	津　幡 7/14	高　岡 7/15	滑　川 7/16	市　振 7/17
４代利章	享保８年(1723)	4/11～ 4/25	桶　川 4/11	本　庄 4/12	松井田 4/13	追　分 4/14	和　田 4/15
８代利考	寛政12年(1800)	3/18～ 4/ 2	松　任 3/18	金　沢 3/19	高　岡 3/20	魚　津 3/21	泊 3/22
９代利之	文化７年(1810)	5/ 2～ 5/15	桶　川 5/2	本　庄 5/3	板　鼻 5/4	追　分 5/5	榊 5/6
９代利之	文化13年(1816)	4/28～ 5/12	金　沢 4/28	高　岡 4/29	魚　津 5/1	泊 5/2	青　海 5/3
９代利之	文政５年(1822)	4/22～ 5/11	桶　川 4/22	本　庄 4/23	松井田 4/24	小　諸 4/25	矢　代 4/26
９代利之	文政７年(1824)	4/28～ 5/12	金　沢 4/28	高　岡 4/29	魚　津 5/1	泊 5/2	青　海 5/3
10代利極	天保９年(1838)	4/23～ 5/ 7	桶　川 4/23	本　庄 4/24	松井田 4/25	小　諸 4/26	矢　代 4/27
11代利平	天保12年(1841)	3/22～ 4/ 6	松　任 3/22	金　沢 3/23	高　岡 3/24	魚　津 3/25	泊 3/26

※『加賀藩史料』『大聖寺藩史』『加賀市史料七』『加賀市史料九』『大聖寺藩の武家文書２』などにより作成。

過できた。二六日は小雨・小雪が降り、休憩場所を間違えたこともあって、家臣・足軽・小者らの多くは牟礼宿（信濃国）近くの農家や称念寺で宿泊した。このほか、四代利章は享保二〇年（一七三五）四月に参勤を、五代利道は明和五年（一七六八）三月に参勤を、六代利精は天明四年（一七八四）四月に就封を、九代利之は文化一三年（一八一六）四月に就封を、文政五年（一八二二）四月に就封を、同一〇年（一八二七）四月に就封を、天保二年（一八三一）三月に参勤を、一二代利義は安政元年（一八五四）四月に就封を、一四代利鬯は万延元年（一八六〇）四月に就封を、文久二年（一八六二）四月に就封を、元治元年（一八六四）一〇月に就封をこのコースで行った。

［上街道の中山道経由］

江戸発（四月一一日）―桶川宿（同日）―本庄宿（一二日）―松井田宿（一三日）―追分宿（一四日）―和田宿（一五日）―本山宿（一六日）―上ケ松宿（一七日）―妻籠宿（一八日）―細湫宿（一九日）―加納宿（二〇日）―関ヶ原宿（二一日）―木之本宿（二二日）―今庄宿（二三日）―金津宿（二四日）―大聖寺着（二五日）

四代利章は享保八年（一七二三）四月に上街道の中山道経由で就封を行った。このほか、藩祖利治は承応元年（一六五二）九月に参勤を、二代利明は寛文六年（一六六六）五月に就封を、四代利章は享保二年（一七一七）九月に就封をこのコースで行った。

［上街道の東海道経由］

江戸発（一一月一五日）―金川宿（同日）―大磯宿（一六日）―小田原宿（一七日）―吉原宿（一八日）―府中宿（一九日）―金谷宿（二〇日）―浜松宿（二一日）―赤坂宿（二二日）―池鯉鮒《ちりふ》宿（二三日）―清洲宿（二四日）―関ヶ原宿（二五日）―木之本宿（二六日）―今庄宿（二七日）―森田宿（二八日）―大聖寺着（二九日）

四代利章は享保四年（一七一九）一一月に上街道の東海道経由で就封を行った。利章は一一月二四日に熱田神宮（八剣之宮）を、二六日に木之本宿の地蔵堂を参詣し、後者に最花金三〇〇匹を奉納した。二六日の木之本宿では雪が二尺も降り、柳ケ瀬宿から板取宿までは「深雪馬足不立」の状態が続いた。このほか、三代利直は宝永元年（一七〇四）六月と同六年（一七〇九）五月に就封をこのコースで行った。参考までに、大聖寺藩の参勤交代旅程と同藩の上街道利用を第5表と第6表に示す。

ところで、藩主は参勤交代で北国下街道を利用したとき、必ず金沢城下の旅籠に宿泊して金沢城に出向き、参勤交

第６表　大聖寺藩の参勤交代（上街道）

藩主名	種別	年　　代	期　　間	日数	経　由	理　由
藩祖利治	参勤	承応元年（1652）	9/13～9/26	14	中山道	不　詳
２代利明	交代	寛文６年（1666）	5/12～5/27	16	中山道	不　詳
３代利直	交代	宝永元年（1704）	6/11～6/23	13	東海道	不　詳
３代利直	交代	宝永６年（1709）	5/21～6/4	15	東海道	不　詳
４代利章	交代	享保２年（1717）	9/24～10/8	15	中山道	不　詳
４代利章	交代	享保４年（1719）	11/15～11/29	15	東海道	不　詳
４代利章	交代	享保８年（1723）	4/11～4/25	15	中山道	不　詳

※『大聖寺藩史』『大聖寺藩の武家文書２』などにより作成。

代の挨拶や寺院の参詣を行った。次に、その一例を示す(24)。

五月廿五日、壹岐守様初而為御入部、当月十五日江戸御立、今日金沢御着、金屋九郎兵衛方に御泊。前田主税御旅宿に参上之処、御盃・御刀被下之。御縁者に依被成に也。今日宝円寺・天徳院江御参詣。翌廿六日野田御廟参。桃雲寺江御立寄候而御装束被召替、直に御発駕、小松御泊、廿七日大聖寺江御入部。

五代利道は寛延二年（一七四九）五月二五日に参勤の途次、金沢博労町の金屋九郎兵衛方に宿泊して金沢城に出向き、参勤の挨拶や前田家菩提寺の宝円寺・天徳院・野田御陵への参詣を行った。金沢城下の本陣は博労町の金屋が多く利用されたが、袋町の角屋・浅野屋を利用することもあった。その後、一二代利義は安政元年（一八五四）五月一〇日に就封の途次、金沢城下の浅野屋に宿泊し、翌日の正午前に金沢城に出向き、就封の挨拶を行った(25)。藩主が金沢城に出向き、参勤交代の挨拶や寺院の参詣を行ったことは、有力外様大名とその支藩主または知行主との間にみられた参勤交代の意味合いをもっていた。ただ、富山藩は参勤交代の主要道程中に位置しなかったので、歴代の藩主は金沢城に出向き、参勤交代の挨拶や寺院の参詣をすることはなかった。

すでに述べたように、三代利直は元禄四年（一六九一）から宝永六年（一七〇九）まで江戸城奥詰を勤めたこともあって、その初入部は宝永元年

（一七〇四）六月二三日と家督相続後の一三年目のことであった。このとき、家老・御用人・勘定頭・算用場奉行・郡奉行・同目付や目付十村二人・組付十村五人・采女様十村二人などは、御国境一里塚（南側半分は福井藩領）近くの奥谷村「ばんだ窪畠」に各二間離れて並び、藩主を迎えた。(26) 三代利直の在府中においても、江戸詰家臣の交代が行われたので、藩士たちは江戸と国元を隔年に往来した。たとえば、藩士ら一行は元禄一〇年（一六九七）三月一一日に大聖寺を発足し、浅生津宿（同日）―中河内宿（一二日）―関ヶ原宿（一三日）―太田宿（一四日）―大井宿（一五日）―上松宿（一六日）―本山宿（一七日）―長久保宿（一八日）―坂本宿（一九日）―深谷宿（二〇日）―大宮宿（二一日）の日程で、上街道の中山道経由を経て三月二二日に江戸に到着した。彼らは発足日の一一日に右村・橘村や金津宿で同僚の藩士・足軽や親交のある町人・村肝煎などに見送られた。また、藩士ら一行は同一三年（一七〇〇）二月一一日に江戸を発足し、鴻巣宿（同日）―倉賀野宿（一二日）―軽井沢宿（一三日）―榊宿（一四日）―柏原宿（一五日）―高田宿（一六日）―梶屋敷宿（一七日）―姫川逗留（一八日）―同所（一九日）―魚津宿（二〇日）―石動宿（二一日）―柏野宿（二二日）の日程で下街道の北国道経由を経て二月二三日に大聖寺に到着した。彼らは、帰国日の二三日に菅波村で同僚の藩士や親交のある町人・村肝煎などに迎えられた。さらに、藩士ら一行は同一五年（一七〇二）八月一九日に江戸を発足し、藤沢宿（同日）―箱根宿（二〇日）―吉原宿（二一日）―丸子宿（二二日）―掛川宿（二三日）―白須賀宿（二四日）―岡崎宿（二五日）―清洲宿（二六日）―関ヶ原宿（二七日）―椿市宿（二八日）―府中宿（二九日）―森田宿（三〇日）の日程で上街道の東海道経由を経て閏八月一日に大聖寺に到着した。彼らは、帰国日の閏八月一日に橘村で同僚の藩士や親交のある町人・村肝煎などに迎えられた。(27)

最後に、大名行列の諸費用についてみよう。九代利之が文政五年（一八二二）四月に下街道の北国道経由で就封したときは、糸魚川本陣（三四人）で賄料銭四貫五二九文、乗馬飼料銭一貫〇五〇文、御台所買上代銭七二六文、竹馬棒代銭一八〇文など都合金三両二歩と銭六貫四八九文を費した。藩主の食事は持参した御台所で、付属の賄方が料理した。大根・蕗・塩・鯛・鰈などは地元で調達したものの、香の物などは樽に入れ、重石を乗せたまま運んだという。このほか、本陣の骨折り賃、下宿や旅籠賃がかかった。なお、本陣への謝金は加賀藩の三分の一ほどであったという。北国下街道では、信濃の犀川、すぐ近くの千曲川、越後の姫川がしばしば暴れて、川止めを起こした。また、その後遺症も、生やさしいものではなかった。五代利道が明和五年（一七六八）四月に参勤したときは、姫川渡場の他に又川渡場ができ、姫川渡場で艀《はしけ》一艘、小舟一艘、水主五〇人、綱引き一〇〇人が、又川渡場で艀一艘、水主二〇人、綱引き三〇人、人足九〇人が雇われた。一方、九代利之が文政五年に就封したときは、信濃の犀川で出水に遭い、先行のはずの宿割奉行が遅れて藩主の一行と一緒になったため、糸魚川宿から越中の宮崎宿まで荷物五駄や駕籠一丁などを大町の船を雇い、賃銭四貫五〇〇文をもって運んだ(28)。

文政四年（一八二一）頃の「御在府年御入用払」（「勘定頭心得書」収載）には、「御参勤御入用」として一五〇〇両計（藤沢屋渡り一五〇両、御参勤御供之人仕切、御荷物駄賃金）を記す(29)。このほか、道具買上代金や槍・弓・鉄砲などの道具修理代金、旅籠代金・飲食費・買物代金・川越代金などの予備金が数百両かかり、その総計は金三〇〇〇～三五〇〇両になった。九代利之が同一〇年（一八二七）四月に就封したときは各宿場の本陣・下宿だけでなく、境関所や越後の親不知で足軽や村方役人・問屋などに金四〇〇疋と銭四貫七〇〇文を、また一四代利鬯が元治元年（一八六四）一〇月に就封したときは、越後の梶屋敷宿・糸魚川宿・能生宿・早川村などでそれぞれ人足・本馬・軽尻を雇い、都合銭一八貫六五五文を支払っていた。ちなみに、勘定頭は江戸後期の参勤時に、越後の市振宿から板橋宿までの問屋に毎年銀五一切を支払っていた。この金三五〇〇両（銀二一〇貫）は、藩主在国年の支出銀八二七貫余（藩主在府年の銀九二四貫余）中の二五％以上を占めた(30)。つまり、この諸費用は加賀藩の文化・文政期の銀三二〇～

三三〇貫に比べて比率が極めて高かった。これは大名行列の平均人数が二七〇人と少なかったことをみると、その他がかなり割高になっていたことを示すものだろう。

大聖寺藩でも諸藩と同様に、江戸後期に藩の支出銀の六割ほどを江戸で消費していた。藩主に供する侍は御算用場から仕切金や会所銀を受取り、家禄に相応した供廻りを揃えた。仕切金は「御供人江被下金」のこと、会所銀は「同御貸渡金」のことを指す。次に、文政四年（一八二一）頃の「仕切之事」を左に記す[31]。

一、詰并御使等之節、発足案内紙面頭以上は自分ゟ出ス、平士以下ハ組頭才許人ヨリ指出ス、仕切ハ前日渡之格也、併其前日御場無之候得ば、前々日ニ而も何レ御場相立候日ニ相渡ス、是ハ正銀渡リ也、御供之人々は金子渡リ也、金子共ニ相渡前之御場日之相場ニスル也

但御用所指紙ニ上下格有之也、其通相渡ス事、宿上人足も御用所指紙之通也、路銀・馬銀・御扶持方米代等ハ御定ニ有之通相渡、小払方ヨリ請取切手調方、案文留ニ委細有之（中略）、御発駕ノ節仕切ハ、御発駕之十日以前之御場日ノ相場ニ相極、尤御供・御前後とも御供指紙ニ有之分ハ、金子渡リ也、両替ハ間相場也

一、頭右同断仕切之切手ハ、上下五人百日分、御扶持方ト知行当リ出銀ト宿人足弐人分、何〆何百文時之銭相場銀直シニ而相立ル

一、給知取ノ平士右同断之節、仕切之切手ハ上下三人百日分之御扶持方ト、知行当リ出銀ト、宿人足壱人分、何〆何百文時之銭相場銀直シニ而相立ル

一、下行之人々右同断之節、仕切之切手ハ上下三人百日分之御扶持方ト、道中幾泊リ之宿賃銀、上四分下弐分都合幾泊リ、何匁何分、是ヲ定之八十文銭ニシテ、何百何十文ト駄馬壱疋、何〆何百文、宿人足壱人、何百何拾文、〆何〆何百文ヲ時銭相場銀直シニ而相渡ル

仕切金は発足案内の紙面に基づき、江戸発駕の前日に御算用場において渡された。頭は上下五人の一〇〇日分の扶持方と知行当り出銀、宿人足二人分が、給知取の平士は上下三人の一〇〇日分の扶持方と知行当り出銀、宿人足一人分が、下行侍は上下三人の一〇〇日分の扶持方と宿賃金が、百日扶持方は発足日から一〇〇日間の扶持方が渡された。文政一〇年（一八二七）には一〇〇〇石の家老一人に銀一四貫七〇三匁、二〇〇石の平士一人に銀四貫七二匁、一〇〇石の平士一人に銀二貫四五二匁、徒一人に銀一貫一八八匁の江戸詰費用が勘定頭から支給された。家老の内訳は六斗除が三貫匁、会所銀が三貫匁（一〇〇石に付き三〇〇匁）、知行当り出銀が八〇〇匁、宿人足七人分が五二二匁、上下九人分（一年分）が三貫七八匁、通日用七人分六三匁、借知返却分が四貫二四〇匁で、二〇〇石の平士は六斗除が一貫二〇〇匁、会所銀が四五〇匁、知行当り出銀が三一〇匁、宿人足二人分が一五二匁、上下五人分（一年分扶持方）が一貫七一〇匁、借知返却分が七五〇匁で、一〇〇石の平士は六斗除が六〇〇匁、会所銀が三〇〇匁、知行当り出銀が二五〇匁、宿人足一人分が七五匁、上下三人分（一年分扶持方）が一貫二六匁、借知返却分が二〇〇匁で、徒は六斗除が二一三匁、会所銀が一五〇匁、宿人足并馬代が八七匁、上下二人分（扶持方）が七三八匁であった。[32]なお、会所銀は「無利足拾五ケ年賦、御借知中ハ弐十ケ年賦也」と書かれた証文をもって発足日の一〇日前に会所銀方から渡された。[33]広田織右衛門（広田百豊の先祖）は明和六年（一七六九）三月の江戸詰に際し、会所銀方から文封丁銀一五〇匁を無利足一五年賦をもって借用していた。[34]江戸詰人数は明確でないが、参勤の供人約二七〇人を含めて三五〇〜四〇〇人ほどであったようだ。江戸詰人は妻子の同行を許されず、江戸藩邸の各自室に居住し、集まれば必ず酒を飲み、時に遊離に溺れる者もいた。東方芝山は文久二年（一八六二）に意見書に「江戸詰抔に一種の悪風あり」と、江戸詰人が遊興におぼれて金一〇両余も使ったことを批判していた。[35]

註

（1）『国史大系・徳川実紀第二篇』（吉川弘文館）六八三頁。参勤交代は、徳川家康が慶長五年（一六〇〇）六月から前田利家の正室芳春院を人質として江戸に居住させたことに始まるともいう。
（2）『国史大辞典6』（吉川弘文館）五二二～五二三頁
（3）前掲『国史大系・徳川実紀第三篇』二七一頁、『加賀藩史料・第参編』（清文堂）九五八頁。これ以前、幕府は寛永一六年（一六三九）二月二一日に、三代利常の二男利次（富山藩祖）と三男利治（大聖寺藩祖）に対し九月参勤を命じていた（『国事雑抄・上巻』石川県図書館協会、一六～一七）。
（4）前掲『加賀藩史料・第八編』三〇六頁および前掲『加賀藩史料・第拾編』二九七～二九九頁
（5）『右同・第拾壱編』一四三頁
（6）前掲『国史大系・徳川実紀第三篇』五六頁
（7）『右同・第八篇』二四九頁
（8）前掲『加賀藩史料・第三編』八四七～八五五頁
（9）忠田敏雄『参勤交代道中記』（平凡社）六五頁
（10）前掲『加賀藩史料・幕末篇上巻』三三九頁。一三代斉泰は弘化四年（一八四七）三月に供人一八七六七人（うち雇者六四八人）、宿継人足一八九九人（宿定二五人のほか）、家中乗馬二九疋、宿継馬一一七匹（宿定二五疋のほか）をもって北国下街道で参勤を行った（『同書・第拾五編』九三〇頁）。
（11）『石川県史・第参編』（石川県）一〇三八～一〇八〇頁
（12）前掲『参勤交代道中記』一七〇～一七八頁
（13）前掲『加賀藩史料・第拾貳編』三一二～三三三頁
（14）前掲『参勤交代道中記』一三九～一四〇頁
（15）前掲『加賀藩史料・第拾貳篇』三一五～三一六頁
（16）「加州御三家様御通行御休泊諸記録一」（「加賀の井文書」糸魚川市大町）。越後国糸魚川町の小林家（加賀の井家）は代々九郎左衛門を名乗り、本陣・町年寄などを勤めた。本陣の最大の利用者は、加賀藩とその分家の富山藩と大聖寺藩であった。同家には「加州御三家様御通行御休泊諸記録一」（文化一三年～文政六年）、「加州御三家様御通行御休泊諸要録二」（文政七年～文政九年）、「加州御三家様御通行御休泊諸記録三」

（文政一〇年〜文政一二年）、「加州御三家様御通行御休泊諸記録四」（文政一三年〜天保三年）、「加州御三家様御通行御休泊諸記録一」（天保四年〜天保八年）、「加州御三家様御通行御休泊諸要留六」（天保九年〜天保一一年）などをはじめ、加州御三家の参勤交代に関する史料が多数残っている。
(17)「東海道御道中雑記」（金沢市立玉川図書館近世史料館蔵）および前掲「加州御三家様御通行御休泊諸記録一」
(18)「御道中日記抜書」（金沢市立玉川図書館近世史料館蔵）よび前掲『加賀藩史料・第拾貳編』六六六頁
(19)前掲『加賀藩史料・第拾貳編』三三三頁
(20)前掲『加賀藩史料・第拾編』五三四〜五三九頁、前掲『加賀藩史料・第十四編』二八四〜二八八頁および寛政一〇年（一七九八）の「御参勤御供人帳」（金沢市立玉川図書館近世史料館蔵）
(21)前掲『加賀藩史料・藩末篇上巻』八七六頁、『加賀市史料五』（加賀市立図書館）二〇九〜二一〇頁、「山長文書」（加賀市立図書館蔵）および前掲「加賀の井文書」。九代利之が文政五年に就封したときは、糸魚川宿で供人三九七人が本陣（三四人）と下宿三五軒に宿泊した（前掲「加州御三家様御通行御休泊諸記録一」）。
(22)「桃之助殿御出府御行列附」（金沢市立玉川図書館近世史料館蔵）。桃之助（のち一四代利鬯）は安政二年（一八五五）一〇月一五日に襲封に先立ち、金沢を発駕して出府の途についた。
(23)前掲『加賀市史料九』二九六〜二七七頁および『大聖寺藩の武家文書2』（北陸印刷）二二四〜二三六頁
(24)前掲『加賀藩史料・第七編』五八九頁。九代利之は文化七年（一八一〇）の就封途次、金沢博労町の金屋九郎兵衛方に宿泊して金沢城に出向き、就封の挨拶や天徳院・宝円寺への参詣を行った（『同書・第拾壱編』九二二頁）。
　五月十三日、備後守様御登城八半時比御出、御対顔有之、七半時比御退出、直に天徳院・宝円寺江御参詣に而、暮比御帰宿之事。但御居間廻り等御間共御覧。且御料理二汁五菜加御引菜。御膳は木具。
(25)前掲『加賀藩史料・幕末篇上巻』六一三頁
(26)拙編『大聖寺藩の村方文書』（北陸印刷）一一〇〜一一一頁
(27)前掲『大聖寺藩の武家文書2』一四五〜一七六頁
(28)前掲「加州御三家様御通行御休泊諸記録一」
(29)『大聖寺藩史』（大聖寺藩史編纂会）五八〇〜五八一頁
(30)前掲「加州御三家様御通行御休泊諸記録三」および前掲『加賀市史料五』八三〜一〇〇頁。五代利道は宝暦四年（一七五四）に財政難のため、参勤交代の費用を加賀藩に求めていた（前掲『加賀藩史料・第七編』八〇九頁）。

(31) 前掲『加賀市史料五』一九二〜一九三頁。割場は参勤交代に際し、頭以上一人宛、平士三人（のち二人）宛、徒四人（のち三人）宛、足軽小頭・御供廻小頭四人宛、御手廻八人宛に駅馬一疋と人足一人を提供した（前掲『大聖寺藩の武家文書1』三七三〜三七四頁）。

(32) 『右同』二〇九〜二一一頁。六斗除米については、「御算用場留書」の享保七年九月八日条に「御家中除米百石ニ六斗之図を以、御徒類迄右之図ニ而除米有之并給知者当暮ゟ、下行取者来卯春ゟ指除、今日触状出ル」とあって（前掲『加賀市史料五』五一頁）、大聖寺藩では享保七年（一七二二）に長期の出張や参勤交代の費用に当てるため、草高一〇〇石に付き正米六斗宛の代銀を積立する「六斗除米制」を実施した。六斗除納代官は給知の百姓から直接六斗米を永町御蔵に収納し、代官口米百分一を得た。遠使は六斗除米代銀貸渡額の三分の二、中使は三分の一、近使（金沢・福井）は六分の一と定められていた。近使は安永六年（一七七七）に二〇日以上の宿泊が四分の一、三〇日以上が三分の一に改定された。なお、江戸詰の貸渡銀は、江戸より大聖寺に帰った翌年より二〇ケ年賦（無利息）を以て返済する定めと成っていた（『同書』一七五頁）。

(33) 『右同』一九一頁

(34) 『加賀市史・通史上巻』（加賀市史編纂委員会）七四八〜八四九頁

(35) 前掲『大聖寺藩史』二九七頁。大聖寺藩領の北国街道は、加越国境の一里塚から橘・大聖寺・動橋・月津駅を経て串村の加賀藩領境に至る五里一八町二五間（約二二キロメートル）であった。領内の宿駅は慶長期（一五九六〜一六一四）に橘駅（駅馬一七疋）、大聖寺駅（駅馬一一疋）、動橋駅（駅馬一四疋）、月津駅（駅馬二二疋）に設置された。また、城下町の西端には関所、橘・吉崎・熊坂・風谷には口留番所が置かれていた。大聖寺関は慶長一五年（一六一〇）以前に設置され、寛永一六年（一六三九）から大聖寺藩の管理となった。関所は街道の北側にあり、その向かいには女番所と家老生駒氏の下屋敷があった。門扉の開閉は日の出とともに開き、日没とともに閉じ、夜間の通行は禁止されていた。足軽十数人は当番と非番に分かれ、昼夜ともに門番に当たった。大聖寺藩領の北国街道をはじめ、山代道・山中道・吉崎道・風谷越・大内越など主要往来については、拙著『大聖寺藩産業史の研究』（桂書房）を参照されたい。

第九章　財政策について

一　藩政後期の農村

大聖寺藩は加賀藩と同様に、年貢負担率の関係から領内を里方・浜方・山方・奥山方の四地域に分けて支配した。これらの地域では、領民がそれぞれの地域に適応した生産活動を行っていた。次に、天保一五年（一八四四）の「加賀江沼志稿」によって、領内の農村状況をみよう。まず、天保期（一八三〇～四四）の領内草高・定納口米（上納米）・小物成銀および家数・人数（高持数・無高数）・鍬数・馬数・船数などを示す[1]。

草高合八万四千三百六石三斗五合［A］
　内二千五百七石二斗七升八合　　矢田野
定口合三万八千二百八十三石八斗七升四合
　内三百四十九石六升二合　　矢田野
　但此内二石六斗六升七合　　宝江山社領
三万千六百八十一石三升一合　　年内米納所
二千五百石五斗四升九合　　年内銀成
代銀九十九貫二百五十四匁八厘
四千百二石二斗四合　　翌年銀成
代銀百六十九貫六百十五匁一分九厘
小物成合十九貫百四十五匁五分九厘

二貫百七十五匁
　但判金五枚代三十七両二歩分
　両替五十八匁定
外ニ庄村絹役、塩師三ケ村塩役、橋立・吉崎・塩屋三ケ村渡海船役有。但是者毎歳出来高寄相違有之、銀子不定
略之
鍬米合百七十七石七斗二合五勺
家数合四千百八十一　内四十三矢田野［B］
人数合二万千二百六十人　内百六十八人矢田野
　内
高持一万八千二十九人　内百五十三人矢田野
　内九千八百六十四人男
無高三千六十四人　内十五人矢田野
　内千四百三十六人男　内二十人矢田野
馬数合千二十八疋
船数合百四十三艘
　内七十六艘猟船、二十三艘渡海船、四十四艘川船
鍬数合八千七百五十一挺
宝暦己卯改実鍬数合、但十五歳ヨリ六十歳迄、七千九百六十人

内二十四人　足軽
八十六人　小人
三百五十五人　御家中町方奉公人
六百二十九人　百姓奉公人
船乗奉公人

［A］は天保期の領内草高・定納口米および小物成などを、［B］は同期の領内家数・人数（高持数・無高数）・鍬役数および馬数・船数などを示す。天保期には領内草高が八万四三六三石余、一村平均免が四ツ五分、定納口米が三万八二八三石余であった。領内草高八万四三六三石余の内訳は、村組の西ノ庄一六か村が一万三二五石余、北浜一六か村が八六五三石余、山中谷（紙屋谷）一五か村が一万六二六石余、潟回（潟端）二一か村が一万六五三石余、能美境一七か村が九七二三石余、那谷谷二一か村が一万一八四五石余、四十院谷一七か村が一万八三〇石余、奥山方二一か村が三二二三石余など一四二か村の合計であった。すでに述べたように、村高は山代村が二八二八石余と最も多く、これに熊坂村一八五五石余、片山津村一七二二石余、加茂村一七一六石余、動橋村一六二三石余、右村一六〇〇石余、中代村一五三一石余、串村一五二八石余、庄村一三一七石余、中嶋村一三三四石余などが続いた。一方、小さい村高では西住村一〇石余、上新保村一二石余、村松村一七石余、市谷村二一石余、真砂村三〇石余、大内村四七石余、枯淵村五七石余、小杉村六四石余、片谷村七〇石余、山本村七三石余などがあった。ちなみに、藩祖利治の治世の正保三年（一六四六）には領内草高が七万五六五四石余、一村平均免が三ツ九分八厘、定納口米が二万八四〇三石余であった。つまり、大聖寺藩でも正保三年から天保期までに新田開発が行われ、草高・定納口米が若干増加した。定納口米三万八二八三石余の内訳は、年内米納所が三万一六八一石余、年内銀成が二五〇〇石余（銀

九九貫二五四匁余）、翌年銀成が四一〇二石余（一六九貫六一五匁）で、上納米の七九％が米の現物納であった。このことは、大聖寺藩が江戸後期に至っても自給自足型の典型的な主穀生産を行っていたことを示す。銀成二一％の割合は年内銀成が三八％、翌年銀成が六二％であり、これは里方・浜方などの村々に比べて奥山方・山方などが高かった。山中・下谷・菅谷・栢野・風谷・大内・我谷・枯淵・片谷・坂下・小杉・生水・九谷・真砂・市谷・西住・杉水・上新保・大土・今立村など奥山方の村々では、上納高のすべてが銀成であった。

小物成銀（定小物成銀）二一貫三二〇匁の内訳は、山役七貫八九三匁余（四〇％）、湯役二貫七三九匁余、船役二貫六〇六匁余、地子銀一貫二〇一匁余、川役七四七匁余、茶屋役六九三匁余、茶役四五六匁余、野役四二〇匁余、炭役三〇九匁、酒屋役二五八匁、問屋役二五八匁、引網役二三〇匁、伝馬役二二四匁、紙役二二四匁余など四二種であった。九代利之の治世（文政一〇年）には、山役・馬喰役・炭役・茶役・中折紙・伝馬役・船役・野役・室役・葭役・油棒役・油臼役・綿打役・問屋役・茶屋役・川役・紺屋役・豆腐役・酒役・煙草役など小物成銀が二一貫匁余であった。このほか、庄村には絹役が、伊切・浜佐美・篠原新村の三か村には塩役が、橋立・吉崎・塩屋村の三か村には渡海船役が課されていた。ちなみに、この運上銀は絹一疋が銀三匁、塩一石が銀六分、渡海船役が一人銀七匁であった。ともあれ、大聖寺藩では漁業・製塩業・製絹業・漆器業・製茶業・製紙業など一部の産業を除き、目立った産業もみられず、農業的商品生産の大きな展開をみることはできなかった。なお、鍬米（鍬役米）一七七石余は一五～六〇歳までの男子（百姓・頭振）から米二升を徴収した十村役料で、元和二年（一六一六）から始まった。

天保期には郡方家数が四一八一戸、郡方人数が二万一二六〇人で、うち高持が一万八〇二九人（男九八六四人、女八一六五人）、無高が三〇六四人（男一四三六人、女一六二八人）であった。一戸平均の石高は同期に二四石ほどであったが、当時、これは一戸（平均五・一人）が最低生活をするために必要な石高二〇～三〇石より少し低かった。また、無高の割合も一四・四%で、同期の加賀藩に比べて少し低かった。ただ、これは領内においても里方・浜方・山方・奥山方など地域差があった。このほか、領内には同期に馬数が一〇二八疋、船数が一四三艘で、船数のうち猟船が七六艘、渡海船が二三艘、川船が四四艘であった。鍬数八七五一挺は鍬米を上納した一五～六〇歳までの男子数で、宝暦九年（一七五九）には七九六〇人であった。この鍬数七九六〇人の中には、足軽二四人、小人八六人、家中町方奉公人三五五人、百姓奉公人・船乗奉公人六二九人が含まれていた。つまり、無高の多くは家中町方奉公人および百姓奉公人・船乗奉公人に出ており、里方の村々を中心に地主・小作関係がかなり広まっていたようだ。参考までに、大聖寺藩の村組別家数・人数（高持・無高）・鍬数・馬数を第1表に示す。

第1表　大聖寺藩の村組別家数・人数等（天保15年）

村組名	家数	人数	高持	無高	無高率	鍬数	馬数
西ノ庄(14か村)	879	3222	2531	691	21.4	1063	103
北　浜(16か村)	795	2675	2488	187	7.0	937	77
山中谷(15か村)	768	3118	2663	455	14.6	1113	172
潟　回(21か村)	1094	3232	2890	342	10.6	1419	146
能美境(17か村)	678	2048	1804	244	11.9	938	120
那谷谷(22か村)	725	2388	1957	431	18.1	1294	123
四十九院谷(17か村)	581	1751	1454	297	17.0	774	97
奥山方(21か村)	618	2706	2340	366	13.5	868	117
合　計(143か村)	6138	21140	18127	3013	14.1	8406	955

※「加賀江沼志稿」により作成。山田町領・大聖寺町領・深田・荒木・吸坂・塔尾・中津原村については記載がない。人数は7才以上のもの。

第1表は家数・鍬数で一四三か村分を、人数（高持・無高）・馬数で一四二か村分を記載するものの、山田町領・大聖寺町領や深田・荒木・吸坂・塔尾・中津原村については記載がない。家数は串村が一八五戸と最も多く、これに山代村一六五戸、山中村一四二戸、塩屋村一四七戸、片山津村一二二戸、塩浜村一二二戸、月津村一一三戸、那谷村一〇五戸、右村一〇九戸、熊坂村一〇一戸、橋立村一〇〇戸などが続いた。人数は山代村が五七九人と最も多く、これに串村五四六人、山中村四六八人、塩屋村四六二人、熊坂村四四八人、那谷村三八一人、月津村三四九人、菅谷村三四九人、橋立村三三八人、片山津村三三八人、右村三三七人、瀬越村三三三人、黒瀬村三一八人などが続いた（七才以上）。村組別の無高率は西ノ庄が二一・四％と最も高く、これに那谷谷一八・一％、四十九院谷一七・〇％、山中谷一四・六％などが続いた。西ノ庄は大聖寺城下や堀切港に近く、塩屋村四二・四％をはじめ、下福田村三一・四％、上福田村三一・一％、瀬越村二七・三％、永井村二一・六％と高い村が多かった。村組別の一村平均戸数は西ノ庄が六二・八戸と最も多く、これに潟回五二・〇戸、山中谷五一・二戸、北浜四九・六戸、能美境三九・八戸、四十九院谷三四・一戸、那谷谷三三・二戸、奥山方二九・四戸などが続いた。全体の平均は四三・〇戸であった。村組別の一村馬数は山中谷が一一・四疋と最も多く、これに西ノ庄七・三疋、能美境七・〇疋、潟回六・九疋、那谷谷五・八疋、四十九院谷五・七疋、奥山方五・五疋、北浜四・九疋などが続いた。全体の平均は六・七疋であった。なお、天明四年（一七八四）の「秘要雑集」には「馬の数の少くなりし莫大の事也」とあって、(2)これ以前は馬数もかなり多かったようだ。

里方の弓波・中代・加茂・七日市・清水・上福田村などは一戸平均の石高が三〇石を越え、無高の割合も二〇％を越えていた。こうした村々では無高の多くが家中町方奉公人や百姓奉公人になっており、地主・小作関係が成立していた。庄村は一戸平均の石高が二八・六石、無高の割合が三三・七％であったので、無高の多くは「年季小女郎」などと称して庄絹の生産に従事したものだろう。同村の絹肝煎（絹問屋）は女工を抱え、屋敷内に機場を設置するとともに、出機制度によって小農民や無高を支配した。山方の熊坂・奥谷・曽宇・直下・日谷・荒屋・馬場・滝ヶ原村などは一戸平均の石高が一四石ほどで、無高の割合が一五％ほどであった。ただ、これらの村々は一村平均の山役が四〇〇匁を越え、全村平均が七四石ほどであったので、山稼ぎが盛んな地域であった。奥山方の真砂・九谷・生水・小杉・市谷・西住・杉水・上新保村などは一戸平均の石高が四石ほどで、無高の割合が一二％ほどであった。これらの村々は一村平均の山役が一二匁ほどであったので、山畑（下々畑）において薙畑（焼畑）耕作を行っていたようだ。奥山方（西谷・アチラ谷）の村々では田畑が少なかったので、江戸後期に至っても薙畑耕作が盛んであった。これは一年目に蕎麦、二年目に粟、三年目に大豆・小豆・芋、四年目に粟・芋、五年目に小豆・芋などを作付けし、六年目以降は焼畑地を一五〜二〇年ほど放棄した。奥山方の二〇か村には、天保期に薙畑の用地・適地「むつし」が各山林中に点在していたという。(3) 山中村は一戸平均の石高が四・二石、無高の割合が二三・三％であったので、無高の多くが湯宿業や漆器業に関する奉公人になっていたようだ。湯宿は江戸末期に多くが漆器商人を兼ねて、湯宿や漆器店に小農民や無高を奉公人・日用人に雇っていた。浜方の塩屋・吉崎・片野・黒崎・橋立・小塩・篠原・新保・佐美村などは一戸平均の石高が八石ほどで、無高の割合が一〇％であった。無高の割合は塩屋が四二・四％、浜佐美村（佐美出村）が二三・七％と高いので、両村の無高が多く北前船の水主や製塩業の塩師になっていたようだ。ただ、浜方の村々では塩屋・瀬越・伊切・浜佐美村を除けば、その他の村々は「農隙ニ漁猟ヲ以テ産業ノ一助」「塩窯漁猟ヲ産業ノ一助」程度のものであった。なお、橋立村は江戸後期に「渡海交易（北前船）ヲ産業」とする村落であり、塩屋・吉崎村は「渡海交易ヲ産業ノ一助」とする村落であった。(4)

右のように、大聖寺藩の年貢率は、天保期に新開村や奥山方の一部の村を除き、ほとんどが四ツ五歩〜五ツ五歩までの間にあった。これに加えて、農民は小物成・春秋夫銀（石一四〇匁）・鍬米（十村役米）・郡打銀・村万雑などを負担せねばならず、再生産ぎりぎりまで収奪されていた。こうした農民生活の状況について、『わが分校を語る』には「一籔の田圃より米三十二、三石穫れば上等で、平均夫れ迄には行かん。三十二石穫れたとして、十五石六斗年貢米、三十二石穫るに要する肥代、当時肥料は鰊斗りで米三石と鰊百貫と交換するので、肥料は、根肥式百貫、打肥に百貫、三百貫が要する之に九石必要なので、残り一石斗りで家内六、七人の飯米一ケ年の雑費等を見ると、米なんぞ

第２表　大聖寺藩の御収納入高并払（文政10年、藩主在国）

入米石高	入米項目名	出米石高	出米項目名
38190石	収納米定納口米共（文政９年入高）	2590石余	年内銀納所米
1546石	家中借知并下行共（文化13年分）	4100石余	翌年越銀納所米
77石余	会所銀年賦	2269石余	定式一作引免
86石余	六斗除年賦米	400石余	林村一作引高并九ケ村
80石余	御城米年賦	372石	上々様（利之）御分限米
200石余	定式六斗除、給知下行共	200石	梅芳院様（利之生母）
		170石	造酒様・長泉院様（利信生母）
		80石	御膳米
		12037石	御家中給知・寺社領
		7724石余	惣下行渡り
		2000石	御後用米
40179石余	入米石高合計	31943石余	出米石高合計

※『大聖寺藩史』『加賀市史料五』などにより作成。入米40179石余－出米31943石余＝正残米8236石余。

食べられる状態でない」と記す(5)。三〇石の中農民でもこうした状況であったから、それ以下小農民の生活がいかに厳しかったかは想像に堅くない。ともあれ、江戸後期には里方の農民が水田耕作を中心に畑作耕作による若干の商品作物を、山方の農民が水田・畑作耕作および材木・薪炭や木羽を、奥山方の農民が水田・畑作・薙畑耕作および材木・薪炭や木羽を、浜方の農民が水田・畑作耕作および乾物（漁獲物）・塩などを生産していたものの、自給自足を中心に据えた改作体制の中で、いずれも彼らの生活を支える産業（特産品）とはならなかった。

二　藩財政の窮迫

藩政期全般の歳入・歳出状況を示す史料は、残念ながら存在しない。そこで、「勘定頭定書」収載の九代利之治世の歳入・歳出を第２表（米納分）と第３表（銀納分）に示す。併せて、利之治世の諸役所年中渡り銀を第４表に示す。

米納分の収入は収納米三万八一九〇石、家中借知并下行一五四六石、会所銀年賦七七石余などを加えて四万一七九石余

第３表　大聖寺藩の銀納御収納高之事並払（文政10年、藩主在国）

収 納 銀	収納銀項目名	入 用 銀	入用銀項目名
329貫440匁	御払米代（8236石×40匁）	6440両	御要脚金
100貫	年内銀納所	500両	増御要脚
167貫	翌年越銀納所	1000両	若殿様（利極）
20貫	小物成銀	580両	峻光院様（利考夫人）御分限金
29貫	両度夫銀	100両	梅芳院様（利之生母）上同断
1貫800匁	御借知夫銀	200両	御前様（利之夫人）上同断
3貫500匁	御城銀返上、外金1両2歩	500両	若殿様（利極）上同断
13貫400匁	町方諸運上、外金2両	4貫600匁	鈺七郎様（利平）上同断
7貫500匁	絹運上	1貫800匁	造酒様（利信）上同断、外金50両
57両2歩	山中・山代湯役銭	230両	御帰金
1貫440匁	他領出魚運上	36貫	御給銀御役料高、外金38両2歩
40貫	地子銀	100両	御本家様返済
8貫900匁	役所取立諸運上、外金45両	100両	御郡町方御当用金返済
6貫600匁	御家中出銀時鐘料	3貫	御郡築立
2貫800匁	役銀（草高100石＝50匁）	42貫	御日用
12貫	魚問屋口銭	32貫200匁	作事所入用
877匁	質屋運上	20貫	盆暮払
6貫	茶運上	41貫667匁	定式指紙小払、外金150両、15切
250匁	灰口銭	44貫	江戸惣渡物、外10切
30両	森下屋返上銀（両替64匁）	700匁	着三度駄賃
		1貫余	出三度駄賃
		146匁	鰈・鴨御荷物駄賃、外金150両
		208両	江戸年賦（森川屋・笹屋）
		167貫	鶴心斎様（七日市侯利以）へ
		2貫	御献上御鐙代
		4貫	江戸・金沢御使渡り
		100両	藤沢屋渡り御用賃
		3切	大坂加島屋新右衛門へ
		295両	御本家様年賦三口分
		23貫306匁	大坂米屋年賦三口分
		32両	鯖・鮴御荷物駄賃
733貫239匁	収納銀合計	827貫余	入用銀合計

※「加賀江沼志稿」により作成。

となった。その支出は年内銀納所米二五九〇石余、翌年越銀納所米四一〇〇石余、定式一作引免二二六九石余、御家中給知・寺社領一万二〇三七石など三万一九四三石となった。正残米はわずか八二三六石となった。

銀納分の収入は御払米代三二九貫四四〇匁、年内銀納所一〇〇貫匁、翌年越銀納所一六七貫匁、小物成銀二〇貫匁、両度夫銀二九貫匁、町方諸運上一三貫四〇〇匁、湯役銀五七両二歩、地子銀四〇貫匁、魚問屋口銭一二貫匁、絹運上銀七貫五〇〇匁余、茶運上銀六貫匁など銀七三三貫二三九匁（金一万一三〇〇両）となった。御払米代三二九貫四四〇匁は収入中の最大で、正残米八二三六石余を石四〇匁として売却したものである。その支出は御要脚金六九四〇両、親族分限金三〇〇〇両余、御帰金二三〇両、御本家様返済金一〇〇両、御郡町方返済金一〇〇両、江戸年賦金二〇八両、大坂米屋年賦銀二三貫三〇六匁、江戸惣渡物四四貫匁など銀八二七貫余（金一万二九二二両余）となった。すなわち、藩主在国年の収支は収入が銀七三三貫二三九匁、支出が銀八二七貫余で、銀九三貫七九五匁五分（金一四六五両）の不足となった。これに対し、藩主参府年の収支は、御衣類料一五〇両、御参勤御入用一五〇〇両、御参勤御供人仕切・荷物駄賃一五〇両などが加わって銀九二四貫七九三匁六分（金一万四四四九両余）となった。つまり、藩主参府時の収支は収入が銀七三三貫二三九匁、支出が銀九二四貫七九三匁六分で、銀一九一貫五五四匁四分六厘（金二九九三両）の不足となった。このように、藩財政は江戸後期に藩主在国年で金一五〇〇両、藩主参府年で金三〇〇〇両近い赤字が出ていた。(6)

ところで、大坂・大津への廻米（登米）はどのくらいあったのだろうか。大坂・大津廻米（登米）とは大坂・大津において米を売却し、その金銀を江戸藩邸や大聖寺藩邸（国許）に送って藩費とすることをいう。天明四年（一八七四）の「秘要雑集」には「寛文の比、連年大坂・大津へ御廻米一万石内外也。今を以て見れば大方不審也。今の世四五千石をも登さば、御国の飯米はあきて、他国より入津せずんばならず」とあって、(7)大坂廻米は二代利明

第４表　大聖寺藩の諸役所年中渡り銀定（文政10年）

役所名	渡り銀	渡り項目名	備考
御用所	500匁	諸入用	３月・９月渡り
	金51切	御参府之節問屋（市振～板橋）へ	御参府年
	銀１枚	伊勢御年籠御神楽料	御在国年
	金６切	京都御屋敷守へ	御在国年
	100匁	御祐筆見習両人へ	11月渡り
	20匁	書役見習筆墨代	12月渡り（4人）
	銀２枚	覚成院様・峻徳院様御霊前へ	１月渡り
	１両	高徳院様初惣御牌前へ	12月渡り
御用部屋	３貫400匁	諸入用	３月・９月渡り
	１貫	御下金御利足	12月渡り
	100両	御前御用	12月渡り
	４貫500匁	上同断	３月・９月渡り
御算用場	270匁	諸入用	３月・９月渡り
	300匁	小川屋九郎兵衛へ	12月渡り
	50匁	永町御蔵御収納奉行へ	３月・９月渡り
	10匁	永町御蔵掃除方	３月・９月渡り
	4匁5分	瀬越御蔵諸入用	３月渡り
	15匁	給知蔵押割方入用	３月・９月渡り
	10匁	小払方諸入用	３月渡り
	7匁5歩	川廻り方諸入用	３月渡り
	200匁	給知蔵諸入用	３月・９月渡り
	6匁5分	松方役所諸入用	３月渡り
	3匁	塩蔵御目付年中筆墨代	３月渡り
	10匁	六斗除方上同断	３月渡り
	8匁	塩屋浦番所諸入用	３月渡り
	733匁	永町御蔵人足代	３月・11月渡り
	5匁	小算用見習筆墨代	12月渡り
割場	500匁	役所諸入用	３月・９月渡り
	200匁	御道中割場入用	御在国年
	65匁	鐘撞堂諸入用	３月・９月渡り
	38匁8分	上同断薬抹香代	
	7匁	御供廻り諸入用	３月渡り
	5匁	小人御貸屋入用	３月渡り

役所名	渡り銀	渡り項目名	備考
割場	34匁6分	大御門諸入用	3月・9月渡り
	45匁6分	盆中火燈方	7月渡り
	1匁	定掃除渡り	3月渡り
	18匁	小仕番所渡り	3月・9月渡り
	18匁8分	御餝松方	暮渡り
	7匁2分	同人足代	暮渡り
	10匁	御書院掃除方	3月・9月渡り
	35匁4分	織部河道番所諸入用	3月・9月渡り
	4匁5分	藤ノ木番所炭代	3月渡り
	25匁	塩屋村間奉行薪代	3月・9月渡り
	20匁	全昌寺木戸番渡り	3月・9月渡り
御露地	263匁	諸入用	3月・9月渡り
作事所	210匁1分	御館外御普請所屋根1ケ月分	毎月渡り
	2匁	山代御藪番	3月渡り
	45匁	杣忠兵衛渡り	春暮渡り
	5匁	上同人	春暮渡り
頭番所	90匁	諸入用	3月・9月渡り
御中小姓	8匁	諸入用	3月渡り
	5匁	御判紙方	3月渡り
御使役	4匁	諸入用	3月渡り
御馬廻	15匁	諸入用	3月・9月渡り
組外	8匁	諸入用	3月渡り
御徒番所	8匁	諸入用	3月渡り
御手道具土蔵	80匁	諸入用	3月渡り
	1匁	反古代	
御弓土蔵	300匁	御細工御用	3月・9月渡り
	15匁	役所諸入用	3月・9月渡り
御鉄砲土蔵	300匁	御修復料	3月・9月渡り
	8匁	役所入用	3月・9月渡り
御武具土蔵	560匁	御修復料役所入用	3月・9月渡り
大入土蔵	55匁	諸入用	3月・9月渡り
東ノ御部屋	400匁	年中水汲料	3月・9月渡り
	70匁	掃除方	3月・9月渡り
	30匁	御門番渡り	3月・9月渡り

役所名	渡り銀	渡り項目名	備考
江戸御広式	7匁	諸入用	3月渡り
御厩	1匁9分	御馬飼料代等	1日当り
	1分	役所入用銀	1日当り
	3匁	御馬乗中炭代	9月渡り
寺社方	5両	福井土佐へ御最花	御在国年
	銀3枚	御寺手向料	12月渡り
	金1切	金沢天徳院・宝円寺御手向料	12月渡り
	金1切	高野山天徳院御最花	12月渡り
	金1切	八幡法幢坊御最花	12月渡り
	金1切	高徳院御初穂御牌前へ御備金	12月渡り
	6匁	役所入用	3月渡り
	7匁5分	福井土佐へ	
御郡所	196匁	役所渡り	3月・9月渡り
	30匁	地子肝煎骨折料	7月・12月渡り
	20匁	一ノ瀬用水加役雑用	3月・9月渡り
	30匁	大内・風谷両番所薪代	3月・9月渡り
	20匁	吉崎番所薪代	3月・9月渡り
吟味所	50匁	諸入用	3月・9月渡り
	35匁	長助へ	3月・9月渡り
	50匁	新平へ	3月・9月渡り
坊主裁許	9匁	諸入用	3月渡り
買手所	15匁3分	諸入用	3月・9月渡り
	10匁	町方諸商売引請入用	3月・9月渡り
表土蔵	2匁5分	諸入用	春渡り
御納戸	200両	御衣服料	3月渡り
御広式	11貫700匁	諸入用	3月・12月渡り
	3貫438匁	女中渡り	3月・11月渡り
御居宅	3貫306匁4分	老女渡り	11月渡り
	3匁1分	1日当り水汲料	3月・9月渡り
	30匁	御門番	
町役所	1貫	諸入用	3月・9月渡り
	351匁	馬借利銀	3月・9月渡り
	1匁5分	御関所下番所入用	3月渡り
	60匁	御関所諸入用	3月・9月渡り

役所名	渡り銀	渡り項目名	備考
町役所	200疋	浅野屋次郎兵衛・大屋理兵衛へ	暮渡り
	5両	岡田屋又四郎へ	暮渡り
	10匁	久津屋弥四郎へ	暮渡り

※『大聖寺藩史』『加賀市史料五』などにより作成。厘以下は切り捨て。

の寛文期（一六六一～七二）に一万石ほどで、七代利物の天明期（一七八一～八八）にわずか四〇〇〇～五〇〇〇石ほどに減少していた。これは三代利直の宝永期（一七〇四～一〇）にも一万石近くを移出されたものの、その後は年々減少の傾向にあったようだ。次に、三代利直が宝永三年（一七〇六）に移出した大坂廻米を示す(8)。

　四月十八日、当春登米合六千七百七拾七石当春ゟ堀切出船高也、冬春合九千弐百六十五石、
　　外弐百石於敦賀御払米被遣
　右高之内七拾五石舟痛候而於越前白浜御米御払被成、九千百九拾石、弐百石之御払米共ニ
　　九千三百九拾石敦賀着米也

すなわち、三代利直は宝永三年四月に大津廻米（春冬登米）九二〇〇石余を船出し、このうち七八〇〇石を京都町人の井筒屋（河井氏）十左衛門に売却した。井筒屋の手代理兵衛は登米を石五九匁六分一厘として購入し、当地の瀬越御蔵と四丁町御蔵（永町御蔵）から船積して京都に輸送した。この年は大津廻米を停止し、当地で京都井筒屋に売却したという。井筒屋は同六年（一七〇九）に登米八三〇〇石を購入し、翌年にも一万一七六一石余を購入予定していた。ただ、藩は同七年分の登米について、婚礼費・京都役人費・参勤入用金・郡方不作などを理由にすべて破棄した。井筒屋は、二代利明・三代利直・四代利章の三代に亘って大聖寺藩の御用聞を務めたという。彼は藩からの依頼により自ら銀主となる場合もあり、他の銀主とともに参加する場合もあった。三代利直の没後、河井十兵衛・山口甚左衛門は正徳二年（一七一二）に四代利章に対し先代の旧債を請求したものの、藩の財政不如意を理由に却下された。また、井筒屋十左衛門は、

文化元年（一八〇四）に旧債金三万両の返済を藩に申し出たものの認められず、七人扶持のみが支給された。[9] 大坂廻米は船裁許亭彦八の許可を得て永町御蔵・瀬越御蔵から請負の渡海船まで運ばれ、出船奉行・同横目らの検査を得て搬出された。渡海船の運賃は、享保一八年（一七三三）に積荷一〇〇石が二〇石宛であった。なお、大坂蔵屋敷や大津蔵屋敷は加賀藩と併用されたものの、払米奉行と下役人は自藩から派遣していたという。

赤字財政の要因は、年貢収納高の停滞と消費生活の向上にあったことは言うまでもない。ちなみに、明治初年の石高は八万三七七二石、その収納高は二万八七三〇石であり、収納高は江戸中期からほとんど増加しなかった。こうした結果、藩財政は明治四年（一八七一）の廃藩置県時に大蔵省に進達した「旧大聖寺藩債取調帳」にみえるように、膨大な赤字に達していた。それを左に示す。[10]

是月（八月）旧大聖寺藩債取調帳ヲ大蔵省へ進達ス、其概略ヲ左ニ録ス

一、藩債　但昨明治三年十二月返済残金額

金拾九万九千六百五両三歩壱朱永四拾四文五分

銭札七拾壱万千四百三拾八貫八拾九文

此金貳万九千六百四拾三両壱歩永三文七分壱厘

辛未七月十四日相庭両替銭札貳拾四貫正銭貳貫文

右同日金沢相庭両替銭拾九貫七百九文

銭札五万貫文　金沢紙幣

此金貳千五百三拾六両三歩貳朱永三拾七文七厘

合金高貳拾三万千七百八拾七両永貳拾貳文七分八厘

正残壱万七千六百貫文
現米千弐百五拾石
米券預ケ高四千五百弐拾五石

藩借財の総計は金二三三万一七八七両・永三七文八厘に、正銭一万七六〇〇貫文、現米一二五〇石、米券預高四五二五石を加えた膨大な額に達していた。明治四年の廃藩置県時に調査した「元大聖寺県借財根帳」には、大聖寺県および大阪府・東京府・福井県・金沢県などの商人や北前船主などからの借財を記す。その一部を次に示す。(11)

一、四千九百両	東京府下	青地四郎左衛門	一、二千両	東京府下	笹屋多兵衛
一、二千両	東京府下	上総屋茂兵衛	一、千五百両	東京府下	芹川六兵衛
一、千両	東京府下	米屋勇三郎	一、千両	東京府下	三輪治兵衛
一、二千八百両	大阪府下	銭屋佐一郎	一、一万四百両余	福井県官下	森善之祐
一、一万八百両余	大聖寺県官下	金沢屋治平等	一、五千八百両余	大聖寺県官下	大和屋十次郎等
一、三千六百両余	大聖寺県官下	香西長作等	一、三千五百両余	大聖寺県官下	川崎屋玖兵衛
一、七千両	大聖寺県官下	西出孫左衛門	一、六千五百両	大聖寺県官下	久保彦六
一、千六百両	大聖寺県官下	大家七三郎	一、千両	大聖寺県官下	浜中八三郎
一、九百両	大聖寺県官下	広海仁三郎	一、二千両	大聖寺県官下	増田又右衛門

この借財は東京府の商人らが二万両、大阪府が二八〇〇両と一九六六匁一歩二朱、福井県が一万四五〇〇両、大聖寺県が三万九一九〇両一分二朱・永六四文一〇分と一五万七五七五貫六文（うち北前船主が二万七四五三両一分二朱と三万一三八〇貫文）などであった。右に名前が見えないが、大聖寺藩の御用商人を務めた吉田屋は、明治四年の廃藩

時に「元大聖寺藩江貸上候金銀米之事」として、返済されなかった宝暦三年（一七五三）から享和四年（一八〇四）までの御用貸米金（六件）の返済を求めた[12]。この六件の御用貸米金は金八六八一両二分、銀二〇九二貫一七四匁、米一五二五石で、うち元金が金六五〇両、銀一一二貫八〇〇匁、米一六二五石一であった。この調達金に対し、藩は一度だけ手当米一〇〇石を与えたにすぎなかった。つまり、藩用米金の調達は事実上の献金に等しいものであった。なお、八代伝右衛門は、明治四年二月に稲垣淡少参事から苗字許可状が発給された。

一四代利鬯は明治二年二月に版籍奉還の願書を明治政府に提出し、それが同年六月一七日に許可されたため、大聖寺藩知事に任命された。明治政府は同三年九月に藩政改革を企図して、次のような「藩政御改正書」を布告した[13]。

藩　制

一、藩分為三、物成十五万石以上を大藩とし、五万石以上を中藩とし、五万石未満を小藩とす。
一、石高は草高を不称、物成を以可称事。但雑税金石八両立にて本石高に可結込事。（中略）
一、藩　高
　譬ば現米十万石
　内一万石　知事家禄
　残九万石。但公廨諸費常額追て可被相定候得共、当分左之通。
　内九千石　海陸軍資
　残八万千石。但公廨入費士卒禄に充べし。尤精々節減し、有余を以て軍用に可蓄置様可心掛事。（中略）
一、従前藩債は一藩之石高に関する事に付、其支消之法は藩債之総額により支消年限月途を立、知事家禄・士卒禄其他公廨入費等より分賦して可償却事。

一、従来藩造之紙幣、向後引替済之目的を可相定事。

庚午九月

明治政府は諸藩の財政方針を統一し、諸藩財政を政府財政の一分枝として性格づけるとともに、軍事力の集中強化をめざし、軍事費の政府への上納を義務づけた。また、政府は旧藩の借財および財政危機を修復するために乱発された藩札などの後始末を旧藩の責任で償却することを義務づけた。一四代利鬯はこの布告を受けて、明治四年二月に知藩事の家禄の半高を辞して藩債の補填に務めるとともに、藩士に対しても藩債の償却を分賦負担させた(14)。

今般従朝廷被仰出之趣有之、紙幣並藩債支消之目途被為立度に付、御家禄之内よりも半高御差出相成候得共、尚御不足相立、且人材教育之御費用等被成方無之に付、一統も当節柄別而可致難渋儀、如何にも気之毒之至りに候得共、無拠別紙之通り、当年より三ケ年之際分賦被命候間、右之御趣旨を体認し、各困苦を思、今一際遂節倹、精々取続候様可致候事。

一、分賦被命候に付、渡り高之内五斗以下之半米者、前三ケ月平均相場を以、代銭札に而御渡候事。

但士族末席以上之事。

辛未二月

江戸末期に乱発された紙幣は、廃藩置県に至って引換資金がなくて暴落し、混乱を生み出した。後述のように、藩当局は明治四年正月九日に橋立村の久保彦兵衛・西出孫左衛門に紙幣方頭取を命じ、藩札一両を通貨二四〇目に定めて整理させた。もちろん、その資金は両人から提出させた。このように、旧藩の莫大な借財は廃藩置県後も明治政府によって旧藩に押しつけられ、藩士官録の借上や北前船主・商人の献金によって償却を余儀なくされた。

三　藩の財政策

大聖寺藩では江戸中期以降の財政難に際し、年貢収納の強化、諸産業の振興、本藩の援助、藩士の借知（給料一部不払）、町人の御用金などの施策を行った。藩は正徳一揆や毛合村事件にみられたように、凶作にもかかわらずその減免を容易に認めなかった。ただ、手上高や手上免については、一揆の発生を警戒したこともあって、加賀藩に比べて回数が少なかった。毛谷村事件とは、安永九年（一七八〇）に農民の免切願が却下され、わずかの救米で解決しようとしたとき、毛谷村を中心に起こった一揆未遂事件のことをいう。いま一つ、藩は年貢収納の強化のために、村々の新田開発を大いに奨励した。新田開発は藩政期を通して総石高の二割ほど開発されたものの、河川が急流のために引水が困難であったので、これ以上の開発はみられなかった。これは江戸前期から中期にかけ潟回・北浜・山中谷などの村々が多く、とくに潟回は耕地の二割が新田高であった。これに対し、能美境・那谷谷・四十九院谷・奥山方などの村々は新田開発が少なかった。新田開発は江戸前期から中期にかけ改作奉行―十村系列の十村開発が中心で、市之瀬用水・矢田野用水などの施行に伴う山代新田・矢田野新田が有名であった。これは中期以降、停滞傾向にあったものの、九代鹿野小四郎が改作主付となって領内の開墾を奨励したため、天保期（一八三〇～四四）に再び活発化した。新田は「鍬下年季制度」と称し、一～三年目が無税、四年目から前三か年の作柄を基準に本田並に課税された。

諸産業では、漁業・製塩業・廻船業・製絹業・製紙業・漆器業・陶器業・製茶業・製油業などが比較的盛んであった。漁業は塩屋・小塩・瀬越・吉崎・篠原新・伊切・浜佐美村を除けば、その他の村々は「農隙ニ漁猟ヲ以テ産業ノ一助トス」程度のものであった。藩は塩屋村と大聖寺町に魚問屋を置き、魚の流通・価格統制、口銭徴収、洩魚の取締りなどを命じた。塩屋魚問屋は主に漁獲物の輸送、棒振りや三ケ浦（塩屋・瀬越・吉崎）女商人の監督などを、大聖寺魚問屋は主に魚屋の監督、御用魚の提供などを行った。魚問屋は売高一〇貫文に付き口銭一貫文を徴収し、このうち自領売分から二〇〇文、他領売分から一五〇文を得た。文政一〇年（一八二七）には自領売口銭が二〇貫匁、他領売口銭が一貫四〇〇匁であった。製塩業は江戸中期から伊切・浜佐美・篠原新村に限り、大聖寺藩唯一の専売制として塩作食米制をもって行われた。これは加賀藩の塩手米制と作食米制を併用したものであるが、塩手米制に近いものであった。塩作食米制は塩の確保と塩師（塩士）の保護を目的として、塩の生産費・塩師の食料費を米で前年に前貸し、翌年の新塩で返却させるものであった。このため、塩師は翌年の生産量を予定して塩手米の交付を藩に願い出た。塩の生産量は享保九年（一七二四）が一二三六石七斗六升、同一五年（一七三〇）が一四一四石一斗、同一八年（一七三三）が一二八五石三斗、天明八年（一七八八）が一二〇〇石ほどで、このうち一五石ほどが御膳塩（御用塩）であった。なお、塩作食米制は江戸後期に他領産の安い塩が移入されたため、役銀制に移行された[15]。

藩は江戸後期に北前船主の経済力に着目し、彼らから調達金や献金を得るため、苗字帯刀を許可し扶持高や十村格を付与するのみならず、武士にも登用した[16]。二代角谷与市郎は天明三年（一七八三）に組外並馬乗次列・御勝手方元〆役を務め、大聖寺城下に移り一二〇俵を拝領、寛政一〇年（一七九八）に米札方一五〇石取となった。二代梶谷与兵衛は天明三年に御徒小頭列・御勝手方仕送御用を務め、大聖寺城下に移り一二〇俵を拝領、のち一五〇石取となった。西出一八常則（六代西出孫左衛門の後継者）は天明四年に大聖寺城下に移り一七〇石を拝領、御勝手方元〆役となった。彼らは藩の命を受けて、四〇戸に及ぶ橋立北前船主の調達金や献金の世話係となった。西出孫二郎は、寛政三年（一七九一）二月に船五艘と土蔵一様、金六〇〇〇両余の上納を藩に願い出た。これに対し、藩は「其伇其方へ預ケ置候条、是迄之通毎歳売買有之、利潤之内一割引取、相残ル分年々上納可有之候」と、船主に従来通り商売して、利益の九割を毎年藩に上納せよと命じた。その後、藩は明治三年（一八七〇）に、同元年に敦賀で製造した一七〇〇石の涛静《とうせい》丸を特権商人の林清一に払下げた。一一代利平は弘化二年（一八四五）に財政改革を実施し、北前船主久保彦兵衛ら九人に献金二万七〇〇両（久保は一万両）を上納させた。一二代利義は嘉永年間（一八四八～五三）に海防の整備に際し、久保彦兵衛・西出孫左衛門ら一二人をはじめ、橋立村・小塩村・郡中に軍備資金一万三五〇〇両を上納させた。ちなみに、郡中の軍備資金はわずか四五〇〇両であった。一四代利鬯は明治四年（一八七一）に最後の藩札整理を実施し、久保彦兵衛・西出孫左衛門（両人とも五〇〇〇両を上納）ら五人に御用金の上納を命じた(17)。このように、藩財政は江戸末期に北前船主の経済力に大きく依存していた。

製絹業は元禄期（一六八八～一七〇四）に庄村で始まり、享保期（一七一六～三六）に大聖寺町に伝わって盛んとなった。庄絹は絹肝煎が、大聖寺絹（御内儀絹《おかみさまぎぬ》）は絹頭役が中心になって生産され、京都の絹問屋に多く販売された。その生産量は文政期（一八一八～二九）に約一万疋、天保期（一八三〇～四四）に約二万疋、安政期（一八五四～五九）に約四万疋、慶応期（一八六五～六七）に約二万疋、明治三年（一八七〇）に約一万疋であった。大聖寺絹の運上銀は、文政一〇年（一八二七）に七貫五〇〇匁（絹一疋に付き運上銀三分）であった。二代利明は延宝四年（一六七六）に中田村五郎兵衛と足軽小頭栗村茂右衛門を河北郡二俣村に派遣し、御料紙の製造法を習得させた。領内の紙屋谷（中田・長谷田・上原・塚谷村）では御料紙（藩札・御前延紙・銭手形紙など）だけでなく、日常紙（相瀧紙・半切紙・中折紙・連紙・茶紙・唐傘紙・鳥子紙・塵紙など）も製造した。これは他領出が禁止されていたため、粗悪品が多く、高価で販売されていた。この紙運上銀は、江戸後期にわずか銀八六〇匁であった。山中漆器は寛文期（一六六一～七三）に薬師下に居住した山中・真砂木地師らが生産した土産品の木地製品に始まり、宝暦期（一七五一～六三）から丸岡・会津などの漆器技術を取入れて成立した。正徳期（一七一一～一五）には、総湯から医王寺までの薬師道筋に木地屋や土産店が立ち並び、湯客の見学コースになっていた。漆器製品には、椀類・盆類・鉢類・燭台類・茶托類・玩具類などの土産品を中心に、多様なものがあった。湯宿は江戸後期に多くが漆器問屋を兼業し、漆器製品の販路拡大（関西）に努めた。彼らは江戸末期に藩が漆器会所や物産会所などを設置したこともあって、江戸だけでなく長崎にまで販路を拡大した。漆器運上銀は明確でないものの、江戸末期に木地師関係の人々が三〇〇人ほどいたことから、それは十数貫になっただろう[18]。

陶器業には江戸前期の古九谷のほか、文政六年（一八二三）の吉田屋窯、天保三年（一八三二）の宮本窯、嘉永元年（一八四八）の松山窯などがあった。古九谷は藩祖利治が九谷村に藩営として開窯したもので、元禄期（一六八八～一七〇三）に閉窯となった。これは大名の贈答用品（御用品）が中心で、一般庶民の日用品（雑品）は少なかったようだ。吉田屋窯は吉田屋伝右衛門が若杉窯の陶工粟生屋源右衛門を招き、古九谷の地に開窯したもので、一般雑品とともに御用品も焼いた。製品は技法的に若杉窯の古九谷青手に近く、草花・山水・人物などが緑・黄・紫・紺青の色彩で塗られたものが多く、裏面に角福の印が色釉で描かれていた。宮本窯では、絵付主任の飯田屋八郎右衛門が若杉窯の赤絵手法を取入れて「赤絵金襴手」（赤と金彩の細密画）を大成させた。松山窯は粟生屋源右衛門と松屋菊三郎を招き、九谷産の陶石と吸坂産の陶土を用いて松山村に藩営として開窯したもので、一〇年ほどで閉窯となった。二代利明は寛文期（一六六一～七二）に殖産興業の一環として山城・近江両国から茶実を購入し、領内の村々に配分したという。茶役は江戸後期に領内一四三か村中の八四か村に課せられ、その総額が四五五匁ほど、一村平均額が五・四匁であった。打越村は江戸後期に宇治茶の製造法を導入し、領内第一の生産地となった。茶商人らは安政六年（一八五九）に矢田村に製茶場を建設し、福井藩の産物方に依頼して長崎・神戸などに茶を移出した。ともあれ、加賀茶（江沼茶・能美茶）の生産額は、江戸後期に近江茶のそれを上回っていた[19]。

上記の如く、大聖寺藩では漁業・製絹業・製茶業・製油業・漆器業・陶器業などを除き、藩専売制の製陶業・製塩業など他藩に製品を販売する産業はみられなかった。ちなみに、運上銀は九代利之の治世に漁獲物一二貫匁、絹七貫五〇〇匁、茶六貫匁、酒三貫匁、醤油一貫四〇〇匁、室一貫匁、煙草八九七匁余、質屋八七七匁、紙八六〇匁、豆腐七〇〇匁、油五四七匁余、蝋燭五〇〇匁などが上納された。東方芝山は文久二年（一八六二）に硝石・木地・陶器・瑪瑙《めのう》・紙などを三都に販売し、その原料を安価な他国に求めることを藩に建白したものの、藩はこれを実施しなかった。[20]このことは藩の中に自給自足を原則とした経済政策（改作体制）が強く浸透しており、その精神に沿って経済が展開していたことを示す。

藩財政は藩創設当初から苦しく、四代利章の治世から急速に悪化した。そのため、藩主の多くは不作・御手伝時に必ず本藩の援助、藩士の借知、北前船主の御用金などを求めた。藩祖利治は寛永一六年（一六三九）の藩創設に際し、一〇〇〇石以上九人（二万一二〇〇石）を含む藩士一〇六人（四万四七六七石）を随えて入部したものの、承応二年（一六五三）に財政難から筆頭家老の玉井市正をはじめ、家老三人を含む二四人の藩士（一万五一〇〇石分）を本藩に返還した。二代利明は延宝三年（一六七五）に不作のため、本藩から米一〇〇〇石の貸与を受けた。三代利直は元禄八年（一六九五）に江戸の西中野に犬小屋を建築し、その費用六九八六両の大半を町人に御用金として割当てた。同一六年（一七〇三）には江戸藩邸焼失に際し、その再建費として御用金五〇〇両を領民に課した。宝永六年（一七〇九）には長流亭を建て家老の村井主殿を重用したものの、村井が利治以来の備蓄金まで使い込んだため、藩財政が急速に悪化した。同七年には江戸城芝口御門の普請に際し、その手伝費二〇〇〇両を領民に割当てた。[21]

四代利章は享保一五年（一七三〇）に勝手方不如意のため、町方に五〇〇両、郡方に二五〇両の御用金を課し、藩士に借知三歩を行った。利章は同一七年には江戸城虎御門の普請に際し、その手伝費を郡方に三〇〇両、町方に一〇〇〇両を御用金として割当てた。正徳二年（一七一二）には、不作時に藩が減租しなかったので領内全域に及ぶ有名な正徳一揆が起こった。五代利道は宝暦元年（一七五一）と同三年に三河国（愛知県）の吉田橋を普請し、その費用五万三六五〇両を本藩の援助、藩士の借知、町人の御用金などに求めた[22]。同四年二月には参勤の費用が不足したため、加賀藩から補助を得て実施した。同一〇年から同一三年には勝手不如意のため、浜方御用聞（北前船主）四人と大聖寺町人三人（吉田屋伝右衛門・福田屋孫右衛門・北方屋久右衛門）に御用金八〇〇〇両を課した。明和六年（一七六九）には江戸城西の丸の普請に際し、その手伝費として加賀藩の援助金二万両、町方の御用金九〇〇両、郡方の御用金八〇〇両、頼母子講の一万両などに求めた。頼母子講は一口五〇〇両で、江戸・大津・加州粟ケ崎・領内の豪商からなっていた。粟ケ崎の船主木屋藤右衛門との関係は、この頃から始まったようだ。六代利精は政治に意欲をみせず、遊惰な生活を送ったので、本藩の命で隠居させられた。安永九年（一七八〇）には農民の免切願を却下したため、毛合村を中心に一揆未遂事件（毛合村事件）が起こった。七代利物の治世は七年で終わった。八代利考は天明八年（一七八八）から親裁を実行し、倹約令の発布、諫箱の設置等を行ったものの、打ち続く困窮のなかで藩士がこれを受入れなかった[23]。

九代利之は上記のような財政状況のなかで、表高七万石を一〇万石にする高直しを行なった。すなわち、利之は文政四年（一八二一）一二月二七日に、本藩の願書により幕府から一〇万石の待遇が公認された。一〇万石の内訳は本高七万石と新田高（矢田野）一万石に、毎年、本藩から支給される米一万石（五公五民として石高二万石に相当）を加えたものであった。しかし、幕府の朱印状は八万石で、本藩の支給米も金三〇〇〇両に過ぎなかった。利之は正に名を得て実を捨て、諸藩と逆に実高よりも表高が多い便宜的な高直しを行なった。利之は何故このような形式主義をとったのだろうか。その要因は藩主の名誉欲に過ぎず、一〇万石になったとき、参勤交代で将軍から使者や賜物を頂く程度であった。ただ、一〇万石待遇は当然、それ相当の公課を負担せねばならず、赤字続きの小藩が執るべき政策ではなかった。文政五年（一八二二）の「見聞志」には「右の趣は御代々様御懇願在りなされ候」と記すので、一〇万石高直しは利之だけでなく、歴代藩主の強い希望でもあった。ともあれ、利之は高直しの許可と同時に「すべての物入りが増加するから、倹約を旨とし、内心は五万石のつもりで暮らすように」と布告を発し、自身も五万石程度の暮らしを覚悟していた。一一代利平（利之の子）は天保の飢饉に苦しみ、「できたら十万石を辞退して、もとの七万石にかえりたい」と真剣に考えていた。また、郷土史家の日置謙氏は「ひいき目にも深慮ある処置とは言ひ得なかったようだ」と記し、藩主の面目主義を痛烈に批判した。[24]一〇代利極の治世は僅か二年で終わった。一一代利平は弘化二年（一八四五）から嘉永二年（一八四九）まで軍制改革を実施し、軍備増強の資金を北前船主に求めた。一二代利義は嘉永年間（一八四八～五三）に海防の整備を行い、大砲・鉄砲などの製造資金を北前船主をはじめ、橋立村・小塩村・郡中に求めた。このとき、久保彦兵衛・西出孫左衛門ら北前船主は、合計金二万七〇〇〇両を献納していた。一三代利行は幕府の相続許可が出る前に病死した。一四代利鬯は幕末に洋式軍制の整備を行い、その資金を北前船主や御用商人に求めた。

註

（1）『加賀市史・資料編第一巻』（加賀市史編纂委員会）一二六、二二四頁。惣定納口米は正徳元年（一七一一）に三万八三二一石余（惣草高八万二四五八石余）、享保九年（一七二四）に三万八七六四石余（惣草高八万五四一三石余）、宝暦八年（一七五八）に三万九二一四石余（惣草高八万四五九二石余）、安政三年（一八五六）頃に三万八六四二石余（惣草高八万五二七七石余）と推移した（『加賀市史料一』加賀市立図書館、一一七～一一八頁）。また、郡方人数は享保六年（一七二一）に二万四八〇〇人、正徳元年（一七一一）に三万〇四四五人（戸数五七一四戸）、宝暦八年（一七五八）に二万一二六〇人（戸数四一三四戸）、文化元年（一八〇四）に三万二七九〇人、天保期に二万一二六〇人（戸数四一八三戸）であった（『同書』一一八～一一九頁）。なお、江沼郡総人口は明治五年（一八七二）に五万七二〇七人（戸数一万一三三一戸）であった（『石川県史料・第二巻』石川県立図書館、一二六頁）。

（2）『秘要雑集』（石川県図書館協会）二頁。領内の馬数は、正徳元年（一七一一）に二五一三疋（牛一三疋を含む）、宝暦八年（一七五八）に一〇二七疋であった（前掲『加賀市史料二』一一八頁）。

（3）『右同』一九〇頁

（4）前掲『加賀市史・資料編第一巻』一七五～一七六頁、二二一頁

（5）裏谷重蔵『わが分校を語る』（草稿）二二頁

（6）富山藩は天保四年（一八三三）より藩政改革に着手し、同五年に一〇か年平均の財政収支決算を算出した。これは天保五年以前一〇か年平均とあるから、文政七年（一八二四）から天保四年までの平均的収支であろう。その収入は家臣給与分を差引いた藩の実収入米（正残米）が二万四七六二石、運上高（銀納地分、小物成・夫銀）が金一万二八四両であった。運上金額は仮に一両＝六四匁、一石＝五〇匁として米に換算すると約一万三二六三石となり、収納米を合わせると三万八〇二五石が米換算実収総額となった。これは明和三年（一七六六）に比べて三五〇〇石ほど増加した。一方、その支出は江戸・富山を含めて三万七五八両で、米に換算して三万九三七〇石となり、年間約一〇〇〇石以上の赤字となった。このほか、累積された藩借財は三〇万両に達していた（『富山県史・通史編Ⅲ』富山県、三九八～四〇一頁）。

（7）前掲『秘要雑集』二頁

（8）前掲『加賀市史料五』一八頁

（9）『右同』二一～三一頁および『大聖寺藩史』（大聖寺藩史編纂会）五九八～六〇六頁。大津・大坂廻米の輸送は江戸後期まで他国船が圧倒的に多かったが、江戸後期からは地国船（北前船）が次第に多くなっていった。「日記頭書」の天明七年（一七八七）の項には「西出孫左衛門来春大坂御廻米先納取組ニ付」とあって（前掲『加賀市史料六』一三八頁）、この頃すでに北前船主の西出・久保らが大坂廻米の輸送に当たっ

ていた。また、文政四年（一八二一）の定書には「一、登米有之地・他国船雇ノ節ハ、地船ヲ先ニ為積可申候、地船之内ニモ小塩村・橋立村船堀切入津仕有之船ニ為積、畢而他領船ニ為積可申候」とあって（前掲『加賀市史料五』二九三頁）、この頃他国船とともに地国船の小塩・橋立船が大坂廻米の輸送に当たっていた。
(10) 前掲『石川県史料・第四巻』三三〇頁。明治二年（一八六九）頃の藩債は、金三七万一五四〇両一歩三朱余であった（「山本家文書」福井県小浜市）。なお、旧金沢藩の総借財は、明治四年に金一二七万八一五六両一分余、洋銀一七万六五〇八枚余、現米一万三〇〇〇石であった（前掲『石川県史料・第四巻』三三〇頁）。
(11) 前掲『大聖寺藩史』六〇九～六一六頁
(12) 前掲『加賀市史・資料編第二巻』一三七～一四二頁
(13) 前掲『大聖寺藩史』三八三～三八五頁
(14) 『右同』三八八～三八九頁および前掲『加賀市史料六』三六六～三六七頁
(15) 拙著『大聖寺藩産業史の研究』（桂書房）四二～五六頁および五八～七七頁
(16) 橋立村の北前船主は、藩への献金に対し苗字帯刀・十村格・侍格などを得ていた。梶谷与兵衛は安永七年（一七七八）に帯刀を、久保彦兵衛は天保九年（一八三八）に苗字、明治二年（一八六九）に侍格を、西出孫左衛門は嘉永七年（一八五四）に苗字帯刀を、増田又右衛門は弘化二年（一八四五）に三人扶持と十村格、安政元年（一八五四）に苗字帯刀を、酒谷長兵衛は明治二年に侍格を得ていた（『江沼郡誌』江沼郡役所、六〇九～六一〇頁）。
(17) 牧野隆信『北前船の研究』（法政大学出版局）七〇～七四頁および前掲『江沼郡誌』六〇六～六一〇頁
(18) 前掲『大聖寺藩産業史の研究』一〇二～一一八頁および一七二～一八六頁
(19) 『右同』一二〇～一三六頁および一五二～一六九頁
(20) 前掲『大聖寺藩史』二九八頁
(21) 『右同』四一～四二頁、一二二～一二三頁、一五八～一六一頁および六一六～六一八頁
(22) 『右同』一六七～一七四頁および六一八～六二一頁。借知とは、藩士の給知の一部を藩に上納させることをいう。これは宝暦期（一七五一～六三）に始まり、三〇〇石以上の藩士を対象に平均三割ほどで実施した。文化五年（一八〇八）からは連年行われ、その対象も五〇石以上引き下げられた。とりわけ、天保一一年（一八四〇）と翌年は三〇〇石以上の半知が行われた（『同書』五一一～五一五頁）。
(23) 『右同』五九六～六〇九頁、六一六～六二一頁および『加賀藩史料・第七編』（清文堂）八〇九～八一〇頁
(24) 『右同』二四二～二四九頁

第一〇章　軍事策について

一　伊能忠敬の領内測量

江戸幕府は寛政四年（一七九二）のラックスマン（ロシア）の根室来航に驚き、松前藩に蝦夷地の警備を命じ、諸藩に異国船取扱方を指令するとともに、沿岸諸藩にも海防の強化を命じた。大聖寺藩は翌年に先手物頭・大目付・大筒方などの海防掛役を任命し、片野浜で大砲（百目砲・二百目砲・三百目砲・五百目砲）の射撃訓練を行った。こうしたなか、伊能忠敬は享和三年（一八〇三）六月二四日から同月二七日まで大聖寺藩領の沿岸部を測量した。

伊能忠敬は延享二年（一七四五）正月一一日に上総国（千葉県）山辺郡小関村に生まれ、一八歳のとき伊能家（香取郡佐原村）の養子となり、家業の酒造業のほか米穀取引、薪問屋の江戸開設などで家運を復興し、天明の飢饉では多くの窮民を救い苗字帯刀を許された。忠敬は寛政七年（一七九五）に江戸に出て、一九歳も若い高橋至時《よしとき》に入門して天文を学んだ。彼は緯度一度の長さを知ろうとして、師の勧めに従い同一二年（一八〇〇）に蝦夷地東南海岸および奥州街道を略測、その地図を幕府に献上した。これ以降、彼は享和元年（一八〇一）に伊豆国より陸奥国に至る東海岸、同二年に陸奥国より越後国に至る海岸、同三年に駿河国より尾張国に至る海岸などを測量し、文化一三年（一八一六）の伊豆国および江戸付近の測量を最後に、一七年間に及ぶ全国測量を終えた。忠敬の死後、高橋至時の子景保《かげやす》は忠敬の測量作業を引継ぎ、文政四年（一八二一）に「大日本沿海輿地全図」を完成させた。

伊能忠敬の第四次測量は、享和三年（一八〇三）二月二五日に江戸を出立し、東海・北陸・佐渡を測量して、一〇月七日に江戸へ帰着する二一九日の旅であった。加賀・能登両国では三七泊、越中国では六泊した。忠敬の全国測量は寛政一二年（一八〇〇）からスタートしたが、第四次測量までは忠敬自弁の個人事業に幕府が援助する形だったため、諸藩の対応にはかなりの差があった。忠敬ら測量隊一行八人は、享和三年六月二二日に越前国三国、二三日に梶浦を経て吉崎浦着、東本願寺かけ所に宿泊した。このとき、吉崎浦から次の泊触（宿泊予定）を出した。(1)

此所ゟ加州橋立村迄泊触を出

一、我等儀測量御用ニ付、明廿四日吉崎浦出立、大聖寺町迄罷越致止宿、翌廿五日同所出立、塩屋浦迄下リ、夫より海辺通行、左之泊付之通宿用意之有、尤道筋測量致候間、国郡・村名・村高・家数等小紙ニ書記、順村先江差出、其村内案内致可給候

一、支度之儀者御定之木銭米代相払候間、其所有合之品ニ而一汁一菜之外、馳走ケ間敷義決而被致間敷候、此触書通行筋村々順達之上、橋立村ニ而相返シ可被申候、以上

六月廿三日　　　　性　名

吉崎浦ゟ廿四日泊大聖寺町、廿五日泊片野村、廿六日泊橋立村

追テ申入候、雨天ニ候得者及逗留、天気次第日送ニ致出立候、且塩屋浦ゟ海辺通之村々、測量之節見通し目印ニ致候間、長三間斗リ茂有之竹之先江白紙結付、三四本用意可給候、以上

この泊触には測量の日程・道筋・宿泊所を示したうえで、国郡・村名・村高・家数などを書き出すこと、宿泊所に規定の薪代や米代を払うので特別なご馳走をしないこと、雨天時には測量を順延すること、白い紙を結んだ四、五メートル《メートル》ほどの竹を三、四本用意することなどを明記していた。「伊能忠敬測量日記」には、大聖寺藩領の測量について次のように記す。(2)

六月廿四日朝大曇、六ツ半越前吉崎浦出立、無程小雨

高四百七十二石五斗三升　　家四十七軒　　吉崎村（加賀国江沼郡）

高四百二十三石　家三十五軒　永井村（同郡）
高四十二石三斗三升　家二十五軒　橘　村（同郡）
高六百九十六石四斗八升　家四十軒　奥谷村（同郡）
高千三百四十七石二斗三升　家六十四軒　右　村（同郡）
高千七百六十二石八斗四升　家八十七軒　熊坂村（同郡）
高百五十九石一斗一升四合　家十五軒　大聖寺町領（同郡）
九ツ前大聖寺城下江着、止宿本町板屋太郎兵衛・松屋太兵衛、此日曇天小雨、夜曇不測、此所ニ禅宗金龍山実性院アリ、松平飛騨守菩提所、旧名大聖寺なるよし、此所ゟ暦局江書状を出す
同廿五日朝ゟ大曇、正六ツ時大聖寺城下出立、程無雨、夫ゟ大雨、塩屋村へ着、雨止ミ夫ゟ大風、中飯、数刻此所江大聖寺郡方徒目付石川吉左衛門見舞ニ出ル、昨日加賀吉崎村ゟ郡方下役長谷川喜右衛門・加納六右衛門案内、塩屋村支配十村大庄屋堀野新四郎・番代京屋長左衛門・庄屋七郎右衛門見舞ニ出ル
高七十五石六斗　家百七十八軒　塩屋村（同郡）
高二百三十九石三斗九升　家九十五軒　瀬越村（同郡）
高四百二十八石一斗一升　家六十軒　上木村（同郡）
高二百八十七石五斗四升七合　家五十一軒　片野村（同郡）
午後ニ片野村へ着、郡付徒目付近藤彦左衛門、十村大庄屋和田半助・同番代升屋善右衛門・鰹屋文右衛門見舞ニ来ル、止宿肝煎木屋源右衛門、此夜晴天測量
同廿六日朝曇、六ツ後片野村出立、此日手分シテ測ル

高六百十二石二斗　　家六十八軒　　黒崎村（同郡）
高三百十二石三斗三升　　家百廿五軒　　橋立村（同郡）
午前橋立村江着、大聖寺徒目付石黒善太夫、十村大庄屋木崎平兵衛見舞ニ出ル、止宿東方一向宗照谷山因随寺、
郡方下役両人案内、此夜曇、曇間ニ少測、安宅浦へ泊触を出す
高二百七十三石八斗六升　　家八十一軒　　小塩村（同郡）
高五百八十一石六斗八升　　家五十三軒　　田尻村（同郡）
高二百九十六石七斗八升　　家三十二軒　　千崎村（同郡）
高五百七十二石二斗七升　　家百四十軒　　塩浜村（同郡）
無高　　家十四軒　　笹原村（同郡）
右五ケ村ハ同日ニ郡蔵・良助仕越測量、此夜七ツ頃ゟ大雨、六ツ頃ニ至ル
同廿七日朝六ツ後雨止曇ル、六ツ半頃橋立村出立、程無雨度々、午前ニ至て止
無高　　家六十軒　　伊切村（同郡）
高五百四石三斗　　家六十軒　　新保村（同郡）
無高　　家六十八軒　　浜佐美村（加賀国能美郡）
高四百二十一石九升　　家八十軒　　日末村（同郡）
松平加賀守領分、従是断ニ付高人家を書さず
午後安宅浦ニ着、止宿田端町網七左衛門、此夜曇天不測量、右領分界ゟ十村大庄屋の番代と云者出て案内す、村
高・家数等を問とも領主より差図なしと不言、其外山嶋を問共不言、漸測量地の村名を聞のミ（後略）

測量隊一行は、二四日の朝七時頃に吉崎を出発したものの、ほどなく小雨となったため測量を中止し、正午前に大聖寺城下に入って本町の板屋（一部は松屋）に宿泊した。二五日には大聖寺を朝六時に出て雨の中を塩屋着、藩の下役人（郡方徒目付）や右村の十村堀野新四郎が見舞に来た。午後には片野村へ下役人と分校村の十村和田半助、十村番代二人が見舞に来た。片野村の宿は肝煎の木屋源右衛門宅であった。二六日に片野村を朝六時に出て、手分けして測量し、正午前に橋立村に着いた。小塩・田尻・千崎・塩浜・笹原村は郡蔵と良助が、黒崎・橋立村は忠敬が測量した。下役人と山代新村の十村木崎平兵衛が見舞に来た。橋立村の宿は一向宗東派の因随寺（現福井別院橋立支院）であった。二七日朝に橋立村を出立、雨の中を測量し、午後に新保・浜佐美・日末村を経て加賀藩領の安宅浦田端町の網七左衛門宅に宿泊した。加賀藩では十村の番代らが案内に来たが、彼らは村高・家数・山名・島名などを尋ねても領主の指図がないためとして答えなかった。忠敬ら一行は、こうした加賀藩の対応にかなり不快感を示していた。

忠敬の測量法はどのように行われたのだろうか。忠敬は竹製の梵天《ぼんてん》を道の曲がり角に立て、鉄鎖《てっさ》で距離を測り、彎窠羅鍼《わんからしん》で方角を読み取る道線法を用いた。坂道では象限儀で勾配を測り、三角関数表を用いて水平距離に換算した。測線は赤実線で記し、海岸線は目測で書き入れた。先端が見えない岬などは、村役人の話を参考にして描いた。必要があれば船を出させて、海上で縄を張って測った。その場合、測線は海上に引かれた。また、半円方位盤で白山のような高山の方角を複数の地点から測り、製図の際に生じる誤差を修正した。これを交会法《こうかいほう》と称した。昼は地道な測量作業を丁寧に繰り返し、夜は宿所の空き地に象限儀を立てて北極星と恒星の高度を測り、緯度を算出した。

前述のように、忠敬の全国測量は寛政一二年（一八〇〇）からスタートしたが、第四次測量までは忠敬自弁の個人事業に幕府が援助する形だったため、諸藩の対応にはかなりの差があった。福井藩敦賀では忠敬の測量を「隠密がましき」行為として警戒し、加賀藩では藩士や十村が挨拶せず、十村手代と村役人に対応させ、家数や石高を報告しなかった。大聖寺藩では下役人や十村たちが測量隊一行を見舞い、村々の家数や石高などの報告も行っていた。なお、大聖寺藩の家数や石高は、寛政六年（一七九四）の「御郡之覚抜書」や天保一五年（一八四四）の「加賀江沼志稿」に比べてかなり少なく報告されていた。ともあれ、忠敬の「大日本沿海輿地全図」は陸軍参謀本部（国土地理院の前身）が作成した「輯製二〇万分一図」の基本図となった。

二　海防策と大砲製造

幕府は文化元年（一八〇四）のロシア使節レザノフの長崎来航に際し、半年も待たせたのちに貿易を拒否した。これに対し、ロシアは同三年から同四年まで樺太・蝦夷地・千島などに来航し乱暴を働いた。幕府は松前を収公し、奥羽諸藩に出兵を命ずるとともに、間宮林蔵を樺太に探検させた。富山藩は同五年一二月に蝦夷地守備の内命を受けたものの、出兵には至らなかった。大聖寺藩では、同五年に郡奉行の塚谷沢右衛門が領内の日末村から塩屋村に至る海岸を詳細に調査して沿岸地図を作成した。この地図は海岸が岩か砂浜か、大船が岸まで入れるか、海底に岩がないかなどに注意して作成された。その後、幕府はフェートン号事件を契機として、文政八年（一八二五）に「異国船打払令」を発令し、すべての外国船を「二念無く打攘へ」と命じた。大聖寺藩では翌年七月に海辺御手当に宮部新五右衛門・木村繁を、御先手替に深町治左衛門・猪俣雅楽助を任命し、日末・橋立・塩屋の三か所に砲台を築造した。同一三年五月には、近江国友の鉄砲鍛冶が領内の畑山で大砲を鋳造していた。黒田家の由緒帳には、黒田九右衛門が天保一三年（一八四二）に日末浜御台場掛、弘化二年（一八四五）に塩屋浦御台場掛、嘉永三年（一八五〇）に橋立浦御台場掛を任役したことを記す。また、河野家の由緒帳には、河野覚之進が安政元年（一八五四）一二月に日末浜御台場掛を努めていたことを記す。[3] 日末浜御台場は不詳であるが、橋立浦御台場は見山の頂上に一か所、天崎（小塩海岸）に一か所が、塩屋浦御台場は堀切港を見下ろす高台（現金比羅神社境内）に一か所、外海を見渡す高台に一か所が設けられていた。江戸末期の「西出源蔵手記」には、御台場の規模について次のように記す。[4]

塩屋御台場人数積

一、一貫目御筒　二挺

但一挺に付四人宛士、二人宛足軽、六人宛力者

一、五百目御筒　一挺

三人士、一人足軽、二人力者

〆士十一人、足軽五人、力者十四人

橋立御台場人数積

一、六貫目御筒　一挺

六人士、四人足軽、八人力者

一、一貫目御筒　四挺

但一挺に付四人宛士、二人宛足軽、五人宛力者

〆士廿二人、足軽十二人、力者二十八人

日末御台場人数積

一、六貫目御筒ホウイッスル　一挺

一、三貫目御筒同　一挺

一、一貫五百目御筒　　　　　一挺
　但一挺に付十七人士、三人足軽、六人力者
　　　御台場人数惣〆
士五十人
足軽廿人、人撰を以、壮年之者御渡相成、技術稽古被仰渡度事
力者四十五人、内十一人兼而御抱之力者、大工・杣・鍛冶・木挽等之類に而力量之者御抱有之度事
右人数積精々簡易仕候処如此御座候、以上
　戌十二月

嘉永三年（一八五〇）一二月には、塩屋御台場に一貫目筒二挺・五〇〇目筒一挺と士一一人・足軽五人・力者一四人、橋立御台場に六貫目筒一挺・一貫目筒四挺と士二二人・足軽一二人・力者二八人、日末御台場に六貫目筒ホウイッスル一挺・三貫目筒ホウイッスル一挺・一貫五〇〇目筒一挺と士一七人・足軽三人・力者六人を設置・配置する計画になっていた。なお、塩屋御台場は懸り主任が西出源蔵、同御手当方が西出一八・瓜生左仲太ら七人、橋立御台場は懸り主任が時枝忠次郎、御手当方が笠間貞之助・小川與七郎ら四人、日末御台場は懸り主任が酒井嘉門、御手当方が角谷與市郎・安田金蔵ら三人であった。このほか、御徒頭の樋口甚蔵・沢田栄次郎ら五人や、割場の徳田忠右衛門・長谷川栄次郎ら四人が各御台場の御手当方を努めていた(5)。

文政期以降、異国船の来航は諸藩の関心事になっており、一二代利義は海防の必要性を痛感し、嘉永四年一二月に西出源蔵を金沢に遣わし、吹屋村山四郎兵衛をして翌年九月に青銅一貫目玉筒と同二百目玉筒を鋳造させた。このとき、頭取河野久太郎・三木善兵衛・河野茂三郎ら五人は西出源蔵の指導を受け、吹屋村山四郎兵衛とともに金沢野町

で大筒の鋳造に当たった。(6) 橋立村の北前船主久保彦兵衛は西出源蔵から大筒の不備を聞き、自ら大筒を藩へ献納するとともに、資金不足のため二一挺中三挺しか完成していなかった大筒の台車の残り一八挺を献金一〇八両をもって製造した。ともあれ、久保彦兵衛や田中長八をはじめ、西出家・増田家（大家屋）・西野家らの北前船主は、同五年から慶応元年（一八六五）まで大筒（百目砲・二百目砲）や小銃（足軽用鉄砲）を多数製造して、橋立村の東出浜の御筒土蔵に収納した。この大小砲は小塩・塩屋・日末海岸の防備や藩士の砲術練習に当てられた。(7) この大小砲の貸上げ（献上）数を次に示す。(8)

一、青銅六貫目玉炮（一　門）　久保彦兵衛
一、同　二貫目玉炮（三　門）　同　人
一、青銅一貫目玉炮（一　門）　西出孫左衛門
一、同　百目玉炮（五　門）　同　人
一、同　百目玉炮（二　門）　同　人
一、同　百目玉炮（二　門）　酒谷長平
一、同　百目玉炮（一　門）　小塩浜屋惣吉
一、同　二百目玉炮（三　門）　小餅屋彦三郎
一、同　三貫目忽炮（一　門）　西野三良右衛門
一、同（十　挺）　小梶屋五兵衛
一、同（三　挺）　角谷與次郎
一、同（四　挺）　横屋彦市
一、同　一貫目玉炮（三　門）　同　人
一、同　百目玉炮（十六門）　同　人
一、同　二百目玉炮（一　門）　同　人
一、青銅二百目玉炮（三　門）　山崎長五郎
一、同　百目玉炮（二　門）　大家屋又三郎
一、同　百目玉炮（一　門）　町野清兵衛
一、同　百目玉炮（一　門）　小餅屋彦助
一、青銅六貫目惣炮（一　門）　大家屋又右衛門
一、足軽用鉄砲（五　挺）　寺谷源七
一、同（三　挺）　平出喜三郎
一、同（三　挺）　西野八三郎
一、同（三　挺）　小町清八

一、同（三　挺）　河崎伝次郎　　一、同（二　挺）　洗井場清六
一、十匁玉筒（二十挺）　田中長八

右のように、橋立村の北前船主らは、嘉永五年から慶応元年まで久保彦兵衛・田中長八の勧奨に応じて大筒や鉄砲を製造・献上した。四代増田又右衛門は、嘉永七年（一八五四）閏七月に金沢製の青銅六貫目惣砲（玉目方一三〇匁）を藩に献上した。これは西出源蔵の命を受けた河野久太郎・河野茂三郎・三木善兵衛・河嶋勘右衛門・野本七郎左衛門や、金沢野町の吹屋村山四郎兵衛らが諸雑用を含めて金二二六両と銀一匁七分八厘をもって製造したものであった(9)。その後、これらは廃藩に際し献上人に戻されたのち、海防費や寄付金としてや明治政府や藩祖利治を祭る江沼神社に献上された。ともあれ、一二代利義は右の軍備資金を北前船主を中心に領民から調達した。次に、明治四五年（一九一二）の「橋立村奉公録」収載の「軍備資金ノ献納」を示す(10)。

浦賀浦頭一発ノ砲声ハ我国民長夜ノ夢ヲ破リ、外交ノ紛議ハ俄然トシテ海内ヲ騒擾ナラシム。此時ニ当リ我藩モ亦内外形成ノ必要ニ迫ラレ、将ニ大ニ軍備ヲ整理セントス。然レ共曩《サキ》ノ弘化ノ整理ヲ距ルコト未タ幾年ナラザルヲ以テ、財政ハ聊カノ余裕ヲ見ズ。爰ニ於テ藩公ハ領民ヘ軍備資金ノ調達ヲ命ゼラル。時ニ本村ヨリ資金ヲ献納シタルコト左ノ如シ。

一、金参千両　久保彦兵衛　　一、金弐千両　西出孫左衛門
一、金七百両　大家屋又右衛門　　一、金五百両　西野三良右衛門
一、金参百両　山崎長五郎　　一、金参百両　町野清兵衛
一、金参百両　西野八三郎　　一、金参百両　小梶谷五兵衛
一、金弐百両　田中長八　　一、金弐百両　横屋彦市

一、金四百六拾両　　　外ニ橋立村中

以上、合計八千弐百六拾両也、之ヲ今日ノ通貨ニ換算スレバ四万五千四百参拾円ニ当ル。

軍備資金額は江戸末期に橋立・小塩両村の合計が実に八八〇〇両に達し、郡内の他町村の合計はわずか四五〇〇両に過ぎなかった。橋立・小塩両村の北前船主は藩の財政整理だけでなく、軍備資金にも大きな貢献を果たした。すなわち、彼らは明治維新に至っても、瀬越・吉崎両村の北前船主とともに、藩札整理や殖産興業などに多大の資金を提供し、国家の大事に奉公の大義を尽くした。

幕府は嘉永六年（一八五三）のペリー来航を契機に鎖国政策を廃し、日米和親条約や日米修好通商条約を締結した。このとき、幕府は大聖寺藩に対し浅草御蔵の警戒を命じたので、御先手頭の安井助太夫組をこれに当てた。一二代利義は安政二年（一八五五）正月に上木中浜（旧中浜村）で藩兵の大調練を実施し、岡村に角場（鉄砲場）を設置して藩士の射撃練習に当てた（のち大聖寺町の庄兵衛谷に移す）。幕府の外国奉行堀織部正・目付駒井左京らは、同四年一一月に沿岸巡見使として来藩し、接待役の井上唯輔らの案内で沿岸を巡視したのち橋立村で一泊した。堀は久保家（久保御本陣）に、駒井は西出家（西出御本陣）に、新藤韶蔵ら上下九人は増田家に宿泊した。(11) その後、一四代利鬯は文久三年（一八六三）三月に海防令を発令し、軍艦（巨船）の来航に対し諸規定を定め、明治元年（一八六八）七月には異国船の領海出没に関する出兵心得を発布した。(12)

三　軍制改革と出兵

藩祖利治は、寛永一〇年（一六三三）と慶安二年（一六四九）の軍役規定に基づき藩の軍役内規（「御軍役七万石之積」）

を定めた。すなわち、この軍役内規は慶安二年の軍役規定（従兵四六三人、鉄砲二〇〇挺、弓五〇張、槍一〇〇本、馬上一一〇騎、旗一五本）に基づき、三備分として従兵二七四八人、騎馬一四七人、近習等三九人、先手旗本足軽二四九人、持鑓・長柄鑓一二五人、小荷駄夫馬二八三疋などと規定していた。[13] 二代利明は神谷内膳の献策を受けて、火砲（震天雷）を鋳造するとともに、兵学者千田次太夫・高橋十郎左衛門などを招き家臣とした。三代利直は長年に亘って幕府の奥詰を努めたこともあって、領国を顧みる余裕がなく、軍事制度も等閑となった。四代利章は藩財政が窮迫したなかで、ほとんど軍備制度を忘れた観があった。

第１表　江戸幕府の軍役規定（慶安２年）

知行高	従者数	鉄砲数	弓数	鑓数	馬上	旗数
1000石	21人	1挺	1張	2本		
1100石	23人	1挺	1張	3本		
1200石	25人	1挺	1張	3本		
1300石	27人	1挺	1張	3本		
1400石	28人	1挺	1張	3本		
1500石	30人	2挺	1張	3本		
1600石	31人	2挺	1張	3本		
1700石	33人	2挺	1張	4本		
1800石	35人	2挺	1張	4本		
1900石	36人	2挺	1張	4本		
2000石	38人	2挺	1張	5本		
3000石	56人	3挺	2張	5本	2騎	
4000石	79人	5挺	2張	10本	3騎	1本
5000石	102人	5挺	3張	10本	5騎	2本
6000石	127人	10挺	5張	10本	5騎	2本
7000石	152人	15挺	5張	10本	6騎	2本
8000石	171人	15挺	10張	20本	7騎	2本
9000石	193人	15挺	10張	20本	8騎	2本
1万石	235人	20挺	10張	30本	10騎	3本
2万石	415人	50挺	20張	50本	20騎	5本
3万石	610人	80挺	20張	70本	35騎	5本
4万石	770人	120挺	30張	70本	45騎	8本
5万石	1005人	150挺	30張	80本	70騎	10本
6万石	1210人	170挺	30張	90本	90騎	10本
7万石	1463人	200挺	50張	100本	110騎	15本
8万石	1677人	250挺	50張	110本	130騎	20本
9万石	1925人	300挺	60張	130本	150騎	20本
10万石	2155人	350挺	60張	150本	170騎	20本

※『徳川禁令考・前集第一』（創文社）。知行高200～900石分は削除。
なお、知行高1万～10万石分の鑓数は長柄持鑓を含む。

その後、八代利考は天保三年（一八三二）に武具の整理を行い、藩邸の御武具土蔵に御団扇一本、御扇子二本、御朱傘一本、御円居一本、御馬印二本、御旗一四流、惣旗四八流、旗竿七二本、陣太鼓六つ、法螺《ほらがい》四つ、貝侍具足一二六領、百四十指物一〇五〇本、足軽具足二六三領、足軽皮笠二八〇枚、足軽指物四六〇本、鑓三四二本、番刀二〇〇本、番脇指六〇本、陣山刀三六〇本、絹幕一三張、布幕三三張、提灯一〇〇張、渋紙四九八枚、幕串二四〇本、足軽弓籠手八〇指などを所蔵した(14)。次いで、一一代利平は弘化二年（一八四五）一一月から軍制改革を開始し、同四年（一八四七）正月の草案を経て嘉永二年（一八四九）四月に完成させた。すなわち、一一代利平は家老・組頭・三奉行・徒頭・足軽頭・使番・使役・惣旗奉行・長柄奉行らに軍事心得を発し、従来の持弓頭・持筒頭を先足軽頭と改称するとともに、御馬廻頭・組外頭・御旗奉行などを増減した。次に、この軍制改革の総動員計画の一部を示す(15)。

御人数手分

一、二　人　御城代
一、三　人　御先手士大将
一、四　人　組外頭
一、一　人　御旗奉行
一、三　人　御持筒持弓頭
一、六　人　御先弓先筒頭
一、五　人　惣旗奉行
一、八　人　御使役
一、　　　　勘定頭

一、一　人　武者奉行
一、二　人　御小姓頭
一、六　人　御馬廻頭
一、二　人　御鎗奉行
一、二　人　御徒頭
一、六　人　定番足軽頭
一、四　人　御使番
一、　　　　御近習頭
一、二　人　御旗本長柄奉行

一、六　人　御先手長柄奉行
一、五　人　御中小姓
一、八　人　御近習
一、百二十人　御馬廻六組
一、　　　　元締役
一、　　　　御馬役
一、　　　　御右筆
一、一　人　馬　医
一、四　人　御射手御異風
一、　　　　御徒目付
一、二　人　御後備長柄奉行
一、二　人　中目付
一、四十六人　御小姓二組
一、　　　　組外四組
一、　　　　作事奉行
一、　　　　御台所奉行
一、　　　　御師外科共
一、一　人　大筒方
一、二　人　御徒小頭
一、六　人　御先供

（中略）


惣合人数、二千五百五十七人。

内侍二百四十五人、上下八百六十七人。御徒百十七人。足軽二百七十七人（弓四十七張、鉄百八十八挺）。

坊主六人。小人百六十六人。大工等二十四人。人夫千九十八人。

馬数三百七十五疋。内乗馬二百三十九疋。夫馬百三十六疋。


家老の二人は城代となり、藩邸守備の任に就き、残りは人持組の各一隊部将となった。人持組は全軍の先鋒となり、御先手士大将三人は総師の藩主に側近し、さらに馬廻組が護衛した。定番馬廻組は城代に属して留守部隊となり、組外組は時宜に応じて馬廻組または定番馬廻組を補充した。新番組は近侍護衛を補充し、御徒組は藩主供方の任に当たった。持方足軽は弓・銃を持ち旗本に属し、先手組足軽も弓隊と銃隊とに分かれ、先鋒の人持組に分属した。定番足軽と割場付足軽は馬廻組に随った。このほか、「御出陣跡残り」として、士中御医者無足子弟共一五四人、新番組御医師共四人、御徒同並共四六人、その他子弟七五人、御居間組・新組・平坊主三七人、足軽一八八人、小人並地方等一三四人などを置いた。前述のように、一二代利義は右の軍制改革規定に基づき、安政二年（一八五五）正月に大調練を上木浜で演習した[16]。参考までに、知行当り人馬定を第2表に示す。

大聖寺藩は元治元年（一八六四）の禁門の変、同年の天狗党事件、明治元年（一八六八）の越後戦争に際し、それぞれ藩兵を出動させた。まず、禁門の変についてみよう。加賀藩の世子前田慶寧《よしやす》は禁門の変に際し藩兵を率いて京都に滞陣していたものの、長州への斡旋が成功しなかったため、幕府から命じられた皇居護衛を奥村栄通《てるみち》にまかせ退京した。大聖寺藩は元治元年七月二二日に近習頭寺田忠を慶寧の見廻使者とし、組外頭宮永小兵衛・足軽頭吉田甚右衛門の両隊（約六〇人）を近江国の海津（加賀藩領）に派遣した。同月晦日には福井藩兵の侵入に備え、右村に御先手頭田中伝十郎組を、瀬越村に定番頭田中兵吾組を出陣させた。田中伝十郎組は御先手頭一人・組足軽二五人・指引御徒五人・纏持一人（鳶の者）、都合三〇人で右村の十村堀野栄太郎宅を本陣とした。おそらく、田中兵吾組も同規模の出陣で

第2表　大聖寺藩の知行当り人馬定（嘉永2年）

知行高	従者数	人夫数	乗馬数	口付数	備　考
5人扶持	2人	1人	1疋	1人	御貸渡
50石	2人	1人	1疋	1人	御貸渡
100石	3人	2人	1疋	1人	御貸渡
150石	4人	2人	1疋	1人	御貸渡
200石	5人	2人	1疋	1人	御貸渡
300石	6人	3人	1疋		
400石	8人	3人	1疋		
500石	10人	4人	1疋		
600石	12人	5人	1疋		
700石	14人	5人	1疋		
800石	16人	6人	1疋		
900石	18人	7人	1疋		
1000石	20人	8人	1疋		
1100石	22人	9人	1疋		
1200石	24人	10人	1疋		

※『大聖寺藩史』により作成。

あっただろう。慶寧は八月一一日に海津を発足、一五日に大聖寺藩邸に宿泊し、翌日金沢に向かい、家老山崎庄兵衛が大聖寺藩邸に残留した。加賀藩主一三代斉泰《なりやす》は慶寧に謹慎を命ずるとともに、勤王派の藩士など四〇人を死刑・禁獄・流刑・謹慎などに処した(17)。

次に、天狗党事件についてみよう。水戸天狗党の藤田小四郎らは水戸藩の保守色にあきたらず、元治元年春に常陸国筑波山で兵をあげ、武田耕雲斎らと合して上洛を策した。彼らは幕府軍を破りながら上州・信州に進み、木曽路から越前国に向かった。京都守護総督の一橋慶喜は、これを京都から十里の地でくい止めようと、折からの長州征伐軍の残兵を派遣し、加賀藩にも出撃を命じた。そこで、永原甚七郎らは越前国敦賀で水戸天狗党を迎え撃つため出陣し、同国の山中でこれと接触することとなった。水戸軍は交戦せず、加賀軍に降参したので、永原らは水戸軍八〇〇人を敦賀で幕府軍にひき渡した。ところが、幕府軍は浪士に対し暴虐を加え、耕雲斎以下二五〇人を斬殺、以下追放・流刑・水戸送還などに処した。大聖寺藩は一二月九日に家老前田主計の一隊を山中村に派遣し、さらに一支隊を我谷村に分派し、家老山崎権丞の一隊を北原村に派遣し、加越国境の大内峠・風谷峠・牛谷峠の防衛に当てた。加賀藩は一一日に大聖寺藩の請を受け、御馬廻頭久里幸左衛門・同井口一介の両人を将とし、藩兵六〇〇人余を小松に派遣させた。次いで、加賀藩は先藩兵が越前国に移動されたので、御馬廻頭堀半左衛門・同古屋甚兵衛の両人を将とし、新たに藩兵六八〇人余を小松に派遣させた(18)。

一、百七十人計	古屋甚兵衛組	一、百四十七人計	堀半左衛門組
一、六十五人計	丹羽織人手合大筒方	一、二十人計	御横目御使番等
一、四　人　計	医　者　等	一、二百七十五人計	同小筒方

〆六百八十一人計

外百七十八計　　人　　夫
一、十五疋計　　乗　　馬
以　上

前田中務の一隊は福井藩の請を受け、一二月一〇日に橋村に出陣した。そのため、領内の山中村に出陣していた前田主計の一隊は少数の守兵を残し、一一日をもって大聖寺に帰陣した。その後、水戸軍は大野藩の国境を去ったので、前田主計の隊は鯖江に、前田中務の隊は麻生津に陣して、福井藩の後援を努めた。前田主計は一九日に福井藩の請を受け、藩兵を漸次越前国より引上げ、二三日をもって撤退を完了した。なお、家老山崎権丞の一隊は一三日に北原村から右村に移って陣し、事件終了まで動かなかった(19)。

最後に、越後戦争についてみよう。官軍の北陸道鎮撫総督高倉三位一行は、明治元年（一八六八）二月二九日に大聖寺城下に到着し、郷村高辻帳・領分絵図などの提出や越後戦争の弾薬製造・輸送を命じた。一四利鬯は砲司令役内藤斁輔を輸送方に命じ、越後国柏崎の本営に弾薬を輸送させるとともに、加賀藩の津田権五郎の支分隊に従軍させた。と同時に、利鬯は加賀藩の出征隊に参加させるべく、小栗勇馬・平塚鎌吉などに若干の藩兵を引率させたものの、金沢において戦争終熄の報に接し帰還を命じた。維新政府は同年一〇月に大聖寺藩に対し越後方面の鎮定を命じたので、藩は同月二六日に清水八郎左衛門・中沢十郎太夫を先発派遣し、柏崎で配備の任に当てた。このとき、派遣された藩兵は妙撰隊（小者・足軽の二、三男）や奇銃隊（農兵）などの四小隊であった。その小隊の隊長および司令役を次に示す(20)。

兵隊員数書

平　塚　鎌　吉　　日向雄三郎　　中川八百木　　梅田八百吉

右隊長

舟見長十郎　奥野順左衛門　牛田林左衛門　手塚織之助　山岡源七郎

近藤彦左衛門　小谷覚右衛門　吉田初之進　栗山宗右衛門　横井茂兵衛

右司令役

百六十人（兵隊）　八十人（夫卒）

右之通御座候。以上。

右の藩兵は一〇月二八日に出発し、全軍柏崎に一〇日間滞陣したのち、平塚・梅田の二隊は新潟に、中川・日向の二隊は小千谷に進出し、付近一帯の警備に当たった。信濃川沿岸の農民一万三〇〇〇人余は水害防備の施設に関して不平を唱え、官府の命に服せず、明治二年正月二〇日に武器を携えて平島に集合した。梅田・平塚の二隊は直ちに出動し、彼らを説諭したので、やがて同地一帯が鎮静した。梅田・平塚の二隊は三月中に、また中川・日向の二隊は四月初旬にそれぞれ大聖寺に帰還した。なお、岩原立左衛門は越後出兵に際し、会計公用方として柏崎に出張して主計事務に当たった。このほか、利鬯は同元年六月に徴兵三〇人を軍務官に、同二年三月に精兵一五〇人を京都警衛に、同年五月に兵士五二人を東京市中警衛に、同年一〇月に藩兵一〇〇人を皇后東京行啓の辻固にそれぞれ派遣した。ともあれ、大聖寺藩は同二年一一月に藩の軍事組織を明治政府に次のように報告していた。(21)

一、兵隊員数

六百十八人　二大隊

内百八拾八人　隊長以下鼓手等迄

四百八拾人　従卒

但一小隊二十伍以上六小隊、合テ一大隊編成
一、九十八人　一砲隊
内三十四人　隊長以下鼓手等迄
六十四人　砲　手
但八門ヲ以一砲隊編成
外ニ銃隊・砲隊共一大隊宛余分御座候得共、未全備仕候ニ付追テ編成ノ上可
申上候

右は弁官役所の調査に対し、大聖寺藩公用人の前田肇から同官役所に提出された届書であるが、この末尾には「未全備仕候ニ付」とあって、銃隊・砲隊の一大隊は未だ全装備が出来ていなかった。大聖寺藩公用人の小栗勇馬は、翌年五月に兵部省に対し、常備兵員の規模が歩兵二大隊（二十五を一小隊、六小隊を一大隊）、砲兵一隊（砲二門を一分隊、四分隊を一砲隊）、大砲八門（弾薬一六〇〇発添）、小銃短エンヒールトライフル四八〇挺（弾薬四八万発添）であったと報告していた。[22]最後に加賀藩・支藩の出兵を第３表に示す。

第３表　加賀藩・支藩の出兵

出兵時期	事　件　名	加賀藩	富山藩	大聖寺藩
元治元年（1864）	禁門の変	851人	—	120人
元治元年（1864）	長州征伐	4000人	400人	200人
元治元年（1864）	天狗党事件	1281人	—	1000人
明治元年（1868）	越後戦争	1500人	443人	254人
明治元年（1868）	会津戦争	7793人	1424人	—
明治２年（1869）	函館戦争	—	—	—

※『加賀藩史料』『富山県史』『大聖寺藩史』「楽水聞見録」などにより作成。

註

(1)『伊能忠敬測量日記一・千葉縣史料近世篇』(千葉県)三三六頁
(2)『右同』三三六〜三三八頁
(3)『大聖寺藩史』(大聖寺藩史編纂委員会)八三九〜八四〇頁
(4)『右同』八四〇〜八四一頁
(5)『右同』八四一〜八四三頁
(6)「荻野流大砲仮留帳」(金沢市立玉川図書館近世史料館蔵)。吹屋村山四郎兵衛は西出源蔵の依頼を受け、嘉永五年(一八五二)九月末に青銅一貫目玉筒一挺と同二百目玉筒二挺を完成させ、同月一一日に打木浜(金沢市打木町)で様打(試打)を行った。この御筒には「嘉永五壬子歳九月吉日、因荻野流術師西出源蔵長久所蔵之模範與西洋青銅汯、於加州金澤野町虚中而鋳之。壱貫目玉筒、惣量壱百八十貫目。弐百目玉筒、同三拾七貫目。鋳造、加州金澤野町鋳物師・村山四郎兵衛正久。鑚工、同南町鍛冶棟梁・中条屋新右衛門直行。地引、同田丸町大工棟梁・能登屋次作。同、同大聖寺・荻野流台師次兵衛正周」と銘が施されていた。
(7)前掲『大聖寺藩史』八二三〜八二四頁。六代久保彦兵衛は嘉永四年(一八五一)一一月に青銅一貫目玉筒と同二百目玉筒を、同六年中に数度に亘って大砲を、文久三年(一八六三)四月に青銅製六貫目筒を献上したという(『加賀市史料三』、加賀市立図書館、一一五〜一一六頁)。また、八代西出孫左衛門は嘉永六年(一八五三)八月に青銅一貫玉筒と同二百目玉筒を、安政二年(一八五五)一一月に荻野流御筒二〇挺を藩に献上したという(前掲『加賀市史料四』四九〜五〇頁)。
(8)『右同』八二四〜八二七頁および『加賀市史・資料編第四巻』(加賀市史編纂委員会)七一四〜七一六頁
(9)『橋立町史』(橋立町史編纂委員会)三九四頁
(10)前掲『加賀市史・資料編第四巻』七一三〜七一四頁および前掲『橋立町史』三九五〜三九六頁
(11)前掲『大聖寺藩史』八四三〜八四四頁および前掲『橋立町史』三九七〜三九八頁
(12)前掲『大聖寺藩史』八四七〜八四九頁
(13)前掲『大聖寺藩史』七七八〜七八五頁および『徳川禁令考・前集第二』(創文社)八九〜九二頁。二代利明は寛文五年(一六六五)五月に山代御藪(五藪)を創設するとともに、その一つ煙硝御藪中に煙硝土蔵を創建した(『大聖寺藩史談』石川県図書館協会、一三五頁)。この煙硝土蔵は江戸後期に二間×三間の土蔵、四間×三間の土蔵、二間×一丈の道具入土蔵から成っていた(前掲『加賀市史・資料編第一巻』四九二頁)。その後、大聖寺藩では安政四年(一八五七)に「南江山調合所」(南郷山筒薬調合場)を設置し、煙硝および火薬を製造した(仮題「作事所日記」加賀市教育委員会所蔵）。なお、国本良作家の由緒書には「嘉永六年六月於南江山荻野流火薬調合ノ節、御用引ニテ御用掛リ命セラレ」とあって（前掲『加賀市史料三』一一三頁）、荻野流の火薬調合は嘉永六年（一八五三）に遡って南江山で行われていた。

(14) 前掲『大聖寺藩史』七八五～七八八頁

(15)『右同』八〇一～八一四頁

(16)『右同』八四三頁。参考までに、御領境番人を次に示す（『同書』八一六～八一七頁）。

御領境番人

一、橘　侍五人・足軽五人・小人五人。　一、吉崎　侍三人・足軽五人・小人五人。
一、熊坂　侍二人・足軽三人・小人四人。　一、大内　侍二人・足軽四人・小人五人。
一、風谷　侍二人・足軽四人・小人五人。
〆十四人、足軽二十一人。小人は村人足相用候事。
右之外臨時之守備可依様子事。

(17)『右同』三三一～三三四頁。大聖寺藩は幕命を受け、文久三年（一八六三）五月に藩兵若干名を禁裏（大蔵卿豊岡三位）に、同年九月に藩兵一〇〇人余を武蔵国の飛鳥山に、元治元年（一八六四）七月に三〇人余を東叡山に、慶応元年（一八六五）四月に藩兵六〇〇人余を京都に、同三年（一八六七）正月に藩兵若干名を東叡山に、同年四月に藩兵数百人を京都に派遣した（『同書』三四四～三四七頁）。

(18)『右同』三三九頁および『加賀藩史料・幕末篇下巻』（前田育徳会）二四二～二九四頁

(19)『右同』三四一～三四三頁

(20)『右同』三五五～三五八頁および前掲『加賀市史料七』八七頁。本文中の中川八百木は後に安達佐藤見、梅田八百吉は梅田五月と改名した。大聖寺藩は官軍から弾薬（パトロン）の調達・輸送を命じられた際、その資金不足を補うために一歩銀や銀の簪《かんざし》などを集めて、御城山下の竹藪中の洞穴で二歩金を偽造した。この貨幣の偽造事件をパトロン事件と称した。藩は明治二年（一八六九）六月に事件が発覚したため、薩摩藩の海江田武治らと裏取引をし、責任者を処罰することで了解をとった。すなわち、藩は大聖寺城下において佐分利環・江守平太夫・市橋波江に謹慎を、上方において藩士三人と偽金行使者の町人三人に謹慎（大聖寺藩の京都屋敷）を申付けた。市橋波江は藩命により全責任を負わされ、割腹して五七歳の生涯を終えた。藩は彼に同情して、その子誠一郎に父の二倍の三四〇石の扶持米を与えた（前掲『大聖寺藩史』三五八～三六四頁）。

(21) 前掲『加賀市史料七』八六～九八頁

(22)『右同』一〇四～一〇五頁

おわりに

本書は加賀本藩と大聖寺支藩の関係を明らかにすることを目的に、大聖寺藩の政治・経済・社会など幅広い分野に亘る論文を収載したものである。ただ、大聖寺藩に関する史料は、加賀藩や富山藩などに比べて極めて少なく、『大聖寺藩史』『加賀市史・資料編』（五巻）『加賀市史料』（一〇巻）などを除けば、ほとんどみられず、十分に究明できなかったことは否めない。ともあれ、私にとってはいずれも大変興味深いテーマであり、今後の大聖寺藩制史の研究に聊かでも役立てば幸いである。ここでは、各章の要約をもって「おわりに」としたい。

［第一章］能美郡瀬領村の十村文兵衛は三代利常の命を受け、明暦二年（一六五六）の春から月々大聖寺藩領に出向き、江沼郡の組付十村六人の「御用方相談取次」を務めて改作法を指導したものの、給人の理解を得られず、中断せねばならなかった。その中断の理由は、給人が給人知増免を保証されないことに強い異議を唱えたためであり、それを解決するためには、村免と給人免を同時に増免する必要があった。その後、十村文兵衛は寛文二年（一六六二）八月から同年一二月まで月々大聖寺藩邸に出向き、再び大聖寺藩の組付十村六人を指導して改作法を推進した。つまり、二代利明は利常の改作法を継承し、同二年春に五代綱紀から「年季御貸銀」（仕入銀）などを得たうえで、翌年九月に加賀藩からの「御借物」（敷借米）および元利の免除、御借米・御借銀の返済延期を得て改作法を実施した。寛文二年の改作法実施に伴い、寛文期（一六六一～七二）には御算用場から村々に村御印が交付されたものだろう。

大聖寺藩の十村制度は、明暦二年から寛文二年にかけて十村文兵衛の指導もあって整備されたものの、加賀藩とはいろいろな点で異なっていた。たとえば、大聖寺藩では農民以外の町人・北前船主なども十村や十村格に任役された。また、十村の種類は目付十村・組付十村の二種であり、十村組の村数も二〇か村ほどであり、加賀藩の九階層や五〇か村に比べて極めて少なかった。その業務は勧農、租税の徴収、組内の治安維持、農民の生活指導など行政事務全般に亘っており、司法業務・徴税業務に比べて、一般業務が圧倒的に多かった。彼らは鍬役米・代官口米のほか、苗字帯刀や御目見などの待遇を受けた。十村分役には山廻役が存せず、江戸後期に新田裁許のみが置かれた。ともあれ、十村制度は一度も廃止されることなく、明治まで継続された。

[第二章]大聖寺藩の村御印は御算用場の印物であって、雨漏や火災などで損失や焼失した場合だけでなく、新田高や川欠高・山欠高など高に増減があるとき、書き換えられて再交付された。このとき、小物成も前年の勘定帳を見て書き直された。これには本高・新田高および免・定納口米が明記され、夫銀と小物成が付記されていた。留意したいことは、加賀藩の村御印にみられない新田高が明記されていたことだろう。定納口米は本高の約二分の一になり、これを年内米納、翌年銀納で上納した。米納分と銀納分の比率は村々によって異なっていたが、大部分の村では九割程度が米納分であった。銀納換算額については、一石に付き口山が四二匁、中山が四〇匁、奥山が三八匁で、地域によって異なっていた。翌年銀納分（六月中）については、上納困難なときに一か月の猶予が認められていた。夫銀は春秋二回の人夫代を銀納化したもので、その率は高一〇〇石に対して銀一四〇匁の割合であった。秋夫銀（一一月中）と春夫銀（三月中）を遅滞した場合、一か月までは二割の利足を課し、それ以上はさらに一歩七朱を加算した。この点は加賀藩の方法とは異なっていた。

草高構成は一〇〇～一九九石が二二か村でもっとも多く、これに五〇〇～五九九石が一七か村、四〇〇～四九九石が一三か村、二〇〇～二九九石と三〇〇～三九九石が各一三か村と続いた。また、免相構成は四ツ～四ツ九分が七一か村で約七八％を占め、これに三ツ～三ツ九分が三八か村（約二六％）、五ツ～五ツ九分が二六か村（約一七％）、二ツ～二ツ九分が一〇か村（約七％）と続いた。一村平均免や小物成総額は、加賀藩の郡別に比べてやや低かった。［第三章］大聖寺藩では改作法の施行以降、村御印に基づき年貢徴収を行い、給知米の皆済後に「納年貢米之事」を、蔵入米の皆済後に「御収納米之事」を村々に発給した。つまり、給人知がなく、給知米を皆済しない村は「御収納米之事」のみが発給された。納年貢米之事は御郡所が作成したもので、年貢皆済後に給人が署名捺印、組付十村が奥書押印したのち、御郡所が裏書加印して村々に返付された。御収納米之事も御郡所が作成したもので、年貢皆済後に組付十村が署名捺印、別の十村が奥書押印したのち、御郡所が裏書加印して村々に返付された。御収納米之事は草高・免・定納口米・春秋夫銀のほか新高・米納所・翌年越銀成などを記したことなど、納年貢米之事と形式が異なった。なお、百々町に現存する江戸末期の年貢掛札（三枚）は、大聖寺藩唯一のものであり、大変貴重なものである。

大聖寺藩では改作法の施行中に伴い、寛文期（一六六一～七二）に大聖寺城下の永町御蔵（四丁町御蔵）をはじめ、瀬越御蔵・山中御蔵・串御蔵などを設置した。一方、給人知行米を収納管理する十村級の豪農「蔵宿」は、改作法の施行後に郡方から大聖寺城下に移された。これは天明六年（一七八六）に蔵宿の二人が空米切手を乱発したことを契機に、その管理が足軽に移り、給知蔵と改名された。同年二月には、四間×一六間、高さ二間二尺三寸、三〇八〇石入りの給知蔵が永町御蔵横に建設された。なお、御蔵や給知蔵などの近辺で火災が発生した場合には、その周辺の村々から農民が消火人足として御蔵や給知蔵に出動した。

［第四章］大聖寺藩の石高は、正保三年（一六四六）の七万四四八九石七斗三升から天保一五年（一八四四）の八万四三〇六石三斗五合に一万九六二石（約一三％）増加した。新田開発は江戸前期に潟回・北浜・山中谷などの村々で多くみられ、とくに潟回の村々で著しく、耕地の約二割が新田高であった。こうした傾向は天保一五年頃でも同様であり、その新田率は正保三年（一六四六）に比べて総じて高い村が多かった。この時期は海岸・河川下流の開発が

顕著であり、西ノ庄の新田率が高かった。これに対し、能美境・那谷谷・四十九院谷・奥山方などの村々は新田開発が少なく、とくに那谷の村々が少なかった。新田開発は中期以降やや停滞傾向にあったものの、後期に藩が新田開発を推進したため、天保期（一八三〇〜四四）に再び活発化した。このことは、正保三年の新田率が〇・八％で、天保一五年が一二・二％であったことからも明らかだろう。つまり、大聖寺藩でも諸藩と同様に藩の財政難を救うべく、土地経済政策推進のために新田開発を実施したものの、それは加賀藩や富山藩に比べて極めて少なく、その新田率も全国的な傾向とは異なって、江戸前期に比べて後期が少し高かった。

大聖寺藩領には江戸後期に用水一三と堤三四〇ほどがあって、里方や山里方の河川筋では用水が、山方や浜方では堤が多かった。ただ、用水は大聖寺川・熊坂川・菅生川・動橋川・尾俣川などを除き、その多くは一、二か村を潤す程度の小規模なものであった。用水では市ノ瀬用水（約七キロ）、矢田野用水（約一一キロ）、鹿ケ端用水（約八キロ）、御水戸用水（約三キロ）などが、また堤では分校大堤（七〇八〇歩）、島大堤（四三八七歩）、二ツ梨殿様堤（三七五七歩）、佐美大堤（二五〇〇歩）、冨塚東大堤（二五〇〇歩）、林大堤（二〇〇〇歩）などが知られていた。

［第五章］二代利明は、元禄五年（一六九二）五月一三日に江戸で死去し、その跡目を三男の利直が継いだ。このとき、三代利直は弟利昌に新田一万石を分与したことから、同年七月九日に大聖寺新田藩が成立した。ただ、大聖寺新田藩は別御朱印頂戴無き分知（内分知・内分）であって、本藩からの半独立状態の支藩とみなされた。すなわち、藩とはいっても大聖寺藩の収入分から一万石分を与えられただけで、独自の藩庁などの行政機関はなく、藩成立わずか一八年間で藩祖利昌が上野寛永寺において刃傷事件（采女事件）起こしたので廃藩となった。つまり、大聖寺新田藩は統治機構が整備されない内に廃藩となったため、その政治機構自体が存在せず、藩の治積もほとんどみられなかったというのがこれまでの通説である。しかしながら、宝永元年（一七〇四）六月には采女領十村として富塚村次兵衛と分

校村半助が置かれており、この頃には荻生・弓波・冨塚・分校・矢田野村など采女領一万石の領地（十村支配地）が確定していた。つまり、大聖寺新田藩でも、廃藩の数年前に至って領地の村々が確定し、加賀藩や本藩に準じた十村制度が成立していた。

宝永六年（一七〇九）正月に五代将軍の徳川綱吉が薨去し、その葬儀が上野寛永寺で行われた。このとき、利昌は大和柳本藩主の織田秀親（監物）らとともに、朝廷からの使者に対する御馳走役を命じられたが、その法会が行われた二月一六日に乱心し、寛永寺の塔頭の顕性院に赴いた秀親を殺害した。このため、利昌はその身柄を山城淀藩主の石川主殿頭（義孝）に預けられ、同月一八日に切腹となり、大聖寺新田藩も廃藩となった。領地一万石は、幕府に一時的に没収されたのち、同四月に大聖寺藩に返還された。ともあれ、藩祖利昌は采女事件によって死去したため、三代利直が新田藩創設の目的の一つとした本藩の藩主後見役を果たせなかった。

［第六章］三代利直は五代将軍綱吉に目をかけられ江戸城の奥詰が長く、ほとんど藩政をかえりみず、家老に任せきりであった。こうしたなか、藩創建以来の名門である家老神谷内膳と新鋭の家老村井主殿との政争が起こった。これは元禄一四年（一七〇一）の内膳守政の隠居処置に始まり、享保元年（一七一六）の内膳守応一族の大聖寺退去で終わった。この政争は実に一六年間の長きに及んだが、なかでも宝永七年（一七一〇）二月に起こった村井主殿事件は藩政に大きな影響を及ぼした。この村井主殿事件は大聖寺藩唯一の疑獄事件であり、神谷派と村井派の衝突の結果に他ならなかった。三代利直は五代綱紀の指示を受け、物頭以上の意見も聞きながら、家中に布告して村井派の多数を断罪した。すなわち、村井主殿は切腹、御用人石黑市郎右衛門、会所奉行広瀬源左衛門の二人は打首、西尾喜左衛門は越前国に追放および家財闕所、宮井・村田・津田の三人は追放、内田・津久見ら四人は御暇、小原・山田・松平の三人は扶持放れ、西尾・石黑ら四人は追放、手塚・中村・佐藤ら一三人は御暇、主殿倅覚太夫は切腹となり、ほかに

石黒市郎右衛門の甥の清水伊右衛門兄弟も越前吉崎村に追放された。

その後、内膳守応は正徳三年（一七一三）に帰国の途中、四代利章から金沢逼塞と家老罷免を命じられた。藩士らは内膳守応が拝借金の返還を強要したことに猛烈に反対し、彼らの中には内膳守応が帰国したとき、敷地の入口で斬殺しようとする者もいた。注目したいことは、内膳守応排斥の集会が村井派の岡崎権太夫宅で行われたことだろう。こうした状況のなか、四代利章は加賀藩主五代綱紀と相談して、内膳守応の安全と大聖寺城下の騒擾を未然に防ぐため、内膳守応を金沢に逼塞することを決めたようだ。翌年、藩は借知去年分は残らず返済、今年分は半分返済、来年分よりは全部返済、また貸付金は年賦無利息にて返済などを定めた。内膳守応は同年に逼塞を赦免され、翌年に隠居を命じられた。倅太郎助（蔵人守周）は同年に知行知一〇〇〇石を、内膳守応は隠居知五〇〇石を得た。

[第七章] 正徳一揆（藩最初の惣百姓一揆）は大聖寺藩で起こった一揆や打ちこわしのなかで、その参加人員の多かったこと、行動範囲が広大であったことから、最も規模の大きなものであった。また、この一揆は大抵の百姓一揆が失敗に終わっているのに反して、農民側の成功となっていること、首謀者がついに発覚しなかったほど統制がとれていたこと、小農民が常に活動の主体であって、十村は終始藩の側に立ち、村肝煎などは慰撫または傍観的態度であったことなど、真の農民自体の反抗であったことが注目される。農民らは勅使願成寺で評定を行なった際に、年貢減免の要求とともに、与荷奉公人の廃止、種物等初穂の廃止、串茶問屋の廃止、金沢物紙問屋の廃止、新高免の廃止、小沢免の廃止などを要求していた。つまり、この一揆は大聖寺藩の経済組織であった塩問屋をはじめ、紙問屋・茶問屋・絹問屋・炭問屋などを廃止させ、その後十数年に亘って生産者から消費者への直接販売が行われたことにも意義があった。ただ、農民らは「御救米」と称する還元手段を目的に打ちこわしを誘発していたことも忘れてはならない。

蓑虫一揆（世直し一揆）の要因は七か条要求にみられるが、主要な条項は二条・三条・四条であった。二条は知藩事の利悒が赤字財源を明治政府に引渡すことを不面目と考え、敦賀から鰊を買込んだものの、風波で船が転覆したので、その欠損を補い、減少した藩庫を補填するため石代銀納一〇倍増案が献策された結果であった。三条は大聖寺藩の銭納率が地域によって区々であったなか、銭納の増徴と米・銭の換算率が問題になったためであった。四条は旧十村支配が悪政の根源であって、郷長となった後も「従前十村ニ不異」の有様となっていたためであった。村肝煎らは直接打ちこわしの対象になっていなかったものの、正徳一揆の時に比べて全く逆の立場に立っていた。注目したいことは、士族の戸長足立謙や自決した権少属本山新八の行動にみられたように、下級士族の一部に農民の立場に同情を示す部分があったことだろう。なお、七条の「張本人不調」は守られず、上分校村の新家理与門・裏谷重蔵、敷地村半助ら八、九人が逮捕された。新家理与門・裏谷重蔵は村肝煎ではなく、「裏谷塾」という寺子屋で教える無高農民であった。新家理与門は入牢（金沢）した翌年六月二七日に七一歳で獄死した。敷地村半助は半年で放免、重蔵は三年の禁固後に自宅に帰った。

［第八章］大聖寺藩の参勤交代は、概ね加賀藩に準じて行われた。江戸着駕月は四月が圧倒的に多いが、必ずしも四月に限られたわけではない。参勤八九例中、四月が五八例（六五・一％）、九月が七例（〇・七％）、一〇月が五例（〇・五％）などであった。藩祖利治は四月の参勤交代を行わず、すべて九月・一〇月の秋冬期に行った。一方、江戸発駕月は就封九二例中、四月が四九例（五三・二％）、五月が一三例（一四・一％）、一〇月が八例（〇・八％）などであった。藩主は藩邸から大聖寺城下端の敷地村端または作見村辺りまで約一里を馬に乗り、その後は駕籠に乗った。菅生石部神社下の所までは行列を建てた。その供人数は二五〇〜三〇〇人ほどであり、九代利之が文政五年（一八二二）四月に就封したときは三九七人、同一〇年（一八二七）四月に就封したときは三四一人であった。文政五年の供人数は、前年一二月に大聖寺藩が一〇万石の格式を得たことから最大であった。

参勤交代のコースも、加賀藩に準じた三コースがあった。一つは下街道の中山道経由（一三一里）で、大聖寺から金沢・高岡・魚津・糸魚川・牟礼宿などを経て信濃追分宿から中山道を通った。二つは上街道の中山道経由（一四八里）で、大聖寺から金津・府中・木之本・関ヶ原宿などを経て垂井宿から中山道を通った。三つは上街道の東海道経由（一三九里）で、大聖寺から金津・府中・木之本・関ヶ原・垂井・大垣・名古屋宿などを経て宮宿から東海道を通った。下街道は距離が短いという利点のほかに全行程一三一里のうち、前田一族の加賀・富山両藩領で四〇里を数えたので、最も多く利用された。大聖寺藩主は参勤交代で北国下街道を利用したとき、必ず金沢城下の旅籠に宿泊して金沢城に出向き、参勤交代の挨拶や寺院の参詣を行った。たとえば、五代利道は明和元年（一七六四）三月二二日に参勤の途次、金沢博労町の金屋九郎兵衛方に宿泊して金沢城に出向き、参勤の挨拶や宝円寺・天徳院への参詣を行っていた。また、一二代利義は安政元年（一八五四）五月一〇日に就封の途次、金沢城下の浅野屋に宿泊し、金沢城に出向き、就封の挨拶を行っていた。大名行列の諸費用は、文政四年（一八二一）に金三五〇〇両（銀二一〇貫）であり、藩主在国年の支出銀八二七貫余（藩主在府年の銀九二四貫余）中の二五％以上を占めた。これは加賀藩の文化・文政期の銀三二〇～三三〇貫に比べて極めて高かった。

［第九章］九代利之治世の歳入・歳出をみると、米納分の収入は収納米、家中借知并下行、会所銀年賦など四万一七九石余であり、その支出は年内銀納所米、翌年越銀納所米、定式一作引免、御家中給知など三万一九四三石であり、正残米はわずか八二三六石（石四〇匁）となった。銀納分の収入は御払米代、年内銀納所、翌年越銀納所、小物成銀、両度夫銀、町方諸運上、湯役銀、地子銀、絹運上銀など銀七三三貫二三九匁（金一万一三〇〇両）であり、その支出は御要脚金、親族分限金、御帰金、御本家様返済金、御郡町方返済金、江戸年賦金、大坂米屋年賦銀など銀八二七貫余（金一万二九二二両余）であった。すなわち、藩主在国年の収支は収入が銀七三三貫二三九匁、支出が銀

八二七貫余で、銀九三貫七九五匁五分（金一四六五両）の不足となり、藩主参府年のそれは銀九二四貫七九三匁六分（金一万四四四九両余）で、銀一九一貫五五四匁四分六厘（金二九九三両）の不足となった。つまり、藩財政は江戸後期に藩主在国年で金一五〇〇両、藩主参府年で金三〇〇〇両近い赤字が出ていた。

大聖寺藩では不作・御手伝（幕府工事）時に必ず本藩の援助、藩士の借知、北前船主の御用金などを求めた。二代利明は延宝三年（一六七五）に不作のため、本藩から米一〇〇〇石の貸与を受けた。三代利直は元禄八年（一六九五）に江戸の西中野に犬小屋を建築し、その費用六九八六両の大半を町人に御用金として割当てた。四代利章は享保一五年（一七三〇）に勝手方不如意のため、町方に五〇〇両、郡方に二〇〇〇両の御用金を課し、藩士に借知三歩を行った。同一七年には江戸城虎御門の普請に際し、その手伝費を郡方に三〇〇〇両、町方に一〇〇〇両を御用金として割当てた。五代利道は宝暦元年（一七五一）と同三年に三河国の吉田橋を普請し、その費用五万三六五〇両を本藩の援助、藩士の借知、町人の御用金などに求めた。明和六年（一七六九）には江戸城西の丸の普請に際し、その手伝費として加賀藩の援助金二万両、町方の御用金九〇〇両、郡方の御用金八〇〇両、頼母子講の一万両などに求めた。とくに、江戸中期からは大坂・江戸・大聖寺などの御用商人に、同末期からは北前船主の経済力に大きく依存し続けた。このような状況のなかで、九代利之は文政四年（一八二一）に一〇万石の高直しを行い、さらに藩財政を逼迫させた。

[第一〇章]八代利考は寛政四年（一七九二）のラックスマン（ロシア）の根室来航に伴い、翌年に海防掛役を任命するとともに、片野浜で射撃訓練を行った。こうしたなか、伊能忠敬は享和三年（一八〇三）二月二五日に江戸を出立し、東海・北陸・佐渡を測量して、一〇月七日に江戸へ帰着するという第四次測量を行った。忠敬ら測量隊一行八人は、同年六月二四日に吉崎浦（東本願寺かけ所泊）から大聖寺町に入り、本町の板屋泊（二四日）、片野村の肝煎宅泊（二五日）、橋立村の因随寺泊（二六日）をもって領内の海岸部を測量した。

藩祖利治・二代利明は幕府の軍役規定に基づき、藩の軍役内規を定めたものの、その後は軍事規定が長く等閑となっていた。九代利之は文政八年（一八二五）の「異国船打払令」の発令を契機に、翌年七月に海辺御手当や御先手替を設置するとともに、日末・橋立・塩屋の三か所に砲台を築造した。嘉永三年（一八五〇）一二月には、塩屋御台場に一貫目筒二挺と五〇〇目筒一挺を、橋立御台場に六貫目筒一挺と一貫目筒四挺を、日末御台場に六貫目筒ホウイッスル一挺と三貫目筒ホウイッスル一挺と一貫五〇〇目筒一挺を設置する計画になっていた。一一代利平は弘化二年（一八四五）一一月から軍制改革を開始し、同四年正月の草案を経て嘉永二年四月に完成させた。この軍制改革では従来の持弓頭・持筒頭が先足軽頭と改称され、御馬廻頭・組外頭・御旗奉行などが増減された。一二代利義は軍備の必要性を痛感し、嘉永四年一二月に西出源蔵を金沢に遣わし、吹屋村山四郎兵衛をして翌年九月に青銅一貫目玉御筒一挺と同二百目玉筒二挺を鋳造させた。北前船主久保彦兵衛は西出源蔵から大筒の不備を聞き、自ら大筒を藩へ献納するとともに、資金不足のため二一挺中三挺しか完成していなかった大筒の台車の残り一八挺を献金一〇八両をもって製造した。ともあれ、久保・西出をはじめ、田中長八・増田又右衛門・西野八三郎ら北前船主は、嘉永五年から慶応元年（一八六五）までに大筒や小銃を多数製造して、橋立村の東出浜の御筒土蔵に収納した。

大聖寺藩は元治元年（一八六四）の禁門の変、同年の天狗党事件、明治元年（一八六八）の越後戦争に際し、それぞれ藩兵を出動させた。禁門の変では田中伝十郎組の御先手頭一人・組足軽二五人・指引御徒五人・纏持一人（鳶の者）、都合三〇人を瀬越村（本陣は右村の十村堀野栄太郎宅）に、天狗党の乱では家老前田主計の一隊が山中・我谷両村および大内・風谷峠に、前田中務の一隊が橋村に、越後戦争では平塚鎌吉・日向雄三郎・中川八百木・梅田八百吉が妙撰隊（小者・足軽の二・三男）・奇銃隊（農兵）など四小隊、都合二五四人を引率して越後柏崎に出兵した。

山　口　隆　治（やまぐち　たかはる）

1948年、石川県に生まれる。中央大学大学院修了。
元石川県立学校教頭。文学博士（史学）。
主な著書：『加賀藩林野制度の研究』（法政大学出版局）、『白山麓・出作りの研究』（桂書房）、『加賀藩地割制度の研究』（桂書房）、『大聖寺藩産業史の研究』（桂書房）、『大聖寺藩祖・前田利治』（北國新聞社）など。
現住所：石川県加賀市直下町ニ14の1（〒922-0825）

大聖寺藩制史の研究

2016年10月26日　初版発行

定価 3,500円＋税

著　者　山　口　隆　治
発行者　勝　山　敏　一

発行所　桂　書　房
〒930-0103 富山市北代3683-11
電話 076-434-4600
振替 00780-8-167

印　刷／株式会社 すがの印刷
製　本／株式会社 澁谷文泉閣

地方小出版流通センター扱い　ISBN978-4-86627-017-3